天津音乐学院"十三五"综合投资出版资助项目

# 音乐考古学研究

方建军 著

Yin Yue
Kao Gu Xue
Yan Jiu

中央音乐学院出版社
CENTRAL CONSERVATORY OF MUSIC PRESS

·北京·

**图书在版编目（CIP）数据**

音乐考古学研究／方建军著．—北京：中央音乐学院出版社，2019.5（2025.1 重印）

ISBN 978-7-81096-978-9

Ⅰ.①音… Ⅱ.①方… Ⅲ.①音乐—考古—中国—文集 Ⅳ.①K875.5-53

中国版本图书馆 CIP 数据核字（2019）第 040208 号

YINYUE KAOGUXUE YANJIU

**音乐考古学研究**                    方建军著

出版发行：中央音乐学院出版社

经　　销：新华书店

开　　本：787mm×1092mm　16 开

印　　张：15.5　　字数：194.4 千字

印　　刷：三河市金兆印刷装订有限公司

版　　次：2019 年 5 月第 1 版　　印次：2025 年 1 月第 2 次印刷

书　　号：ISBN 978-7-81096-978-9

定　　价：186.00 元

中央音乐学院出版社　　北京市西城区鲍家街 43 号　　邮编：100031

发行部：（010）66418248　　　66415711（传真）

# 目　　录

## 通　　论

## 出土乐器研究

## 出土音乐文献研究

# 古代音乐史研究

# 学术史研究

通　论

# 音乐考古学的名称、定义和学科属性

## 一、关于名称

作为一门学科的名称，中文"音乐考古学"最早出现于何时，目前尚未考实。不过，20世纪50年代，现代意义的音乐考古学研究工作已经在中国展开，只是那时还没有应用"音乐考古学"的名称。从现有资料看，中文的"音乐考古"或"音乐考古学"名称，至晚在20世纪七八十年代之交即已出现①。

细究起来，"音乐考古"与"音乐考古学"当有一定区别。前者似更倾向于一种学术研究的行为，后者则侧重于"学"，即音乐考古作为一门学科的属性，偶或也见到"考古音乐学"的中文称谓，从构词顺序看，这种称谓似更突出"考古"；而"音乐考古学"则将"音乐"置于首位。无论如何，它们都反映出该学科"音乐"与"考古"的交叉结合关系。至于它们孰主孰从，还要视具体的研究对象、内容和目标而定，有的侧重于考古学，有的侧重于音乐学，有的则二者兼具。

在中文语境当中，以"音乐考古学"的称谓最为流行，这样较为符合中国学术界学科命名的习惯，如美术考古学、农业考古学、地震考古学等。音乐学领域的音乐图像学、音乐美学、音乐治疗学等，其构词方式与

---

① 1978年湖北随县曾侯乙墓出土大量战国早期的乐器，音乐考古学研究一时称盛。同年，中国艺术研究院研究生部成为国务院学位委员会批准的中国首批博士和硕士学位授予点。1982年，该单位招生目录中已经包括音乐考古专业硕士研究生招生计划，导师为李纯一研究员。

音乐考古学也是相类的。因此，还是约定俗成，在学科名称上继续沿用
"音乐考古学"为宜。

学术界对"音乐考古学"的名称曾有不同看法，或以为音乐实际上无
法进行考古，因为古代音乐作品的音响业已在历史中消失，所遗留下来的
主要是用于表演音乐作品的乐器，所以充其量不过是"乐器考古"或"音
乐文物遗存的考古"①。但今天看来，音乐考古学不仅研究出土乐器，而且
还研究反映古代音乐生活的图像、记录古代音乐作品的乐谱以及包含古代
音乐事物的出土文献资料等。因此，将音乐考古学改称"乐器考古学"，
并不能完全涵盖和囊括这门学科的研究对象。

西方音乐考古学的名称出现较早。1948 年，埃斯特雷切尔（Zygmunt
Estreicher）对萨克斯（Curt Sachs）所著《古代音乐的兴起：东方与西方》
一书②予以评介，其中所用的"Musikarchäologie"一词，就是德文音乐考
古学的名称③。

据伦德（Cajsa S. Lund）对有关资料的梳理，西方语言中的"音乐考
古学"名称出现较早，如瑞典语的"musikarkeologi"出现于 1880 年，
1977 年在瑞典音乐百科全书中正式应用此词。法语的"archéologie musi-
cale"出现于 1857 年，俄语的"музыкальная археология"出现于 1919
年。英语音乐考古学的名称最初是"musical archaeology"，约于 1930 年
出现④。

---

① 黄翔鹏：中国音乐文物大系总编辑部等编《中国音乐文物大系》，《前言》，郑
州：大象出版社，1996 年版。

② Sachs, Curt. *The Rise of Music in the Ancient World：East and West.* New York：
Norton, 1943.

③ Estreicher, Zygmunt. "Ein Versuch der Musikarchäologie." *Schweizerische Musikzei-
tung* 1948（88）：348；Hickmann, Ellen. "Archaeomusicology." In *The New Grove Diction-
ary of Music and Musicians*, ed. Stanley Sadie, 853. New York：Grove, 2nd Edition, 2001；
Lund, Cajsa S. "Music Archaeology in Scandinavia ca. 1800～1990." In *The Historiography
of Music in Global Perspective.* ed. Sam Mirelman, New Jersey：Gorgias Press, 2010.

④ Lund, Cajsa S. "Music Archaeology in Scandinavia ca. 1800～1990." In *The His-
toriography of Music in Global Perspective.* ed. Sam Mirelman, New Jersey：Gorgias Press,
2010.

20 世纪 80 年代，"music archaeology" 开始在英语世界多见，同时也有学者用"archaeomusicology"一词。后者由"archaeo"（古代的）和"musicology"（音乐学）两个词构成，是一个合成词，其构词方式与"archaeo-choreology"（舞蹈考古学）或"ethnomusicology"（民族音乐学）相类。2001 年出版的《新格罗夫音乐与音乐家辞典》第 2 版即收入"archaeomusicology"辞目。不过，此词在西方学术界存在争议，其使用频度并不是很高。[1] 目前通行的音乐考古学英文名称是"music archaeology"，其对等中文译名便是"音乐考古学"。偶或有"musicarchaeology""music-archaeology"等构词形式出现，但其实都是"music archaeology"的变体，因而未获学界普遍接受和采用。

除"music archaeology"外，西方还有"palaeo-organology"（古乐器学）[2]、"archaeoorganology"[3] 或"archaeo-organology"（乐器考古学）[4]、"archaeoacoustics"（音响考古学或考古声学）[5]、"archaeology of sound"或"sound archaeology"（声音考古学）[6]、"ethnomusicology of archaeology"（考

① Hickmann, Ellen. "Aims, Problems and Terminology: Current Research in European Archaeomusicology." In *Cambridge Music-Archaeological Reports*. ed. Graeme Lawson, 6. Cambridge: 1983; Vendrix, Philippe. "Archéo-musicologie ou musico-archéologie." In *Sons originelles: Préhistoire de la musique*. ed. Marcel Otte, 7 ～ 10. Liège: Université de Liège, 1994.

② Megaw, Vincent. "Problems and Non-problems in Paleao-organology: A Musical Miscellany." In *Studies in Ancient Europe: Essays Presented to Stuart Piggott*. ed. J. M. Coles and D. D. A. Simpson, 333 ～ 358. Leicester: 1968.

③ "Archaeoorganology"一词在文献中由 André Buchner 提出，其定义为"关于史前乐器的科学研究"（science on prehistoric musical instruments）。见 Buchner, André. *Colour Encyclopedia of Musical Instruments*. 344. London: 1980.

④ Lund, Cajsa S. "Sound Tools, Symbols or Something Quite Different? On Possible Percussion Instruments from Bronze-Age Sweden – Including Methodological Aspects of Music-Archaeological Research." In *Orient-Archäologie*, Band 27, *Studien zur Musikarchäologie VI-II*, ed. Ricardo Eichmann, Fang Jianjun, and Lars-Christian Koch, 61 ～ 73. Rahden, Westfalen: Verlag Marie Leidorf, 2012.

⑤ Scarre, Chris, and Graeme Lawson. *Archaeoacoustics*. Cambridge: McDonald Institute for Archaeological Research, 2006.

⑥ 同④。

古民族音乐学）①、"ethnoarchaeomusicology"（民族音乐考古学）②、"mu-sicethnoarchaeology"（音乐民族考古学）③ 等词汇或术语，它们或为音乐考古学研究的分支，或为体现不同学科间的交叉渗透关系，但并不能作为音乐考古学的代称。

如同上面讨论的中文音乐考古学名称那样，英文的"古乐器学"或"乐器考古学"，同样只是研究考古发现的乐器，而不是研究所有的音乐文化物质资料。"音响考古学"或"声音考古学"的研究对象，是包括乐器在内的发声器（sound device 或 sound instrument）和发声工具（sound tool）以及自然或人工营造的声音景观（soundscape），如对有关遗址、墓葬、洞穴、剧场等的音响学和声学研究即是。因此，它们都是音乐考古学研究的组成部分。而"考古民族音乐学""民族音乐考古学"或"音乐民族考古学"，反映出音乐考古学与民族考古学、民族音乐学、人类学等学科的结合，但并非音乐考古学与所有学科之间关系的总和，故这些名称也不能替代音乐考古学。

## 二、学科定义

对一门学科的定义，应该包含该学科研究的对象、方法和目标，并且对于学科的定义应具有相对的稳定性。但是，随着学科的不断发展，在研究材料、理论、方法、技术和目标等方面都会发生一些变化。因此，学科的定义也应做出相应的调整和修订。

---

① Olsen, Dale. "The Ethnomusicology of Archaeology: A Model for the Musical/Cultural Study of Ancient Material Culture." In *Selected Reports in Ethnomusicology*, *Volume VIII*: *Issues in Organology*. ed. Sue Carol Devale, 175～197. Los Angeles: University of California Los Angeles, 1990.

② Olsen, Dale. *Music of El Dorado*: *The Ethnomusicology of Ancient South American Culture*. Gainesville: University Press of Florida, 2002.

③ Lieven, Alexandra von. "Musicethnoarchaeology or the Fine Art of Selecting Fitting Analogies and Correctly Pinpointing Survivals." In *Orient-Archäologie*, Band 25, *Studien zur Musikarchäologie* VII, ed. Ricardo Eichmann, Ellen Hickmann, and Lars-Christian Koch, 109～113. Rahden, Westfalen: Verlag Marie Leidorf, 2010.

20 世纪 80 年代，学术界开始讨论音乐考古学的定义。较早为音乐考古学所做定义的是希克曼，她说：

> 音乐考古学就是从分析不断获取的考古发现着手，在与具有久远年代的有关民族的社会文化联系中去追述音乐和音乐生活，并试图在同一地理区域的当代社会音乐生活中揭示出依然存在的古代音乐文化的风格和痕迹。①

这里的"考古发现"，应即音乐考古学的研究对象，但并非泛指一切考古发现，而是限定于直接或间接与音乐有关的考古发现，即"音乐文化物质资料"。在研究内容和目标上，定义指出应关注音乐考古材料与"有关民族的社会文化联系"，并"追述音乐和音乐生活"。所言社会文化和音乐生活，都属于音乐历史的范畴，因而音乐考古学的研究内容和目标，可以概括表述为"探索人类音乐文化的发展过程及其规律"。定义还提出，音乐考古学可以"试图在同一地理区域的当代社会音乐生活中揭示出依然存在的古代音乐文化的风格和痕迹"。这实际上已经是民族志类比方法在音乐考古学研究中的应用。

伦德指出，音乐考古学主要研究音乐传统，并试图重建过去的音乐和音乐生活的社会文化环境，探寻同一地理范围内当今音乐实践中的古代音乐痕迹。② 这与希克曼的定义基本一致，但她强调音乐考古学应研究与音乐有关的社会文化环境，已经超越对音乐遗存本身的物质形态研究，从而进入到精神文化层面的探索。

对于上述音乐考古学定义，也有学者持不同看法，如库克兹即不主张将音乐考古材料与当今音乐文化相联系，并认为音乐考古学尚未形成独立的学科。③

---

① 埃·希克曼著，金经言译，王昭仁校：《用于研究传统的音乐考古学》，《中国音乐学》1986 年第 4 期；原文为 Hickmann, Ellen. "Musikarchäologie als Traditionsforschung." *Acta Musicologica* LVII 1985（1），1～50。

② Kuckertz, Josef, Cajsa S. Lund, and Ellen Hickmann. "Beiträge zur Musikarchäologie", English summary, *Archaeologia Musicalis*. 1988（1）：58.

③ 同上。

《中国大百科全书·音乐舞蹈》收录有"音乐考古学"辞目，由黄翔鹏和谭冰若撰文，他们为音乐考古学所做定义是这样的：

> 依据音乐文化遗存的实物史料（发掘而得的或传世的遗物、遗址、遗迹，如乐器、乐谱、描绘有音乐生活图景的古代造型艺术作品等），借助考古方法来探讨音乐史、乐器史直至历史上的音律形态、音阶形态等音乐学课题的一门科学。①

该定义指出音乐考古学研究的对象是"音乐文化遗存的实物史料"，并具体描述为"发掘而得的或传世的遗物、遗址、遗迹，如乐器、乐谱、描绘有音乐生活图景的古代造型艺术作品等"。不过，在定义中恐不宜将研究对象做过细的罗列或限定，因为音乐考古学的研究对象不限于乐器、乐谱或造型艺术作品，还包括与音乐有关的出土文献资料。因此，似可将研究对象概括为"古代人类遗留的音乐文化物质遗存"。

在研究方法上，音乐考古学不只是"借助考古方法"，还应包括音乐学、人类学、材料学以及现代科学技术等多种手段和方法。然而，在所有研究方法之中，考古学和音乐学应是音乐考古学所运用的两种主要方法，它们可以涵盖许多具体的学科、专业或领域，如考古地层学、类型学、年代学、古人类学、古文字学、科技考古、美术考古、音乐史学、民族音乐学、音响学、乐律学等等。并且，随着学术的发展，新的研究方法还会不断产生。有鉴于此，似可将音乐考古学的研究方法概括表述为"主要运用考古学和音乐学方法，结合其他学科方法"。

关于音乐考古学的研究目标，定义将其描述为"探讨音乐史、乐器史直至历史上的音律形态、音阶形态"。这里的乐器史、音律史和音阶发展史等专史，均可包含于音乐史之中，因此其总体研究目标就是音乐发展的历史。

我曾为音乐考古学做出如下定义：

---

① 谭冰若、黄翔鹏：《音乐考古学》，中国大百科全书总编辑委员会音乐舞蹈编辑委员会等编《中国大百科全书·音乐舞蹈》，北京：中国大百科全书出版社，1989年版，第800～801页。

音乐考古学是根据古代人类遗留的音乐文化物质资料，研究人类音乐文化发展历程及其规律的科学。①

这里需要讨论"古代"的时间范围，其实也就是音乐考古学研究的时间范围。就中国历史而言，"古代"的时间始于远古结束于清代末年。具体来说，其时间指向中的"远古"，一般为公元前 21 世纪之前。从考古学来划分，则包括旧石器时代和新石器时代。因此，尽管迄今为止旧石器时代的音乐考古发现十分罕见，但从音乐考古学研究的时间上限来说，确应包括这一时代。

按照中国历史学的观点，一般以鸦片战争的爆发为标志，将"古代"的下限断在 1840 年，并以之作为古代与近代的分野，但也有将"古代"断在清朝覆亡之时，即 1911 年。在普通考古学和音乐考古学的研究中，一般将研究的时间下限断在明代（止于 1644 年）②，但也有学者将清代纳入研究的时间范围。不过，1911 年已进入 20 世纪，这时虽然也有一些清代乐器或乐谱传世，但从其时代特征和资料性质看，与音乐考古学主要研究考古发掘品存在明显的差异，而作为音乐文物研究则较为合适。因为从中国学术来看，文物的概念较考古更为宽泛。它既包括考古遗存，也包括非考古遗存，有的甚至是近代遗存，如近代音乐家手稿、近代音乐遗址等，都属于音乐文物的范畴。③ 因此，中国音乐考古学研究的时间下限应限定于 19 世纪。

西方的情况与中国有所不同。欧洲所谓古代，一般指远古至 1640 年英国资产阶级革命之前，其时间下限接近于中国明朝的覆亡年代 1644 年。在历史分期上，欧洲与中国存在一定区别。就史前时期和历史时期而言，前者指无文献记载的历史，后者指有文献记载的历史。然而，欧洲学术界在史前时期和历史时期之间，又划分出所谓原史时期（protohistory），指的是

---

① 方建军：《音乐史学的一门新兴分支学科——音乐考古学》，《黄钟》1990 年第 3 期；《地下音乐文本的读解》，上海音乐学院出版社，2006 年版，第 281～295 页。

② 李纯一：《中国音乐考古学研究的对象和方法》，《中国音乐学》1991 年第 2 期。

③ 方建军：《中国音乐考古学的学科定位与研究方法》，载于曹本冶、乔建中、袁静芳主编《中国音乐研究在新世纪的定位国际学术研讨会论文集》，北京：人民音乐出版社，2002 年版，第 307～325 页。

虽有文献记载，但文献较为欠缺的时期。中国的史前时期指夏代以前，夏代以后即进入历史时期。不过，中国的夏、商和西周，虽然有一定的文献记载，但文献不足，仍然要利用考古材料并结合文献记载来研究，这就相当于欧洲的原史时期。

不同的国家、地区和文化，史前时期的时间概念也不相同。中国和美索不达米亚的史前时期都在公元前；欧洲斯堪的纳维亚地区的史前时期下延到维京时代（Viking Age，公元 800～1050 年）；美洲先哥伦布时期的史前则是公元 14 和 15 世纪。在考古学时代划分上，欧洲虽然有石器时代、青铜时代和铁器时代，但具体年代范围不能与中国等同。欧美学者还提出所谓"工业考古学"（industrial archaeology），主张将考古学研究的时间下限定在 19 世纪①，西方音乐考古学研究即涉及 19 世纪的乐器。由此看来，以欧洲为中心的西方音乐考古学，其研究对象的时间范围与中国音乐考古学基本一致，都是上至旧石器时代，下迄 19 世纪。

奥尔森认为，音乐考古学是"通过古物遗存研究作为文化的音乐"②。他所谓"古物遗存"，当然是与音乐有关的古物遗存，依此来研究"作为文化的音乐"。这里他提出音乐考古学要研究音乐文化，虽然文字较为简短，但具有一定的概括性。

李纯一在论述音乐考古学研究的对象和方法时，指出了音乐考古学研究的最终目标：

> 究明各种乐器的发生、发展和消亡的历史过程和规律，并寻绎出它们在社会历史发展中固有的作用、地位和意义。我想这应该是古乐器学研究的最终目标。音乐考古学研究的最终目标也应大致与此相仿。③

---

① 钱耀鹏主编：《考古学概论》，北京：高等教育出版社，2011 年第 1 版，2013 年第 2 次印刷，第 6 页。

② Olsen, Dale. "The Ethnomusicology of Archaeology：A Model for the Musical/Cultural Study of Ancient Material Culture. " In *Selected Reports in Ethnomusicology*, *Volume VI-II*：*Issues in Organology*. ed. Sue Carol Devale, 175. Los Angeles：University of California Los Angeles, 1990.

③ 李纯一：《中国音乐考古学研究的对象和方法》，《中国音乐学》1991 年第 2 期。

换言之，音乐考古学研究的目标就是究明音乐文化发生、发展和消亡的历史过程和规律，并探寻音乐文化在社会历史中的作用、地位和意义。

进入 21 世纪，音乐考古学的定义继续得到讨论。《新格罗夫音乐与音乐家辞典》第 2 版收录的音乐考古学词条，由希克曼撰文，所述音乐考古学的定义是：

> 运用考古学的方法研究音乐，对获取的考古发现进行分析，重建时代久远的早期文化或少数族群的音乐和音乐生活，并试图探寻同一地域近世社会音乐生活中仍然存在的古代音乐文化风格和痕迹。①

这与她先前所做音乐考古学的定义基本相同，但开宗明义，指出音乐考古学是"运用考古学的方法研究音乐"。

王子初依据夏鼐和干仲殊为考古学所做的定义，认为音乐考古学是"根据古代人类通过各种音乐活动遗留下来的实物以研究人类古代音乐历史的一门科学"。同时，又参照《辞海》的考古学定义，认为音乐考古学是"根据古代人类音乐活动遗留下来的实物史料研究人类古代音乐情况的一门科学。音乐史学的一个部门"②。这两种定义在文字描述上虽然略有差异，但实质是相同的，后者更说明音乐考古学是"音乐史学的一个部门"。

与希克曼"用考古学的方法研究音乐"相比，劳森将音乐考古学定义为"古代声音和音乐行为的考古学"③。而鲍斯则指出，"音乐考古学是对

---

① Hickmann, Ellen. "Archaeomusicology." In *The New Grove Dictionary of Music and Musicians*. ed. Stanley Sadie, 848 ～ 854. New York：Grove, 2nd Edition, 2001.

② 王子初：《"音乐考古学"辨疑》，《音乐研究》2003 年第 2 期；《音乐考古拾意》，《大众考古》2014 年第 2 期。作者对前文所做音乐考古学定义略有修订，今据后文加以引述。

③ Lawson, Graeme. "Music, Intentionality and Tradition：Identifying Purpose and Continuity of Purpose in the Music-Archaeological Record." In *Orient-Archäologie*, Band 15, *Studien zur Musikarchäologie* IV. ed. Ellen Hickmann, and Ricardo Eichmann, 61. Rahden, Westfalen：Verlag Marie Leidorf, 2004.

过去音乐行为和声音现象的研究"①。二者实质上相同，只是鲍斯用"过去"来替换"古代"。这可能是考虑到不同文化中"古代"时间概念的差异。不过，"过去"一词较为模糊，以此来定义研究对象的时间范围恐不够确切，因为从时间维度来看，"过去"是不断流动的，昨天即过去。

说音乐考古学是研究古代的"声音"或"声音现象"，固然无错，但它实际上只是音乐考古学研究的部分内容，而并非音乐考古学研究的全部。因为在音乐考古发现当中，只有包括乐器在内的发声器和发声工具才能够适用于声音的研究，而其他研究对象如有关音乐的出土文献，主要用于探索古代音乐史事，而不能直接用来研究声音。至于"音乐行为"，应属音乐文化的组成部分，二者为总分关系。因此，不如用"音乐文化"来涵盖音乐考古学的研究内容更为妥帖。

论述及此，试将音乐考古学的定义表述于下：

音乐考古学是根据古代人类遗留的音乐文化物质遗存，主要运用考古学和音乐学方法，结合其他学科方法，研究人类音乐文化发展历程及其规律的科学。

# 三、学科属性

由于音乐考古学研究所依据的材料是经由考古发掘所获，所以音乐考古学与普通考古学关系密切。正因如此，伦德呼吁应加强音乐考古学与考古学的密切合作，并直言"如果考古学不走进音乐考古学，那么音乐考古学必须走进考古学"②。

考古学是"根据古代人类遗留下的遗迹、遗物研究社会历史的科学。

---

① Both, Arnd Adje. "Music Archaeology: Some Methodological and Theoretical Considerations." *Yearbook for Traditional Music* 2009 (41): 1～11.

② Lund, Cajsa S. "What is Wrong with Music Archaeology? A Critical Essay from a Scandinavian Perspective Including a Report about a New Find of a Bullroarer." In *Hearing the Past: Essays in Historical Ethnomusicology and the Archaeology of Sound.* ed. Ann Buckley, 21. Etudes et Recherches Archéologiques de l'Université de Liège, 1998.

历史科学的一个部门。①"从普遍意义上讲，音乐考古学的研究对象同时也是考古学的研究对象，因此音乐考古学应是考古学的组成部分。但是，由于音乐考古学的研究对象具有相当的特殊性，须运用音乐技术理论并结合音乐实践进行研究，所以普通考古学尚不能替代音乐考古学。

考古发现的古代遗存是多种多样的，对其进行分类研究，能够形成考古学的不同分支，如农业考古学、动物考古学、美术考古学等即是。这些考古学的分支，学者也称其为"特殊考古学"②，以与普通考古学研究全部考古遗存相区别。从此而看，音乐考古学应是普通考古学的一个特殊的分支。

音乐考古材料既具有普通考古材料的属性，同时又具有音乐物质资料的特性，如对出土乐器设计制造、形制演变、安置演奏、音乐性能等的探讨，对出土乐谱的解译和对唱、奏实践的研究等，属于音乐学尤其是音乐史学研究的范畴。不少学者认为，考古学是历史学的组成部分。因此，音乐考古学也可视为音乐史学的组成部分或分支学科。

音乐考古学对于音乐历史研究的影响是显著的，这在研究史前时期的音乐时尤其如此。史前时期缺乏文献记载，而音乐作品的文本和音响以及有关的音乐活动和行为，当然也很难记录和保存下来。在这种情况下，研究史前时期的音乐应主要依靠考古发现的音乐文化物质资料，音乐考古学可发挥重要的作用。

研究历史时期的音乐文化，音乐考古学的作用也不容忽视，可以将考古材料与文献记载相结合，利用"二重证据法"来进行研究。③ 但是，应该认识到，音乐考古学主要还是依据音乐文化物质遗存来试图重建音乐史，相对于音乐史所包含的人类总体音乐活动而言，音乐考古学研究只能反映人类音乐历史的局部，而不能包办或替代全部音乐史。

由上所述，音乐考古学的学科构成同时具备考古学和音乐史学两方面

---

① 中国大百科全书出版社考古学辞典编写组编：《考古学辞典》，北京：知识出版社，1991 年版，第 182 页。

② 夏鼐、王仲殊：《考古学》，中国大百科全书出版社编辑部编《中国大百科全书·考古学》，北京：中国大百科全书出版社，1986 年版，第 17～19 页。

③ 王国维：《古史新证》，葛剑雄主编《王国维考古学文辑》，南京：凤凰出版社，2008 年版，第 25 页。

因素，可见音乐考古学确是考古学与音乐史学相互交叉、影响和渗透所形成的一门边缘学科。

音乐考古学在学科构成上的交叉性和边缘性，使得它的学科属性并不单一。或认为它是音乐学的分支，[1] 或认为它是音乐史学的分支，[2] 或认为它是研究音乐史的一种方法，[3] 或认为它既是考古学的特殊分支，又是音乐史学的重要组成部分，[4] 这些看法大都出自音乐学界，考古学界对此较少展开讨论。音乐考古学究竟属于哪一学科的分支，目前似乎不必非得各执一端。事实上，从学科构成的交缘关系看，音乐考古学确实具有从属于考古学和音乐史学的双重性质，但无论考古学还是音乐史学，又都不能替代音乐考古学的研究，这正显示出音乐考古学的学科独立性。

学科是学术的分类，学术是专门的学问。衡量一个学术门类是否成为独立的学科，应从它的理论体系、研究方法、学术成果、研究群体以及高等教育等方面进行综合考察。由此而看，音乐考古学正在朝着一门独立的学科方向发展。但是，如果与发展时间较长的其他人文学科相比，音乐考古学则显得十分年轻，其学科理论、研究方法和技术手段等，都还处于初步探索之中。可以相信，随着学术研究的不断发展，音乐考古学的学科品性将会逐步得以确立，并最终成为真正意义的独立学科。

原载《音乐研究》2016 年第 3 期

① 谭冰若、黄翔鹏：《音乐考古学》，中国大百科全书总编辑委员会音乐舞蹈编辑委员会等编《中国大百科全书·音乐舞蹈》，北京：中国大百科全书出版社，1989 年版，第 800～801 页。

② 方建军：《音乐史学的一门新兴分支学科——音乐考古学》，《黄钟》1990 年第 3 期；《地下音乐文本的读解》，上海音乐学院出版社，2006 年版，第 281～295 页。

③ Buckley, Ann. "Music Archaeology: Its contribution to 'Cultural' Musicology and 'Historical' Ethnomusicology." *Archaeologia Musicalis*, 1989 (1): 112. Also published in *Studies in Socio-Musical Sciences*. ed. Joachin Braun and Uri Sharvit, 109～115. Ramat-Gan: Bar-Ilan University Press, 1998.

④ 李纯一：《中国音乐考古研究的对象和方法》，《中国音乐学》1991 年第 2 期。

# 音乐考古学研究的对象和方法

## 一、研究对象

音乐考古学研究的对象是考古发现的音乐文化物质资料，总称为音乐遗存。音乐遗存分为遗物和遗迹两类，这里仅就音乐遗物略加论列。音乐遗物主要有4类——乐器、乐谱、音乐文献、音乐图像，它们是音乐考古学的主要研究对象，其中又以乐器的研究为大宗。乐谱目前发现较少，出土音乐文献虽然较为散见，但数量并不算少，二者均具有重要的历史和学术价值。音乐图像的数量相对较多，有时能够提供其他3类音乐遗物所无的内容。

这4类音乐遗物各有自身的特点、优长和局限，它们之间既具有相对的独立性，又时常相互牵连，相互依傍，具有一定的互补性。

出土乐器大多数是古人使用的实用乐器，具有无可比拟的真实性和具体性。乐器埋葬于特定的出土单位，大多情况下，它都有伴出物，具有一定的考古学环境，而不是孤立的存在。各种随葬品与乐器的共存关系，使乐器的存在具有一定的参照系。在这方面，它比文献孤立记载一种或一件乐器要全面和丰富得多。

乐器在古代社会的应用处于动态之中，经过埋葬之后便转入静态之下，以往使用它的主人已不复存在。如何制造、如何演奏、演奏什么以及当时的具体表演情形等，均难以获知其详。并且，出土乐器一般都为古代宫廷和贵族阶层所拥有，通过它只能了解这些特定阶层的音乐生活和音乐文化，而属于民间层面的乐器则较少发现，这是出土乐器自身的局限。

古乐谱虽然是弥足珍贵的音乐考古材料，但由于古乐谱在早期（公元前）尚不多见，后来则由于记录载体难以保存的原因，故目前发现很少，估计其地下潜藏也不会很多。但即使如此，它仍是音乐考古学研究的对象之一，并且还可参考传世古乐谱对出土乐谱进行研究。不过，传世古乐谱如同传世音乐文献那样，不应作为音乐考古学研究的对象。黄翔鹏主张将传世古乐谱的研究称之为"曲调考证"①，应是比较合适的。

古乐谱是我们了解古代音乐作品具体构成的重要资料，甚至是唯一的资料，这是它自身的优长。但由于古乐谱使用的文字和符号与现今所见传世乐谱差异较大，加之有的乐器演奏谱存在定弦上的判定问题，所以对它的识读解译存在较大困难，研究结果也是仁智互见，甚至是大相径庭。另一方面，古乐谱记录的音乐作品缺少精确的节奏、节拍和时值，因此对它的解译复原就会存在一定的分歧，有时同一首乐曲，不同的研究者所译，表现在音乐形态上就具有明显的差异。

音乐图像出自古代美术家之手。他们对于当时音乐事物的描绘，各有自己的侧重，不一定都是从音乐专业的角度来创作。由于创作意图、图像主题、画面布局和艺术手法的不同以及制作材料、工具和技术的限制，图像内容会有不同程度的省减，有些只是写意而非写实，有些则有所夸张，或具有象征性，甚至想象成分，不可能全部是现实音乐生活的真实写照。如古代乐队的组合，乐器的形制、件数和尺寸比例，弦乐器的弦数，吹管乐器的管数或指孔数等，都不是百分之百准确。

图像乐器虽然不是实物，但它是实物的形象再现，有的再现可能是比较真实的，有的可能只是轮廓式的，有的则可能是错误甚至虚构的，这都须要加以具体的辨析。如在中国出土的汉画像石和唐代壁画中，常见有乐人双手握持一小型乐器置于口边吹奏的形象，对此有埙、筎、贝等不同说法，但都是从外形所做出的猜测。对于此类不具备观察条件的轮廓式模糊图像，应以暂且存疑为是。

失真的音乐图像不仅在考古发掘中见到，而且在传世的古代音乐图书和考古图书中，也存在图像不确甚至图像有误的情况。如宋代陈旸《乐书》所绘的埙、錞于等乐器，即与出土实物的形制不符。又如宋代吕大临

---

① 黄翔鹏：《前言》，中国音乐文物大系总编辑部等编《中国音乐文物大系》，郑州：大象出版社，1996 年版。

《考古图》收录的编钟，所绘图像不确且无比例，这些都是应予注意的。

验证音乐图像的正确性，需要用一定数量的同类图像资料加以比较，同时，还须以图像和实物加以比较，以实物为验证图像的标准。当然，有些乐器图像虽然在出土实物中尚无所见，但恐不能简单认为即图像有误，还应参考古代文献记载并耐心等待新的音乐考古发现。

音乐图像资料能够反映出不同品种的乐器，有些乐器品种迄今并无实物出土，恐怕今后也不会有大量发现。音乐图像中的器乐表演形象，有的描绘一件乐器或展示一件乐器的演奏状态，有的反映出几件乐器的组合及其演奏情景，有的则是古代乐队的整体描绘。因此，音乐图像对于乐器的研究，不仅关注乐器个体，还应包括乐器组合和乐队构成。

音乐图像有的反映出一定的乐器组合，有的可能是整体乐队，有的可能是乐队的局部，有的甚至是写意，即所描绘的乐队只是象征性的几件乐器，不一定是古代现实生活中的乐队乐器构成。如中国出土的东周时期青铜礼器，有些上面刻画有所谓的宴乐图像，但其中只见编钟、编磬和建鼓等少数几种乐器，很少看到琴、瑟类弹弦乐器和吹管乐器，但不能据此便认为古代宴乐演奏不使用弦乐器和吹管乐器；而且图像描绘的场面，也不一定必然是宴乐表演。从考古发现看，既有仅随葬编钟编磬的墓葬，也有包含多种乐器随葬的墓葬，乐器的应用场合则不一定仅限于宴乐。

相对于立体图像的散置状态而言，有些平面图像（如壁画）反映的乐器组合或乐队构成则较为可信。但是，墓葬中出土的乐俑，其摆放或出土位置有时具有一定的随机性，不一定就是古代现实音乐生活中的乐队排列和组合方式。有时由于乐俑的出土位置被扰乱，发掘者在整理和发表材料或在后期布展时，将乐俑以主观意图加以组合，容易给人造成古代乐队或乐舞排列组合的错觉，这是须加以注意的。

与古代文献对于音乐的描述相比，音乐图像具有较为直观的特点，是古代音乐活动和音乐器物的形象化和视觉化。音乐图像虽然不如出土乐器那样具有无比的真实性和具体性，但往往能够提供较为广阔的音乐表演场景，有时能够表现出某种音乐活动的整体或局部整体。与出土乐器相比，它有表演者甚至观赏者，以及表演的场面和环境，有乐器或乐队的排列组合，表演者（奏、唱、舞）的姿势、姿态和服饰，反映出乐器的配备、安置和演奏方式，器乐演奏与其他表演的关系，因而具有自身的特点和优长。

出土音乐文献是古人对当时或之前音乐活动和音乐事物的描述和记录，具有相当的真实性，体现出重要的史料价值。历史上由于种种原因，传世文献会发生遗失乃至毁灭，如六经经之一的《乐经》即已失传。古代文献流传至今，经过多次传抄、刊印，会发生一定程度的修改或窜乱，从而产生一些讹误，有时甚至包含有作伪成分。而出土文献往往能够提供传世文献所无的内容，弥补传世文献之缺，有些则可纠正传世文献的讹误。

出土文献有关音乐的记载，常能提供音乐活动的社会历史背景，以及与其他事物之间的相互联系，具有上下文语境和音乐事象的关联性，而不是孤立地记录一件乐器或一部音乐作品。这是它明显的优长。

不过，应该看到，出土文献犹如传世文献那样，主要记述统治阶层的日常生活和行为，其中的音乐事物，自然属于统治阶层所有。而民间音乐则缺乏记载，这方面它与出土乐器具有同样的局限性。此外，出土文献里面专门记载音乐内容的书籍或篇章目前发现较少，而有关音乐的记载通常都是较为分散零碎，往往穿插于其他出土文献之中，须要做专门的梳理和分析。

## 二、分期、分区和分类研究

音乐遗存的时间跨度较长，因此集中对某一个或某几个历史时期的音乐遗存进行断代研究，可以形成音乐考古学的分期研究，从而出现石器时代音乐考古、青铜时代音乐考古，或某一国家和地区特定时代的音乐考古等。如中国的商周音乐考古、隋唐音乐考古，欧洲的史前音乐考古、中世纪音乐考古等，就是按照考古资料的时间范围而形成的分期研究。

音乐遗存分布于较广的地理范围之内，都属于特定的考古学文化。因此，从空间视域看，音乐考古学还能够从事分区或分域研究。在世界范围内，音乐考古学有以国家和地区为限的，也有以洲际为限者。如中国音乐考古、希腊音乐考古、埃及音乐考古、美索不达米亚音乐考古、斯堪的纳维亚音乐考古、地中海国家音乐考古、东亚音乐考古、欧洲音乐考古、南美洲音乐考古等等。在同一个国家之内，还可进一步再行分区研究，如中国东周时期的音乐考古学研究，可以从历史地理学的角度，按当时的国别和族属分为周音乐考古、楚音乐考古、秦音乐考古、三晋音乐考古、吴越音乐考古、巴蜀音乐考古等等。

对于上述 4 类音乐遗物进行专门研究，可以形成音乐考古学的分类研究。① 集中研究出土乐器，可以形成古乐器学或乐器考古学；对出土乐谱进行研究，可以形成古乐谱学；对出土音乐图像进行研究，可以形成"古乐图像学"；对出土音乐文献进行研究，能够形成"古乐铭刻学"②。其中有的音乐遗物还可做进一步的分类研究，如目前学术界对编钟、铜鼓、口弦（jew's harp）、里拉（lyre）等的集中研究，已经形成音乐考古学乐器类研究的专题。

音乐考古学的分期、分区和分类研究，既可以各自独立开展，成为音乐考古学的研究分支，同时也可交叉进行，形成综合性研究。如在从事音乐考古学的分期研究时，即可在同一时期再进行分区和分类研究。以中国东周时期的编钟研究为例，似可将其分为春秋和战国两期进行研究，每一期再做分区或分域研究，每一区域又可单独进行编钟的类型划分，然后再做进一步的综合探讨。音乐考古学的分区和分类研究，也可大体参照这样的分期研究模式开展。

## 三、研究方法

相对于传世的音乐历史文献，考古发现的音乐遗存，犹如一系列需要读解的"地下音乐文本"③。音乐考古学的研究资料，本身即具有较强的综合性，而各种音乐文化物质资料之间，也具有多方面的联系。不同的音乐文化物质资料与相关的学科领域发生直接或间接的联系。因此，认识和解释音乐考古资料的内涵，就不可能运用单一的理论、技术和方法，而必然要涉及诸多的理论、技术、方法和学科领域，以此来进行综合性的研究。

① 方建军：《音乐史学的一门新兴分支学科——音乐考古学》，《黄钟》1990 年第 3 期。

② "古乐图像学"和"古乐铭刻学"的名称，系李纯一先生提出。参见李纯一：《中国音乐考古学研究的对象和方法》，《中国音乐学》1991 年第 2 期。

③ 方建军：《地下音乐文本的读解·序》，上海音乐学院出版社，2006 年版。

综合运用多学科融合的研究方法，是现代学术的普遍特点。新技术的不断发展和应用为音乐考古学研究提供了契机。我们应及时学习和吸纳有关的科学技术和方法，只要能够达到音乐考古学研究的目的，即可法无定法。

由于音乐考古学试图重建考古实物所反映的某一历史时期人类音乐行为及其发展规律，所以必然要涉及较多的学科领域，以多学科知识或多学科协作的手段来达到和实现研究的目标。总体而看，在音乐考古学的研究方法或涉及的学科领域中，考古学和音乐学应是最基本的两种，二者需要科学有效的结合。音乐考古学所应用的考古学方法，主要是考古类型学，当然也涉及考古地层学、考古学文化、古文字学、古人类学、实验考古学、民族考古学等；而音乐学方法则主要涉及音乐史学、乐器学、音乐声学和音乐人类学等，并通过乐器测音、音乐遗存的复原和模拟实验等特殊方法，来探索古代人类的音乐行为和音乐文化的构成。

鉴于音乐遗存来源的考古学性质，我们不能脱离考古学来孤立地看待和处理音乐考古资料，或者仅从音乐学的角度来审视和研究它，那样就会使音乐遗存与考古学割裂或隔绝。音乐遗存分为遗迹和遗物两大类。遗迹通常是遗物的出土和存在单位，二者关系密切，相互依存，不可分割。因此，音乐考古学研究必须掌握与之有关的一切考古资料。诸如音乐遗存出土的地层、年代（时代）、考古学文化、共存物、墓葬情况（墓主、国别、族属等）、器物组合、人种分析等，都是音乐考古学研究必备的资料，需要与音乐遗存联系起来加以通盘考虑和分析。

就出土乐器而论，只关注乐器本身，仅掌握单一资料是远远不够的，需要密切追踪相邻和相关学科的研究成果，为音乐考古学研究奠定基础。如对于曾侯乙编钟的研究，就涉及古文字学、乐律学、音乐声学、音乐史学、冶铸学、化学等。因此，单纯从某一学科出发，只能认识事物的一个方面或一个侧面，而集聚多学科进行综合研究，则有可能较为全面地认识和分析音乐考古材料。

在关注乐器本体的同时，还应通览和把握与之共存的其他出土物品。也就是说，在研究过程中，既将音乐考古材料与一般考古材料有所分别，同时又须将音乐考古材料与一般考古材料加以整合。这是因为，出土乐器与一般考古发掘品有所不同，它是音乐制品而非一般生产和生活用品，所以它是一种特殊的考古材料，应该将其抽绎出来予以特别对待。同时，音乐考古材料又与一般考古材料具有相互间的有机联系，因而不能将其与一般考古材料绝然分离，而应厘清考古发现情况，将其纳入考古材料的整体系统之中来关照。

基于这样的认识，出土乐器的研究方法，似可归纳为由外部形制、内部结构再到音响性能的3层递进模式，即：

外部形制—内部结构—音响性能

这种3层递进模式，也可表述为出土乐器的表层、内层和深层研究方法，即：

表层研究—内层研究—深层研究

出土乐器的3层递进研究模式，是由外到内，由视觉观察到听觉判断，由仪器测量到人脑分析的过程。

仅进行表层的乐器外部形制学（包括纹饰）研究，普通考古学即可胜任；乐器的内部结构与音响之间的关系，乐器的材料性质、化学成分和乐器形制的断层扫描等内层范围的考察分析，须要由音乐考古学者从事实物观测，并与有关学科的学者密切合作；声学特性、音乐性能和音乐分析等，则主要由音乐学术背景的音乐考古学者来完成。因此，音乐考古学研究是案头工作、田野工作和实验室工作相互渗透和融合的结果。

在对音乐遗存进行考古学观察的同时，还要参考传世古代文献记载，以考古发现与文献记载相结合，对音乐考古材料予以阐释。这就是王国维倡导的古史研究"二重证据法"①。因此，音乐考古学应将历时研究（diachronic study）与共时研究（synchronic study）结合起来。目前主要还是集中于音乐遗存的历时性探索，而在共时性研究方面则较为欠缺。音乐文化的存在和发展不是孤立的，而是与社会文化具有多方面的联系，因此不仅应将音乐考古材料置于历史的时间维度来考察，而且要将其纳入同时代社会文化的横向空间维度来审视，这样才能纵横交织，从时间和空间维度来进行音乐考古学研究。

考古发掘揭示的音乐遗存，由过去的动态而处于静态，使用它的原主

---

① 王国维：《最近二三十年中国新发见之学问》，载葛剑雄主编《王国维考古学文辑》，南京：凤凰出版社，2008年版，第87页。

人业已消逝于历史之中，我们只能"睹物思人"，并尽可能运用考古学环境并结合文献记载进行关联分析。因此，在从事音乐文化物质资料分析时，不能仅限于就物论物，而应联系到物背后的人。

由于考古发现的音乐遗存属于特定的时代，所以我们在进行必要的考古学分析之后，还要将其纳入音乐历史发展进程之中来考量。如果游离于音乐历史之外，不关心音乐考古资料的创造者和使用者，不考虑资料的人文属性，这些资料就徒成自然形态的物质。从此而看，音乐考古学应由纯物质层面的研究进入到文化的、精神的和人类行为方式的研究。音乐考古学应借鉴文化人类学的研究方法和研究成果，体现音乐考古学研究的人文精神和人文关怀。

综上所论，音乐考古学对出土乐器的研究，实际应主要包括形制、音响、文化三个方面。其中的乐器形制研究包括三层递进模式的外部形制（表层）和内部结构（内层）研究。

音乐考古学的研究工作，基本遵循由个体、群体到总体的研究路径，即由个别到一般，由小的综合到大的综合，从微观到宏观的研究过程。音乐考古学的个案分析是群体和总体分析的基础，也是一个必经的研究阶段，但仅有个案分析，就会只见树木而不见森林。因此，在个案分析之后，还应进行群体和总体的综合分析，以此来考察不同音乐考古学文化的特点以及它们之间的相互关系和作用，探索古代音乐文化发生、发展的历史过程和规律。

# 音乐考古学与古代音乐遗迹研究

考古发现的古代音乐遗存包括遗迹和遗物两类。音乐遗迹和遗物主要埋藏于地下，部分存在于地上，较少沉入于水下，其获取手段和途径主要经由考古勘探和考古发掘。

音乐遗迹指古代人类音乐行为或音乐活动发生的地点、场景、载体以及音乐遗物埋藏和出土的地点与环境，主要包括有关的遗址、墓葬、窖藏、祭祀坑、乐器坑等。保存于地上的音乐遗迹，主要包括有关的洞穴、岩画、石窟寺艺术、具备观演功能的古建筑，以及一些自然环境中与音乐有关的遗迹等。由此可见，音乐遗迹一般处于固定位置而不可移动，它主要是音乐遗物赖以存在和出土的环境，即所谓考古环境（archaeological context），以及音乐遗物与考古环境之间的关系。

以往的音乐考古学研究，主要针对考古发现的音乐遗物，如乐器、乐谱、音乐图像和出土音乐文献等，而对音乐遗迹的研究则涉及不多。本文结合有关音乐遗迹，就考古环境与音乐功用、古器物作坊与乐器制造、声音景观与音乐表演等问题试加讨论，向读者请教。

## 一、考古环境与音乐功用

考古环境的总体构成情况，反映出与音乐遗物之间的关系。音乐遗物的用途和功能，则可依据考古环境的性质来做出推断。

考古遗址的性质，通常可以作为判断所出音乐遗物性质和功用的依据。[①]

---

① 李纯一：《中国音乐考古学研究的对象和方法》，《中国音乐学》1991 年第 2 期。

以古代建筑遗址出土的音乐遗物为例，可以说明二者的相互关系。

1990 年河南郑州小双桥商代早期宫殿建筑遗址出土特磬一件，时代相当于二里岗文化上层时期的较晚阶段——白家庄期。该遗址发现有大型青铜建筑构件、柱础石和夯土堆积，在遗址的中心区域之内，布满了类似祭坛性质的大型高台夯土建筑基址、大型祭祀场、祭祀坑、奠基坑、灰沟、灰坑等，并发现有与冶铜有关的遗存。

小双桥的祭祀文化遗存可以分为三类，即：宗庙建筑遗迹，如大型的建筑基址；祭天遗迹，如圆形台基；祭地遗迹，如大量的祭祀坑。小双桥遗址出土的祭品种类由早期的狗、人和金属饰件，发展为使用牛、象、鹿、猪、鹤、鸡等动物牺牲，以及炼铜炉、铜镞、铜条、铜炼渣、牙饰、骨镞、蚌壳、原始瓷尊、陶缸、陶鬲、陶斝等。发掘报告推断，该遗址中心部位原来肯定存在着规模宏大的商代宫殿建筑，且类似这样的建筑非商王莫属。

该遗址除出土乐器特磬外，还出土有石圭和石祖等礼器，其中的 2 件石祖遍涂朱砂，应是祭祀活动中的崇拜物。综合这些情况分析，小双桥遗址应为商代王族祭祀祖先的宗庙所在[①]。石磬出于这样的祭祀遗址环境之中，体现了乐器演奏与祭祀活动的关系。

1973 年河南安阳殷墟洹水南岸出土 1 件商晚期龙纹特磬，出土地点位于商代王宫建筑遗址范围之内。[②] 龙纹特磬纹饰繁缛，制作精良，非一般特磬所能比美。在殷墟范围内曾发现过一些重要的宫殿宗庙建筑遗址，这些遗址在建设过程中曾举行过奠基、置础、安门、落成等祭祀活动，并用人和动物作为祭祀时的牺牲。在宫殿宗庙基址下、基址中、基址上乃至柱础下、门外侧以及基址周围，都发现有埋人和动物的祭祀坑。[③] 殷墟洹水南岸龙纹特磬出于具有祭祀性质的王宫建筑遗址，其使用和演奏很可能与

① 河南省文物考古研究所：《郑州商城考古新发现与研究》（1985～1992），郑州：中州古籍出版社，1993 年版，第 242～271 页。

② 中国社会科学院考古研究所安阳发掘队：《殷墟出土的陶水管和石磬》，《考古》1976 年第 1 期；范毓周：《关于殷墟 1973 年出土石磬的纹饰》，《文物》1982 年第 7 期。

③ 杨宝成：《殷墟文化研究》，武昌：武汉大学出版社，2002 年版，2003 年第 2 次印刷，第 53 页。

宗庙祭祀仪式有关。

1980年陕西扶风召陈乙区西周中晚期宫殿宗庙遗址出土编磬多件，但多已残断。① 据其中拼复的3件编磬看，器形较大，制作精美。磬两面刻阴线夔纹，股博、鼓博和底边刻鳞纹，股、鼓上边刻重环纹。这样宏大精美的编磬，出于西周中晚期宫殿宗庙遗址，无疑应为周朝宫廷所用乐器。

有的遗址虽然没有出土音乐遗物，但却与音乐活动或音乐事件有关，同样应纳入音乐考古学研究的视野。如1995年陕西临潼华清宫发现的唐代音乐机构梨园建筑遗址，是唐代除长安、洛阳所设梨园之外，在华清宫设立的另一处梨园。② 通过对遗址的建筑结构和居住情况进行分析，可以推测当时驻留华清宫梨园的乐人数目，并可结合文献记载来推知乐工的构成、乐器的配置和表演的音乐品种等。③

与建筑遗址出土乐器相比，窖藏出土乐器可用于参照的考古环境则不是很多。出于窖藏的乐器，具体埋藏情形有所不同，这在中国北方和南方窖藏出土的商周青铜乐器方面表现尤为明显。

中国北方的窖藏乐器一般都不是单个独立出土，而是一窖出土几件或多件，有些具备一定的组合关系，并且时常还有其他器物如青铜礼器等伴出。以陕西地区出土的大量西周窖藏青铜器为例，其中便包括青铜乐器编钟和编镈，有时编钟且有不同的型式和组合，分属不同的时代和周王世系。乐器和共出的青铜礼器，大多为周王室或王室重臣所拥有。

中国北方的西周青铜器窖藏，并非人死后的埋葬礼仪，而是出于特定目的或原因的收藏方式。西周晚期，周朝发生过两次大的变故，一是周厉王奔彘，二是犬戎入侵导致周幽王灭国，王室东迁。一般认为，窖藏铜器即为逃避战乱或周室东迁而仓促掩埋。不过，铜器的埋藏地点有的位于当时的宫殿宗庙建筑附近，有的则在其他居住地点或生活区域，这可能是考虑到将来便于重新找回和启用。因此，窖藏地点的选择恐非属于随机行为，而是具有一定的目的性。

① 罗西章：《周原出土的西周石磬》，《考古与文物》1987年第6期。
② 骆希哲：《唐华清宫》，北京：文物出版社，1998年版。
③ 方建军：《论华清宫梨园遗址及有关问题》，《交响》2013年第4期。

中国南方的窖藏乐器，出土情形与北方有较大差异。南方窖藏出土的大型青铜乐器镛（或称为大铙），常埋藏于山地之间或江河之畔（个别出于河中），一般都是单件独立出土，很少有伴出乐器或其他共存物。不仅乐器的出土情形如此，而且青铜礼器的出土情况亦复如是。如湖南醴陵狮形山出土的商代象尊、湖南宁乡月山铺出土的商代四羊方尊、湖南湘潭金盆养鲤出土的商代豕尊等著名铜器，出土时均属此类情形。① 殷商甲骨文之中，有祭祀山川时以乐器演奏和乐舞表演来助祭的记载。② 因此，中国南方所出青铜乐器镛可能是古人在祭祀山川活动时演奏应用，仪式结束之后便就地掩埋，其埋藏方式表现出区域文化的特点，③ 并显示出乐器的特殊祭祀用途和功能。

有些古代乐器出土于祭祀遗址、祭祀坑或祭祀遗址中的"乐器坑"，表明了乐器在祭祀仪式中的应用。1986 年四川广汉三星堆发现商代古蜀国祭祀坑两座，其中 2 号祭祀坑出土大量礼器、祭器和乐器，并有用于仪仗的非实用兵器，以及青铜神像、神灵和巫祝等铜像（图1）。乐器有多种型式的铜铃 43 件，并有铃架及铜挂饰伴出。④ 这些礼器、乐器和祭器等，应是在祭祀仪式结束后加以瘗埋。《周礼·春官·巾车》云："大祭祀，鸣铃以应鸡人。"⑤ 从三星堆祭祀坑出土的乐器看，商代古蜀国在举办祭祀活动时，应是以击奏铜铃来营造仪式中的音声环境。

2006 年甘肃礼县大堡子山秦公陵园墓葬区发现一座祭祀坑，出土有编钟、编镈和编磬等乐器及其配件，时代属于春秋早期⑥。由于这座祭祀坑专门用来埋藏乐器，故一般称其为"乐器坑"（图2）。其他地区的

① 高至喜：《中国南方出土商周铜铙概论》，《湖南考古辑刊》第2集，长沙：岳麓书社，1984 年版，第131 页。

② 方建军：《音乐学丛论》，上海音乐学院出版社，2012 年版，第33 页。

③ 方建军：《商周乐器文化结构与社会功能研究》，上海音乐学院出版社，2006 年版，第188～191 页。

④ 四川省文物考古研究所：《三星堆祭祀坑》，北京：文物出版社，1999 年版，第289～319 页。

⑤〔清〕阮元校刻：《十三经注疏》，北京：中华书局，1980 年版，第825 页。

⑥ 早期秦文化考古联合课题组：《甘肃礼县大堡子山早期秦文化遗址》，《考古》2007 年第7 期；早期秦文化联合考古队：《2006 年甘肃礼县大堡子山祭祀遗迹发掘简报》，《文物》2008 年第11 期。

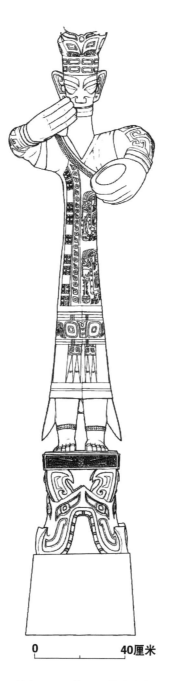

0          40厘米

图1　四川广汉三星堆二号坑出土铜立人像
（采自《三星堆祭祀坑》，图八二）

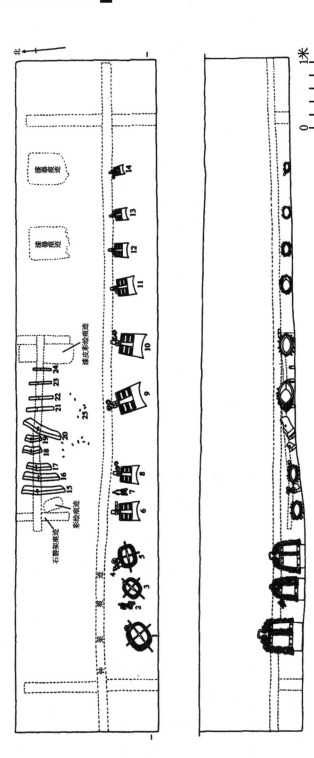

图 2　甘肃礼县大堡子山秦公陵园墓葬区"乐器坑"平、剖面图

（采自《文物》2008 年第 11 期，第 25 页，图二七）

祭祀遗址，也发现有类似的乐器坑，如 1996～1998 年发掘的河南新郑春秋时期郑国祭祀遗址，有专门埋藏编钟和陶埙的乐器坑多座，发掘者称其为"乐器坎"①。据《左传·成公十三年》所述，先秦时期"国之大事，在祀与戎"②。秦、郑两国祭祀遗址礼乐器的发现，印证了古代文献记载。

以"乐器坑"陪葬的情况在汉代仍有延续。2001 年发掘的山东章丘洛庄汉墓（主墓尚未发掘），周围有较多的陪葬坑和祭祀坑，其中的 14 号陪葬坑，主要用来埋藏乐器，发掘者称之为"乐器坑"。

洛庄汉墓 14 号陪葬坑规模较大，长 22.6 米，宽 2.3 米，深 2.5 米，出土有编钟、编磬、琴、瑟、鼓、錞于、钲、铃等乐器 140 余件。③ 14 号陪葬坑以及其他祭祀坑，与洛庄汉墓的主墓形成密切的从属关系（图 3）。

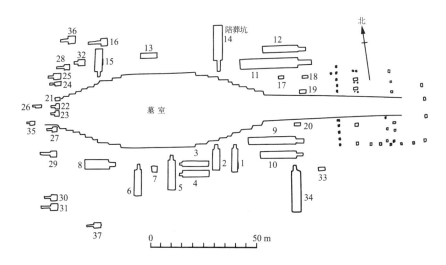

**图 3** 山东章丘洛庄汉墓陪葬坑分布平面图
（采自《考古》2004 年第 8 期，第 4 页，图二）

---

① 河南省文物考古研究所：《新郑郑国祭祀遗址》，郑州：大象出版社，2006 年版。

② 〔清〕阮元校刻：《十三经注疏》，北京：中华书局，1980 年版，第 1911 页。

③ 济南市考古研究所、山东大学考古系、山东省文物考古研究所、章丘市博物馆：《山东章丘市洛庄汉墓陪葬坑的清理》，《考古》2004 年第 8 期。

中国古代墓葬以乐器随葬的情况较为多见。不同形制和规模的墓葬，所出乐器的规格也不相同。如河南安阳殷墟的商代王陵和贵族奴隶主墓葬，俯视墓葬略呈"十"字形、"中"字形和"甲"字形，墓葬规模一般为由大到小。"十"字形墓分布于殷墟侯家庄西北冈，有4个墓道，为商王墓葬，所出乐器规格最高，为商王所持有。"中"字形墓有2个墓道，"甲"字形墓有1个墓道，其墓主大都是商代王室成员或不同等级的贵族奴隶主，这些墓的随葬乐器与墓主人的身份是一致的。

当然，上述商代墓葬的形制与墓主人身份的关系也有例外。如1976年发掘的河南安阳殷墟妇好墓，时代属于殷墟文化二期。该墓虽然是没有墓道的长方竖穴中型墓，但墓主人妇好却为殷王武丁的配偶，且是一员武将。① 此墓随葬品十分丰富，出土有大量的青铜礼器、兵器和玉器等，所出乐器有编庸、石磬和陶埙。

由此可见，墓葬的形制、规模、随葬品以及各种器物的组合，表现出墓主人（一般为乐器拥有者）的身份、地位以及乐器的性质和功用。

墓葬出土乐器的共存物通常较多，考古环境相对要丰富一些。在墓葬中随葬乐器，是古人视死如视生，以及灵魂不灭观念在丧葬制度和礼仪中的表现。在这种观念支配之下，乐器要按照墓主人生前所享用的规模和规格来入葬。墓葬中乐器的出土位置，如填土、墓道、二层台、壁龛、头箱、边箱、殉箱、棺内、棺外、棺椁之间、棺椁盖板之上、墓主头端或身体（人骨架）的其他位置等，除具有葬仪和葬俗的意义之外，还可能反映出乐器与拥有者的特殊关系。

例如1983～2001年发掘的河南舞阳贾湖遗址，出土新石器时代早期骨笛多件。骨笛大多出于墓葬，仅有个别出于灰坑（1件半成品）或探方（2件残品）。② 骨笛在墓葬中的摆放位置相对固定，大多置于墓主人的大腿侧，个别放于墓主人的手臂旁。骨笛放置位置的非随机性，显示出这种乐器的宝贵及其与死者的密切关系。另外，大多墓葬中的骨笛还

---

① 中国社会科学院考古研究所：《殷墟妇好墓》，北京：文物出版社，1980年版。

② 张居中主编：《舞阳贾湖》，北京：科学出版社，1999年。贾湖文化分三期，骨笛多为二期物，个别为一期和三期制品。据$^{14}$C测年并经树轮校正，一期为公元前7000～前6600年；二期为公元前6600～前6200年；三期为公元前6200～前5800年。

与具有巫术法器性质的叉形骨器和龟壳响器等共出，其功用很可能与巫术仪式活动有关，墓主人有可能是巫师或身兼巫师的某种特殊人物。又如 1976 年广西贵县罗泊湾一号汉墓出土竹笛一支，时代为西汉前期。①竹笛的出土位置在殉葬 1 号棺内，其中的殉人很可能即乐器的持有和演奏者。

墓葬的平面图，尤其是遗物分布图，是用来考察出土乐器摆放位置的重要资料。乐器与哪些器物放置在一起，乐器与共存物之间的关系，各种器物的组合关系，均须加以观察。对墓葬中不同品种乐器摆放位置、组合和音乐性能的考察，可以作为判断乐器是否用于合奏的依据。

乐器功用的发展变化，有时从墓葬所出共存器物也能够反映出来。以中国两周时期的青铜乐器钲为例，早期的钲发现于国君级的高规格墓葬，所出钲均为单件，并与其他礼乐器共出。如 1993 年山西曲沃天马曲村晋侯墓地 M64 晋侯邦父墓②、1990 年河南三门峡上村岭虢国墓地 M2001 虢季墓和 M2011 号太子墓、1956 年河南三门峡上村岭 M1052 虢太子墓③，都出有西周晚期铜钲，伴出乐器有编钟和编磬。2005～2007 年陕西韩城梁带村芮国墓葬 M27 出土 1 件春秋早期铜钲，伴出乐器有编钟、编磬、錞于和建鼓等。④ 这些情况说明，铜钲的早期功用如同钟磬，可用于宫廷音乐演奏。

随着历史的发展，铜钲除继续用于奏乐之外，在用途和功能方面发生了改变。《国语·晋语五》云："战以錞于、丁宁，儆其民也。"〔三国·吴〕韦昭《注》："丁宁者，谓钲也。"⑤ 可见铜钲已经成为军事行动中发

---

① 广西壮族自治区博物馆：《广西贵县罗泊湾一号汉墓》，北京：文物出版社，1988 年版，第 14～15 页。

② 山西省考古研究所、北京大学考古系：《天马——曲村遗址北赵晋侯墓地第四次发掘》，《文物》1994 年第 8 期。

③ 河南省文物考古研究所、三门峡市文物工作队：《三门峡虢国墓》，北京：文物出版社，1999 年版；中国科学院考古研究所：《上村岭虢国墓地》，北京：科学出版社，1959 年版。

④ 陕西省考古研究院、渭南市文物保护考古研究所、韩城市文物旅游局：《陕西韩城梁带村遗址 M27 发掘简报》，《考古与文物》2007 年第 6 期。

⑤ 〔东周〕左丘明（约公元前 4 世纪）撰，〔三国·吴〕韦昭（公元 204～273 年）注：《国语》，台北：台湾商务印书馆，1968 年版，第 143 页。

号施令的信号器具。

文献记载铜钲被用作军器的情况，在考古发现上得到了印证。东周时期墓葬出土的铜钲，有的即与兵器放置在一起。如 1976 年湖北江陵雨台山 M448 战国中期楚墓，所出 1 件钲即与兵器和同属军乐器的铎共出；① 1974 年陕西临潼秦始皇陵 1 号兵马俑坑出土的铜钲，与鼓同出于战车（指挥车）之上，当为指挥作战的高级军吏所操纵；② 1980 年山东临淄西汉齐王墓三号随葬坑除出土钲、錞于外，余皆为仪仗兵器；③ 1980 年河南襄城范湖尧城宋出土的新莽天凤四年（公元 17 年）钲，铭文为"颖川县司盾发弩令正（钲），重四十四斤，始建国天凤四年缮"④。其中盾、弩皆为古代兵器。凡此均显示出铜钲的军器功能。

除人工遗迹之外，一些自然遗迹也可能与古代音乐活动有关。如一些自然分布且年代久远的天然岩石，形体一般较大，根据岩石表面遗留的击痕，可以研究其被用作击奏乐器的可能。伦德（Cajsa S. Lund）对欧洲斯堪的纳维亚地区"响石"（ringing stone）的研究，⑤ 汉斯肯（O. Henschen – Nyman）对瑞典"响石"（sounding stone）的考察，⑥ 珀泽（John Purser）对苏格兰"石锣"（rock gong）的研究，⑦ 克雷内兹（Cornelia Kleinitz）、蒂尔（Rupert Till）和贝克（Brenda J. Baker）对苏丹"石锣"音响性能的

① 湖北省荆州地区博物馆：《江陵雨台山楚墓》，北京：文物出版社，1984 年版，第 89 页。

② 陕西省考古研究所、始皇陵秦俑坑考古发掘队：《秦始皇陵兵马俑坑一号坑发掘报告（1974～1984）》，北京：文物出版社，1988 年版，第 229 页。

③ 山东省临淄市博物馆：《西汉齐王墓随葬器物坑》，《考古学报》1985 年第 2 期。

④ 姚垒：《襄城县出土新莽天凤四年铜钲》，《中原文物》1981 年第 2 期。

⑤ Lund, Cajsa S. "Early Ringing Stones in Scandinavia – Finds and Traditions, Questions and Problems." In *Studia Instrumentorum Musicae Popularis I* (new series). ed. Gisa Jähnichen, 173～194. Münster: Verlag MV – Wissenschaft, 2009.

⑥ Henschen-Nyman, O. "Cup-marked Sounding Stones in Sweden." In *The Archaeology of Early Music Cultures*. ed. Ellen Hickmann and David W. Hughes, 11～16. Bonn: Verlag für Systematische Musikwissenschaft, 1988.

⑦ Purser, John. "The Sounds of Ancient Scotland." In *Orient-Archäologie* 7, *Studien zur Musikarchäologie* II. ed. Ellen Hickmann, Ingo Laufs, and Ricardo Eichmann, 325～336. Rahden, Westfalen: Verlag Marie Leidorf, 2000.

探索①，都属于学界所称的"岩石艺术"（rock art）或"岩石音乐"（rock music）。他们所论的天然岩石，具有人工使用的痕迹，岩石表面可见所谓的"杯形印记"（cup mark），一般认为是敲击形成的凹痕，以形状似杯故名。"杯形印记"的存在，表明天然岩石的音响性能有可能被古代人类发现并有意识地加以利用。

除上述考古环境外，一些水下音乐考古发现，也为音乐考古学研究所关注。1676 年，瑞典皇家旗舰皇冠号（Kronan）在与丹麦和荷兰的海战中沉入波罗的海。1980 年在厄兰岛（island of öland）东部发现该军舰遗迹，后经瑞典考古学家进行水下考古发掘，发现该舰有铜钟、铜号、鼓、鼓槌、小提琴和中提琴残件（包括琴体正、背面板，以及琴颈、琴轴、琴弓等）。通过对该舰考古环境的考察，有可能了解旗舰之上的音乐生活，包括乐器品种、音乐类型、音乐用途和功能等。②

## 二、古器物作坊与乐器制造

古器物作坊指古代人类在特定场所从事手工业制造所留下的遗迹。考古发现的古器物作坊，有时会遗留一些用来制造乐器的模范、乐器的半成品或残次品，这些遗存显示出乐器制造过程中工艺流程的某些环节，对于考察乐器的设计制造、材料来源和工艺技术等具有重要价值。

就中国考古学看，目前尚未发现独立的乐器作坊，乐器制作通常与

---

① Kleinitz, Cornelia. "Soundscapes of the Nubian Nile Valley: 'Rock Music' in the Fourth Cataract Region (Sudan)." In *Orient-Archäologie* Band 22, *Studien zur Musikarchäologie* VI. ed. Arnd Adje Both, Ricardo Eichmann, Ellen Hickmann, and Lars-Christian Koch, 131 ～ 146. Rahden, Westfalen: Verlag Marie Leidorf, 2008; Cornelia Kleinitz, Rupert Till and Brenda J. Baker. "The Qatar-Sudan Archaeological Project – Archaeology and Acoustics of Rock Gongs in the ASU BONE Concession above the Fourth Nile Cataract, Sudan: A Preliminary Report." *Sudan & Nubia* 2015 (19): 106 ～ 114.

② Einarsson, Lars. "The Royal Swedish Flagship Kronan – An underwater Archaeological Excavation of a 17th Century Man-of-War." In *Second Conference of the Study Group on Music Archaeology*, *Volume I*, *General Studies*. ed. Cajsa S. Lund, 85 ～ 91. Publications issued by the Royal Swedish Academy of Music, No. 53. Stockholm: 1986.

其他生产和生活用器的制造合处于同一作坊。不过，不同器物的分类制作已经得到考古学的证明。如新石器时代至商周时期的石器制造场，以及制陶、制骨、铸铜等手工业作坊遗址的发现，表明按质料分类制作石器、陶器、骨器和铜器的制造业已经形成，其中即包含用同类材料制造的乐器。

据中国古代典籍记载，先秦时期确有一些专业工匠专门从事乐器制作。如东周时期的手工业制造专书《周礼·考工记》，记述有制磬的工匠"磬氏"、铸钟的工匠"凫氏"和制鼓的工匠"韗人"，并有相关制作技术和方法的论说。[1] 可见当时的手工业制造，既有通用的一般技术，也有制作乐器的专门技术。编钟和编磬既是中国古代"金石之乐"的基本构成，也是古代礼乐文化的物化形态和表征，因此当时出现制作钟磬的专业工匠，应是适应社会文化发展的需要，也是历史发展的必然。

中国考古发现的新石器时代石器制造场，包含有石制乐器磬的制造。1985 年山西襄汾大崮堆山南坡大型石器制造场，发现有新石器时代特磬坯一件，尚未开设悬孔，属于磬的半成品。[2] 此石器制造场的北面距离 1978～1980 年发掘的襄汾陶寺新石器时代遗址 6 公里，陶寺遗址有五座甲种大型墓随葬特磬、鼍鼓等乐器。[3] 大崮堆山石器制造场发现的磬坯，采用黑色角页岩，以通体剥片打制而成，它的石料、型式和制造方法，与陶寺大墓 M3015 所出一件特磬（M3015：17）较为一致。大崮堆山石器制造场还发现大量其他石器的毛坯，如铲形坯、斧形坯、锛形坯等，并且其成品如石斧、石铲、石锛、石厨刀等，也见于陶寺遗址。[4] 可见早期石磬的制造，与其他石制生产生活用器共处一个作坊，只是按器类和用途的不同而分别制造。

---

① 林尹注译：《周礼今注今译》，北京：书目文献出版社，1985 年版，第 442～445 页、第 449～450 页、第 459 页。

② 王向前、李占扬、陶富海：《山西襄汾大崮堆山史前石器制造场初步研究》，《人类学学报》1987 年第 2 期；陶富海：《山西襄汾大崮堆山发现新石器时代石磬坯》，《考古》1988 年第 12 期。

③ 中国社会科学院考古研究所山西工作队、临汾地区文化局：《1978～1980 年山西襄汾陶寺墓地发掘简报》，《考古》1983 年第 1 期。

④ 陶富海：《山西襄汾县大崮堆山史前石器制造场新材料及其再研究》，《考古》1991 年第 1 期。

考古资料显示，直到西周时期，石磬的制作仍然包含于普通石器制造业之中。1989年陕西扶风齐家西周早期石器作坊曾发现有残磬块，磬的材料为青石。同一石器作坊还发现有石斧、石玦等器物。这里出土有许多用来制作石器的石料和半成品以及精加工的坯料、废品、废料等。[①] 通过观察分析各类石器的制作技术，并与石磬的制作相互比较，有可能获知石磬制作与同时代其他石器制作的关系，以及石磬制作与石器整体制作水平的差异，还可能了解石磬这种乐器的独特制作技术。经过对石器作坊有关遗迹遗物的比对，在石磬的选材、石料来源和制造工艺等方面，也有可能发现一些可靠的线索和证据。

目前中国发现的古代制陶作坊遗址，虽然出土乐器不多，但对于了解陶质乐器的制造情况仍然有所帮助。1955年河南郑州铭功路商代早期制陶遗址发现二里岗上层文化残陶埙1件，[②] 该遗址出土有各类陶制生活用器，可见当时乐器陶埙的制作并未从普通的制陶作坊分离出去。陶埙除在音响方面有特殊要求外，其一般制作技术应与当时的制陶业相通共用。一般陶器的制陶工序，如陶土的选择、陶泥的捣杵、陶坯的塑制、陶窑的建造、陶坯的烧制等，可以作为考察陶埙制作工艺的参考依据。

中国考古发现的陶埙，以商代晚期殷墟文化遗物为多，因而考察殷墟发现的制陶作坊遗址，对于了解商代陶埙的制作当会有所帮助。2008和2010年河南安阳殷墟刘家庄北地发现的制陶作坊遗址，时代属于殷墟文化一期至三期。该遗址紧邻殷墟宫殿宗庙区南部，系利用当地的黄土资源来生产陶器。虽然该制陶作坊并未发现陶埙，但出土有陶窑、陶拍（拍打陶泥和陶坯的工具）、陶垫等，[③] 它们当有助于探索殷墟出土商晚期陶埙与当时整体制陶业的关系，以及一般制陶技术应用于陶埙制作的情况。

中国的青铜时代以制造青铜礼乐器闻名。铸铜遗址及有关青铜编钟制作模范的发现，对于研究编钟的设计制造和冶铸技术至为重要。2003～2004年陕西周原庄李西周铸铜遗址出土有甬钟和铜铃的模或范，同出有铜

---

① 罗西章：《扶风齐家村西周石器作坊调查记》，《文博》1992年第5期。

② 河南省文物研究所：《郑州市商代制陶遗址发掘简报》，《华夏考古》1991年第4期。

③ 中国社会科学院考古研究所安阳工作队：《河南安阳市殷墟刘家庄北地制陶作坊遗址的发掘》，《考古》2012年第12期。

鼎、铜车马器、铜工具等的模或范，时代从西周早期延续至西周晚期。[①]
1957～1960 年发掘的山西侯马东周时期晋国铸铜遗址，出土有熔炉残块、炼渣、陶范、鼓风管等，陶范有分范、芯和模，以及双合范和复合范等。Ⅱ号遗址出土陶范 14117 块，以钟、鼎等礼乐器范为主，其次是车马器、兵器、生活用器和少量工具范。编钟范的铸型有钟体、甬、钮、舞、鼓、枚等部位。[②] 此外，这里出土的数千块模或范上有纹饰，其中许多属于编钟上面的纹饰。这些编钟纹饰陶范，不仅可以与同地域考古发现的编钟相互比较，还可与传世或流散青铜编钟加以比较，以判断传世或流散编钟所属的时代、国别或产地等。

## 三、声音景观与音乐表演

声音景观（soundscape）指古代与音乐音响有关的表演和观赏场所以及空间环境与声音之间的关系。声音景观是以声音为核心，扩展延伸到与之有关的背景、场景和环境。声音景观中的"景观"，分为自然景观和人文景观，其中即包括自然生态环境和人文生态环境。

如果说声音属于听觉层面的物理现象，那么声音景观则将听觉和视觉联系和融会在一起，并反映出二者之间的关系。音乐考古学对声音景观的研究，不仅关注声音本身的音响特性，而且重视声音与特定空间共同营造的视听效果，并由此来探索声音与音响环境（acoustic environment）之间的关系、声音景观的性质和功能乃至声音景观的听觉感受和意义。

史前时期的人类社会，并非寂静的世界，应该有各种各样的声音出现，如人类的呼喊、语言、制造石器时产生的击打声、动物鸣叫以及自然界的各种声响等。人的身体本身就是发声器，如人的嗓音和击掌、顿足声即是。随着历史的发展，人类能够制造和应用声音。各种发声器和乐器的产生，将人为的音响与自然的音响结合，并将音响与自然环境和人文环境

---

① 周原考古队：《周原庄李西周铸铜遗址 2003 与 2004 年春季发掘报告》，《考古学报》2011 年第 2 期。

② 山西省考古研究所：《侯马铸铜遗址》，北京：文物出版社，1993 年版，第131～151 页。

融为一体，构成特定的声音景观。

史前时期业已存在开放式的观演场所，一些新石器时代至青铜时代的岩画或岩石艺术（rock art），描绘了古代人类举行仪式活动的场面和情景，其中即包括有关的乐舞表演。如中国云南沧源岩画中的操练舞蹈形象、①甘肃嘉峪关黑山岩画中的狩猎舞蹈形象、②新疆昌吉回族自治州呼图壁岩画中表现生殖崇拜的祭祀舞蹈形象，③均为其例。可以想象，古人在开阔的山间举行仪式活动，并以乐舞伴随，由之营造出特定的声音景观。仪式结束之后，人们将有关活动内容描绘于岩石之上，其中自然包含乐舞表演的画面，这应是史前人类的开放型乐舞表演。推测这种自然环境中的露天表演，可能是"观演合一"，或主要侧重于"演"，而"观"则处于次要地位。

有些地面留存的古代遗迹，也可能与仪式活动和音乐表演有关。如位于英国威尔特郡（Wiltshire）索尔兹伯里平原（Salisbury）的巨石阵（Stonehenge），属于新石器时代（约公元前3000年）遗迹（图4）。这些巨石之上有敲击痕迹，能够发出悦耳的音响并具有回声功能，具备石制板体乐器（lithophone）的音响性能，在古代有可能用于演奏④。古人可能在巨石阵举行有关的仪式活动，并伴随乐舞表演。在巨石阵周围进行的音乐表演，可以形成特定的声音景观。类似的声音景观在欧洲延续时代较晚，如瑞典的巨石阵（Ale's Stones，瑞典语为Ales Stenar）即属公元600～1000年间的遗迹。

与开放式的观演场所相比，天然形成的洞穴则是一种较为封闭的环境。如法国和西班牙发现的旧石器时代晚期洞穴，壁上遗留有绘画艺术。蒂尔（Rupert Till）曾对西班牙的旧石器时代晚期洞穴进行实地考察，并从音响考古学角度进行研究，认为古代人类有可能在此从事某种仪式活

① 云南省历史研究所调查组：《云南沧源崖画》，《文物》1966年第2期。
② 嘉峪关市文物清理小组：《甘肃地区古代游牧民族的岩画——黑山石刻画像初步调查》，《文物》1972年第12期。
③ 王炳华：《雕凿在岩壁上的史页》，《新疆艺术》1988年第4期。
④ Till, Rupert. "Songs of the Stones: An Investigation into the Musical History and Culture of Stonehenge." *International Association for the Study of Popular Music Journal* 2010（vol. 1，no. 2）：1～18.

**图4　英国威尔特郡巨石阵（方建军摄）**

动，同时可能用一些发声器制造声音，并进行有关的音乐表演。① 另外，有学者对英国史前时期的石墓和墓道进行声学测量和研究；② 还有学者对马尔他和意大利的古代大型墓室建筑进行音响考古学研究，以探索古人在墓室建筑内祈祷和演唱时的音响环境和性能。③

考古发现的古代剧场建筑遗迹，能够提供当时的观演实景和实物，如周边环境、建筑结构、舞台、乐队席、观众席等，通过它们可以了解当时的声音景观、表演和观赏的视听效果、声音的清晰度和传远性以及演出的规模和观众人数等。

古希腊和古罗马的剧场，大多是一种露天但具备固定空间格局的观演场所。林德尔（Jens Holger Rindel）曾选择五处古罗马剧场进行声学性能研究，得出大剧场（theatre）主要适用于戏剧表演，而小剧场（odea）则主要适用于歌唱和音乐表演的结论。④

① Till, Rupert, "Sound archaeology: Terminology, Palaeolithic Cave Art and the Soundscape." *World Archaeology*. 2014 (46 - 3): 292～304.

② Aaron Watson and David Keating. "Architecture and Sound: An Acoustic Analysis of Megalithic Monuments in Prehistoric Britain." *Antiquity* 1999 (73): 325～336.

③ Paolo Debertolis, Niccolò Bisconti. "Archaeoacoustics Analysis and Ceremonial Customs in an Ancient Hypogeum." *Sociology Study* 2013 (3): 803～814.

④ Rindel, Jens Holger. "Roman Theatres and Their Acoustics." In *Sounds of History*. ed. Frans Mossberg, 30～42. Lund: Lund University (Sweden), 2008.

意大利庞贝（Pompeii）古城的考古发掘，揭露出不同规模的古代剧场，展示了公元前 2 世纪古希腊和古罗马剧场的建筑风格，以及音乐和戏剧表演的声音景观。① 这里有大小两种剧场，大剧场为露天式，圆形，分为化妆间、舞台、乐队席和观赏席等。剧场除用于音乐和戏剧表演外，还有角斗表演。小剧场除加盖房顶外，结构与大剧场基本一致，只是舞台和观众席规模较小。

中国古代不仅存在开放式的表演场所，而且还具有半开放式和封闭式的表演场所。有的音乐表演在宫殿、宗庙、厅堂或剧场等封闭环境中进行，有的则在舞亭、舞楼，乐楼、戏楼、戏台等半开放式的观演场所进行。中国现存不少古戏台之类的建筑遗迹，戏曲文物和戏曲史学界对此有较多研究,② 音乐考古学则可从戏曲音乐表演的角度，来探索古戏台在建筑设计和音乐表演方面的声学性能,③ 以及由表演、观赏与空间环境所构成的声音景观和意义。

原载《中国音乐》2017 年第 3 期

---

① 奥古斯特·毛乌著，杨军译：《庞贝的生活与艺术》（*Pompeii：Its Life and Art*），上海三联书店，2014 年版，第 112～123 页。

② 刘念兹：《戏曲文物丛考》，北京：中国戏剧出版社，1986 年版；廖奔：《中国古代剧场史》，郑州：中州古籍出版社，1997 年版；车文明：《中国古戏台调查研究》，北京：中华书局，2011 年版。

③ 葛坚、吴硕贤：《中国古代剧场演变及音质设计成就》，《浙江大学学报》1997 年第 1 期；杨阳：《山西古戏台声学效应研究》，山西大学博士学位论文，2015 年。

# 音乐考古学的六个课题

考古发现的中国古代音乐文化物质遗存，主要是以坚固材料制作的各种乐器，其次是反映古代人类音乐活动的美术作品，即所谓的音乐图像以及有关的古文字和出土文献资料。这些考古发现构成了音乐考古学研究的基本材料。20世纪后半以来，中国的音乐考古发现层出不穷，积累了十分丰富的研究资料，由之带来许多新的研究课题。限于识见，这里不能全面论述，仅根据音乐考古学的当前情况，试举出六个课题，向学术界请教。

## 一、出土乐器测音研究

对出土乐器进行测音研究，是音乐考古学的核心工作，也是音乐考古学区别于一般考古学的最为重要的方面。目前的测音研究，在技术、方法和软、硬件设施上都有新的进展，但普遍侧重于乐器音高的测定分析，而对于乐器音色的测试研究则较为欠缺。

我觉得，对出土乐器进行音高测定，当然是必须从事的音乐考古工作，但测音研究不能仅限于此，还应该包括对出土乐器音响品质的测定。出土乐器由于长久埋藏地下，本身会产生一定的物理化学变化，其音响品质也必然会发生一定的改变。因此，从严格意义上讲，出土乐器的音高和音色均非当时原有。但是，这些变化的范围应是有限的，我们仍然可以通过音响测试，从一定程度上来了解古代乐器的音色，以及乐器的音列或音阶结构。

实际上，每种古代乐器在设计制造时都会考虑到音响品质，并会产生阶段性的变化。比如石磬，从早期的单件特磬，到商周时代的编磬，其间随着选材、制造技术和工艺的发展，音色也一定会随之发生改变，总体上表现出古人对石磬良好音色的历时性追求。对不同历史时期石磬的音色加以测试，能够得出具体的声谱和相关的音响参数，由此再进行主、客观结合的音响评价，可以探索石磬制造中音色发展变化的历史特点和规律。由此看来，一些零散或单件出土的乐器，虽然不能研究其音列或音阶结构，但却可以用于音色研究，因此它们均有音响测试的必要和价值。出土乐器的音色，既有个体差异，也有时代、地区和民族的差异。因此，需要积累更多资料和数据，方可对出土乐器的音色进行定量分析。

# 二、出土乐器复原研究

对于出土乐器而言，复原研究有助于了解乐器的设计制造、音响性能、安置和演奏方式等。我理解乐器的复原大体包括两方面涵义：一是对出土乐器形态的复原，二是对出土乐器音列或音阶组合的复原。

对出土乐器形态的复原，可以是出土乐器原器的复原，也可依据出土乐器原器，进行复制或仿制，还可参照乐器图像进行仿制。须要指出的是，参照乐器图像进行的复原，只能局限于仿制的层面，其真实性自然要弱于依据乐器实物进行的复制或仿制实验。

出土乐器原器的复原，指的是对出土乐器残品的修复。由于有些出土乐器已经断裂残损，所以需要利用文物修复技术对原器进行复原。经过复原之后，有些乐器可能在一定程度上仍然不失其音响。如陕西韩城梁带村芮国墓葬西周晚期编磬、[1] 山东章丘洛庄汉墓编磬，[2] 出土后均有一些残断，经过拼复粘合，绝大多数能够击奏发音，并且保持其在原有组合中的相对音高，为我们研究编磬的音阶组合提供了条件。过去由于缺乏经验，

---

① 陕西省考古研究所等：《陕西韩城梁带村遗址 M19 发掘简报》，《考古与文物》2007 年第 2 期；陕西省考古研究院等：《陕西韩城梁带村遗址 M27 发掘简报》，《考古与文物》2007 年第 6 期；陕西省考古研究所等：《陕西韩城梁带村遗址 M26 发掘简报》，《文物》2008 年第 1 期。

② 济南市考古研究所等：《山东章丘市洛庄汉墓陪葬坑的清理》，《考古》2004 年第 8 期。

对残断编磬一般未予测音，芮国编磬和洛庄汉墓编磬的修复工作，为现存大量残断编磬的复原研究带来了新的契机。

依据出土乐器原器进行复制，从制作材料、尺寸、重量、工艺和音响等方面，都要求与原器保持高度一致。乐器的仿制则不同，它在这些方面并无十分严格的要求，有时可能仅达到形似。前者如学术界对曾侯乙编钟的复制研究，后者如敦煌壁画古乐器的仿制。

目前中国学者在出土乐器复原探索方面所做工作尚不普遍，而西方学者比较重视出土乐器的复原研究，他们通常在从事乐器形制研究的同时，制造出乐器的复制或仿制品，并对其进行演奏实践的探索。2010 年，在天津音乐学院承办的第七届国际音乐考古学学术研讨会上，不少西方学者带来了他们制作的出土乐器复制和仿制品，并在专场音乐会中演奏了骨笛、陶哨、陶号、口弦、鼓等乐器，给与会者留下了深刻的印象。

# 三、流散古乐器研究

有不少中国出土的古代乐器，历史上由于种种原因，流散于中国大陆不同省份、港台地区以及欧美亚澳的一些国家，并分别有公、私收藏。在流散古乐器当中，尤以青铜钟类乐器为最。这里试举我接触过的实例略做介绍：

一例是逨钟，1985 年出土于陕西眉县马家镇杨家村西周青铜器窖藏，[①] 当时共出青铜编钟和编镈 18 件，后来有 5 件编钟被盗并流失。国内现存 13 件，其中包括逨钟 4 件、无铭编钟 6 件以及编镈 3 件，均藏陕西眉县博物馆。后来获知，逨钟在美国克利夫兰艺术博物馆收藏 1 件（图 1），美国纽约范季融收藏 1 件，还有 1 件现存香港私人藏家。经过形制、纹饰、铭文和测音结果比对，可知克利夫兰所藏逨钟应为 8 件组合编钟的第一件，纽约范氏所藏逨钟为全套 8 件之第 7 钟。[②] 目前第 5、第 6 钟尚未现身，惟盼来日能够珠联璧合。

---

① 刘怀君：《眉县出土一批西周窖藏青铜乐器》，《文博》1987 年第 2 期。

② 方建军：《美国收藏的逨钟及相关问题》，《天津音乐学院学报》2007 年第 2 期。

**图1**　美国克利夫兰艺术博物馆藏逨钟
（克利夫兰艺术博物馆赠印）

另一例是虢叔旅钟，早年出土于陕西长安河壖之中，清代学者业已著录，后流藏于国内和日本。据今所知，虢叔旅钟现存5件，分别收藏于北京故宫博物院、上海博物馆、山东省博物馆、日本东京书道博物馆和京都泉屋博古馆。通过形制、纹饰、铭文和测音结果比对，可知虢叔旅钟全套应为8件，现存5件分别属于第1、第2、第4、第6和第7钟，目前尚有3件下落不明。①

有些流散乐器形制独特，目前在国内藏品中尚无同例，因而殊为珍贵。有些流散乐器原本属于编组乐器的一部分，有些属于同一人所作器，但现在却分藏世界各地，不知其音阶组合。当然，对于流散乐器的寻访考察，并非仅限于对失群乐器组合的探讨，还可将流散乐器与现有的科学发掘品加以比较，以判断流散乐器的出土地点或范围，乃至其族属和考古学文化。希望今后能够通过各方协作，对流散乐器进行全面考察，为中国古代乐器研究做出贡献。

---

①　方建军：《音乐考古与音乐史》，北京：人民音乐出版社，2011年版，第133～138页。

## 四、古乐器辨伪研究

目前国内外收藏的古乐器，尤其是一些传世品，真伪糅杂，需要加以辨别。如大家熟悉的太室埙和韶埙，常被一些古代音乐史著述所称引。这些陶埙现分别收藏于故宫博物院（图2）、上海博物馆和山东省博物馆（图3），均系个人捐赠，来历不明。经过实物观测，我认为它们十分可疑，不能作为实用乐器。① 如太室埙，其吹孔为两面对开的 V 形凹口，这种形制的吹孔根本无法吹响。埙的制作较为粗陋，埙体按孔排列也非同寻常。不仅如此，其铭文中的"太室埙"三字，在字的构形上也有疑点。综合看来，这些埙恐属伪作。

**图2** 故宫博物院藏"韶埙"
（采自《中国音乐文物大系·北京卷》）

青铜乐器的作伪更为常见。以收藏于美国华盛顿弗利尔美术馆的"虢叔旅钟"为例（图4），这件钟为甬钟，舞饰变形夔纹，篆饰斜角双头兽纹，鼓饰顾夔纹，右侧鼓饰小鸟纹，钟体内壁有隧，属于中原地区西周晚期编钟常见的形制。编钟的钲间和左鼓有铭文20字，其中有"虢叔旅"字样。

---

① 方建军：《太室埙、韶埙新探》，《中央音乐学院学报》2009 年第 3 期。

图 3　山东省博物馆藏"太室埙"
（采自《中国音乐文物大系·山东卷》）

图 4　美国弗利尔美术馆藏"虢叔旅钟"
（弗利尔美术馆赠印）

以此钟与北京故宫博物院收藏的虢叔旅钟比较，纹饰有明显差异。弗利尔钟的铭文，内容仿自传世虢叔旅钟，但从字体和语例看均有疑点。经过综合考察，可知弗利尔所藏这件"虢叔旅钟"的铭文乃后刻，应是器真铭伪①。

①　方建军：《"虢叔旅钟"辨伪及其他》，《天津音乐学院学报》2009 年第 1 期。

再如现藏美国旧金山亚洲艺术博物馆的"宗周钟",① 铭文乃仿自传世宗周钟。旧金山这件钟的铭文，钲间、左鼓部分与传世宗周钟相同，但转接至右鼓即露出作伪马脚；传世宗周钟铭文由左鼓接至背面右鼓，与旧金山钟显异。传世宗周钟现藏台北故宫博物院，从形制、纹饰和铭文看属于西周晚期作品，作器者为周厉王，已成学界共识。而旧金山钟从形制和纹饰看应属春秋时期制品，铭文显系后刻，因此这件"宗周钟"也属于器真铭伪。

# 五、有关出土文献研究

考古发现的古文字资料，如甲骨文、金文以及简帛书籍等，目前学术界统称为"出土文献"。这些资料当中，包含有古代音乐理论、音乐事物和音乐史事等的记述，对于研究当时的音乐文化具有重要价值。

近年来出土文献资料较多，其中以楚简和秦简的发现最为引人注目。如1993年湖北荆门郭店一号楚墓发现的战国中期竹简，② 书写内容属于儒道典籍，其中包含先秦时期的乐教思想，有些方面可以与《乐记》进行比较研究，从而对《乐记》的成书年代加以重新审视。

又如1994年上海博物馆从香港购回的战国楚简，目前已经陆续出版齐全，其中也包含一些音乐方面的内容。如上博简第四册所收定名为《采风曲目》的部分，③ 涉及一些乐律文字，有些与曾侯乙编钟乐律铭文相同，有些文字目前还难以确认，需要做进一步研究。④

再如2008年入藏清华大学的战国楚简，现在已经有部分资料结集出版。⑤ 清华简的内容，有些涉及周初饮至典礼中的仪式音乐活动，如《耆夜》讲周武王和周公饮酒作诗，其中周武王致毕公诗中有"作歌一终，曰《乐乐旨酒》"，周公致武王诗有"作祝诵一终，曰《明明上帝》"。清华简尚未完全公布，我们应关注有关资料的发表和研究。

---

① 此系2004年我在美国旧金山亚洲艺术博物馆考察时所获资料。
② 荆门市博物馆：《郭店楚墓竹简》，北京：文物出版社，1998年版。
③ 马承源：《上海博物馆藏战国楚竹书》（四），上海古籍出版社，2004年版。
④ 方建军：《楚简〈采风曲目〉释义》，《音乐艺术》2010年第2期。
⑤ 李学勤主编：《清华大学藏战国竹简（壹）》，上海：中西书局，2010年版。

秦简方面的资料，可以举 1986 年甘肃天水放马滩所出为例，[1] 其中涉及乐律的文字，包含五音、十二律以及有关的律数和大数等，整理者定名为《律书》。放马滩简《律书》的生律法，与《吕氏春秋》属于同一理论体系。从简文透露的信息看，六十律的理论探索可能在战国晚期已经萌生。[2] 放马滩简还有乐律与五行、时辰、术数、占卜等关系的记述，均须做深入探讨。

涉及音乐方面的出土文献资料，特点是较为零散，需要从事专门的收集、梳理和分析。以往研究者大多来自于古文字学界、考古学界和历史学界，音乐考古学者较少参与。我们应注意学习和吸纳新的成果，积极参与有关出土文献资料的研究。

# 六、民族志类比研究

对于考古材料的认识和理解，有时需要借助民族志资料加以类比。这方面的专门研究，属于民族考古学学科范畴。音乐考古学的研究，可以借鉴民族考古学民族志类比的方法。目前音乐民族志资料主要由民族音乐学者通过田野考察来获取和建立，音乐考古学者应该依靠和利用这些资料，同时还应积极从事实地考察，收集有关的民族志资料。

试以出土的先秦和汉代笛类乐器为例，来说明民族志类比方法的应用。战国早期曾侯乙墓竹篪、[3] 马王堆三号汉墓竹笛、[4] 广西贵县罗泊湾汉墓竹笛、[5] 甘肃居延汉代遗址竹笛[6]（图 5、图 6），其按孔的开设都是

---

① 甘肃省文物考古研究所编：《天水放马滩秦简》，北京：中华书局，2009 年版。

② 方建军：《音乐学丛论》，上海音乐学院出版社，2012 年版，第 14～21 页。

③ 湖北省博物馆：《曾侯乙墓》，北京：文物出版社，1989 年版，第 174～175 页。

④ 湖南省文物考古研究所：《长沙马王堆二、三号汉墓》，北京：文物出版社，2004 年版，第 184～187 页。

⑤ 广西壮族自治区博物馆：《广西贵县罗泊湾一号汉墓》，北京：文物出版社，1988 年版，第 14～15 页。

⑥ 尹德生：《汉代的"横吹"其器——居延七孔笛浅识》，甘肃省文物考古研究所编《秦汉简牍论文集》，兰州：甘肃人民出版社，1989 年版，第 302～313 页；郑汝中、董玉祥主编：《中国音乐文物大系·甘肃卷》，郑州：大象出版社，1998 年版，第 59 页。

先将竹面削平，然后再在上面开孔。这种做法在中国少数民族地区有所存在，如景颇族之"比笋"、门巴族之"里令"等即是。① 如果对有关民族志记载做深入的实地考察，再与考古发现的笛类乐器加以类比，就有可能得出一些新的认识。

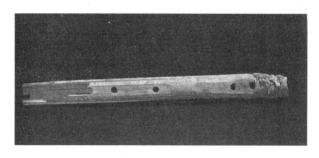

图5　甲渠候官竹笛正面
（采自《中国音乐文物大系·甘肃卷》）

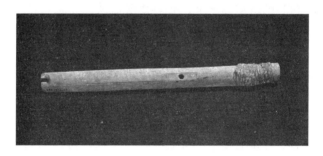

图6　甲渠候官竹笛背面
（采自《中国音乐文物大系·甘肃卷》）

甘肃居延汉笛的奏法，过去一般认为是横吹，但通过考察其形制，并进行民族志类比，发现其奏法应为竖吹。② 居延汉笛的形制较为独特，它的管端保留竹节，但未将其挖通，这样就自然堵住管腔。竹节两侧各有一个小孔，两孔间表皮削平。类似形制的竹管乐器，见于云南西双版纳傣族

---

① 中央民族学院少数民族文学艺术研究所编：《中国少数民族乐器志》，北京：新世界出版社，1986年版，第54、第60页。

② 方建军：《居延汉笛奏法新解》，《黄钟》2009年第4期。

自治州哈尼族的"竖吹其篳"(又名"曲篳"、"七篳"或"体篳"),以及云南德宏的德昂族"结腊"(又称"布坌"或"直笛")①,其奏法均为竖吹。只是竹节两端的小孔上盖有一薄竹片并加以固定,吹奏时,气流经过竹节两端小孔,从而激发边棱发音。经过比较,可知居延汉笛竹节两端的小孔,原来也应有一薄竹片覆盖,其奏法与民族志资料所载相同,即应为竖吹。

原载《音乐研究》2012 年第 5 期

---

① 中央民族学院少数民族文学艺术研究所:《中国少数民族乐器志》,北京:新世界出版社,1986 年版,第 53、第 56 页。

# 论音乐考古学文化

## 一、概念的提出

李纯一指出，音乐考古学研究应掌握考古学文化的基本知识，不能脱离考古学的基本手段，否则就与过去的古器物学没有什么区别。① 目前，音乐考古学多限于对音乐考古材料的收集、分类和图像著录。已有的专题性研究，主要围绕音乐考古材料自身来探讨，而与考古学文化的联系尚有不足。

考古发现的音乐遗存，与其他各类遗存具有共存关系，它们都隶属于一定的考古学文化。考古学文化"专门指考古发现中可供人们观察到的属于同一时代、分布于共同地区、并且具有共同特征的一群遗存"②。一种考古学文化通常具有典型的遗迹和遗物，典型的器物形制和组合，在人工制品上反映出独特的文化面貌。

音乐考古学文化是建立在考古学文化基础之上，通过考古发现观察到的属于特定时代、地域和人类共同体，并具有共同文化特征的音乐遗存。音乐考古学文化的确定，主要应依据音乐遗存所显示的共同文化特征，如乐器的形制、纹饰、组合、音列，出土文献资料中的音乐理论以及音乐图像等所反映的文化特点。

音乐考古学文化包含于考古学文化环境之中，因而不能割裂音乐遗存

---

① 李纯一：《微观入手，宏观掌握：音乐考古治学谈》，《交响》1999 年第 4 期。

② 安志敏：《考古学文化》，中国大百科全书总编辑委员会《考古学》编辑委员会等编《中国大百科全书·考古学》，北京：中国大百科全书出版社，1986 年版，第 253～254 页。

与考古学文化的联系，去孤立和静止地看待与审视音乐考古材料。音乐考古学如果游离于考古学文化之外，其研究将会成为无源之水、无本之木。[①]

音乐考古学文化与考古学文化是相互对应的，一种考古学文化具有音乐考古发现，这种考古学文化就包含着音乐考古学文化。例如，新石器时代仰韶文化发现有乐器，那么仰韶文化即包含有音乐考古学文化。仰韶文化有半坡类型和庙底沟类型，二者均有乐器出土，它们属于同一种考古学文化的不同类型；商代晚期殷墟文化分为一至四期，各期所出乐器即属于同一种音乐考古学文化，但具备历时性发展特点。

不同的考古学文化，有些虽然在发展时间上大体相当，但其文化性质却迥然有异。如夏家店下层文化所出乐器，虽然在时代上相当于中原商周时期，但属于不同地域和性质的音乐考古学文化。

由于不是一般通称的音乐文化，而是透过考古学体现出来的音乐文化，故音乐考古学文化主要是音乐文化的物质构成，当然也包括其中所蕴含的精神文化成分。音乐考古学文化是古代人类整体音乐文化的组成部分，但并非音乐文化的全部。从这种意义上讲，音乐考古学文化应是考古学文化与音乐文化的结合体。

音乐考古学文化既与考古学文化密切相关，也与音乐文化有直接关系。音乐人类学强调音乐的文化属性以及音乐与文化的关系，倡导"研究文化中的音乐"（the study of music in culture）[②] 以及"作为文化的音乐"（the study of music as culture）[③]；提出"研究作为一种人类行为方式的音乐"（the study of music as a universal aspect of human behavior）[④]，并认为不仅要研究音乐本体，而且应研究音乐的文化语境（cultural context）[⑤]。音

---

[①] 方建军：《商周乐器文化结构与社会功能研究》，上海音乐学院出版社，2006年版，第36页。

[②] Merriam, Alan P. *The Anthropology of Music*. Evanston: Northwestern University Press, 1964, p. 17～36.

[③] Merriam, Alan P. "Definitions of 'Comparative Musicology' and 'Ethnomusicology': A Historical–Theoretical Perspective." *Ethnomusicology* 1977（21）: 204.

[④] Nketia, Kwabena. "The Problem of Meaning in African Music." *Ethnomusicology* 1962（6）: 1.

[⑤] Hood, Mantle. "Ethnomusicology." In *Harvard Dictionary of Music*. 298. ed. Willi Apel. Cambridge, Mass.: Harvard University Press, 2nd Edition, 1969.

乐人类学将音乐视为文化或将音乐纳入文化之中来研究,说明音乐本身包含了多种信息,它不只是自然的或物理属性的声音聚合体,而是与人类行为方式紧密相连,是"人为组织起来的音响"(humanly organized sound)①。

音乐人类学有关音乐与文化关系的论述,虽然并非针对研究古代音乐文化而提出,但就其基本原理而言,对音乐考古学仍具有借鉴价值。音乐不但包括音阶、调式、旋律、节奏、结构等形态特征,而且与政治、经济、信仰、仪式、象征、审美、风俗等社会文化的诸多方面发生一定的、直接或间接的联系。只有探明它们之间的种种关系,音乐考古学研究才有可能具体而深入,才有可能接近历史的真实。

音乐文化主要应包括物质文化、精神文化和社会的复合体3个方面。就音乐考古学文化而言,所指主要应是物质文化,但物质文化又是精神文化的物态化,二者常历史地交织在一起。如出土乐器是音乐文化的物质产品,它所保存的信息除包含有声音符号或语言符号外,还反映出人与物之间以及人与人之间关系的信息。因此,音乐考古学文化不仅是音乐物质文化,而且也包含音乐精神文化。

## 二、音乐考古学文化区

依据考古发现音乐遗存的共同文化特征,将音乐考古学文化划分为若干文化区,既是必要的,也是可行的。通过分区,可以观察音乐考古学文化的地理分布,并对音乐考古学文化的共性和个性特征,音乐考古学文化的地缘关系,音乐考古学文化的相互影响和渗透,以及不同音乐考古学文化的区别和联系加以探索。

文化人类学认为,人类共同体确实存在一定的文化共性,从文化上显示出鲜明的区域特征。德国学者格雷布内尔(Fritz Graebner)较早对文化圈理论做过系统的论述,他指出:"世界上凡是相同的文化现象,不论在什么地方出现,都必定属于某一个文化圈,因而也就起源于某个中心;任何

---

① Blacking, John. *How Musical is Man?*. Seattle:University of Washington Press, 1973, p.3~31.

文化现象，都只能出现过一次。"他断言，"人的发明创造能力是有限的，两次独立地创造同样的事物是不可能的，因此，凡是不同地域出现的事物都是由于传播造成的。"① 美国学者博厄斯（Franz Boas）认为，文化区与文化圈概念的主要区别，乃在于文化圈强调共同的历史传统，而文化区则强调文化特征的相似，基本上不涉及传播的过程或轨迹。② 前者的单一中心论和后者的企图以空间（文化分布）取代时间（文化历史）的倾向，在 20 世纪五六十年代受到人类学界的批评。

音乐考古学文化的分区研究，可以借鉴文化人类学有关文化圈和文化区的理论，但并不忽视文化的播迁和文化区之间发生的相互影响和作用。换言之，音乐考古学文化区的划分，应体现共时性和历时性相结合的原则。

因为音乐考古学文化是在一定地理范围内动态发展的，所以音乐考古学文化的分区研究，既要横向比较各文化区之间以及各独立音乐考古学文化之间的差异，同时也要纵向分析音乐考古学文化的历时性发展特点。同一区域不同时代的音乐考古学文化，具有不同的文化内涵，并随时代的推移而发生文化变迁。因此，每一种音乐考古学文化都是在特定的时空范围内动态发展的。

在空间布局上，音乐考古学文化与考古学文化有时能够重合，有时则不会完全重合。多数情况下，音乐考古学文化分布的地理范围要比考古学文化有所缩减。也就是说，已知考古学文化的分布区域，未必都有音乐考古发现。这是因为，考古发掘工作是一个历久弥新的历史发展过程，目前的考古资料还存在地区间的不平衡性，有些考古学文化的分布区域暂时尚无音乐考古发现，音乐考古学文化与考古学文化还不能完全形成一对一的并行或对应关系。

同一种考古学文化，通常有分层、分期和类型划分，并且还存在不同的地理分布，从而具有时代和区域特征。如中国殷商时期的音乐遗存分布较广，黄河流域的中原地区，是殷都所在地，也是商王朝的政治和文化中

---

① 夏建中：《文化人类学理论学派——文化研究的历史》，北京：中国人民大学出版社，1997 年版，第 59～60 页。

② 同上，第 75 页。

心。这里的音乐考古发现相对较为集中，具有中原音乐考古学文化特征；长江中下游地区和殷商王都以外的其他地区，属于商王朝统治的势力范围，分布着商朝的"四土"或"方国"，那里的音乐考古学文化则与中原地区有异。

考古学文化的区、系、类型理论是对考古学文化分区、分系、分类的层级划分。① 不同区、系、类型的考古学文化具有不同的文化内涵，反映出各自的文化属性、特点以及各考古学文化的来源、传播、发展和消亡的历史。如中国新石器时代的陶埙，在河姆渡文化、仰韶文化、大汶口文化、龙山文化等均有发现。它们是不同地域、不同人类共同体的创造，应分别视为不同音乐考古学文化区的乐器予以研究，而不宜将其混为一谈，并入同一发展体系。又如中国商周时期的青铜钟类乐器，在黄河流域和长江流域地区均有发现，它们属于不同地域、不同民族人类共同体的创造，也应进行音乐考古学文化的分区研究。

由于音乐考古学文化是包含于普通考古学文化之中的一种文化，因此音乐考古学文化的分区应参照考古学文化的区、系、类型理论，并从整体上与之保持一致。同时，还应考虑音乐遗存的具体出土情况和所反映的文化共性，以体现音乐考古学文化分区的客观性。如中国考古学所谓周文化，既包括周朝中心腹地的考古遗存，也包括周边与周文化特征一致的晋、虢等诸侯国的考古发现。因此，周音乐考古学文化的分布区域，需要参照考古学文化并结合音乐考古发现情况来划定。

中国考古学家曾基于考古学文化的地理分布状况，根据各考古学文化的物质资料及其表现出的文化渊源、传统和共性，从区域、方位和族属的角度或层面，将中国新石器时代至周代的考古学文化划分为若干文化区。② 考古学文化区的划分，为音乐考古学文化的分区提供了参照。考古学文化往往与特定的族属、部落或部落集团相联系，因此，在具备古代典籍的条件下，还应将音乐考古发现与文献记载相结合，从历史地理学角度对音乐考古学文化进行分区研究。

---

① 苏秉琦：《苏秉琦考古学论述选集》，北京：文物出版社，1984 年版，第 225 ～ 234 页。

② 有关考古学文化分区情况请参见方建军《商周乐器文化结构与社会功能研究》，上海音乐学院出版社，2006 年版，第 58 ～ 61 页。

中国新石器时代的音乐考古学文化，从宏观上可以大体划分为黄河流域和长江流域两个音乐考古学文化区。这两个文化区各自有着不同的音乐考古学文化，有的互有联系，有的独立发展。如黄河流域的贾湖文化和长江流域的河姆渡文化，都有音乐考古发现，但它们是两个彼此独立的音乐考古学文化。而黄河流域地区的仰韶文化、庙底沟二期文化、龙山文化，则是前后相继和承续发展的考古学文化，所出音乐遗存应属于同一音乐考古学文化发展体系。当然，这些考古学文化还有不同的地域性类型，显示出各自的文化特点。

商代和西周的音乐考古学文化，根据目前的音乐考古发现，似可划分为7个区域，即中原音乐考古学文化区、西北音乐考古学文化区、北方音乐考古学文化区、东方音乐考古学文化区、西南音乐考古学文化区、南方音乐考古学文化区、东南音乐考古学文化区。①

东周时期音乐考古学文化的分区，似可从考古学文化和历史地理学视角，以历史上存在的古国、族及其活动区域为参照，结合该区域的音乐考古发现来划分。如周、秦、齐、楚、吴越、巴蜀等音乐考古学文化区就是目前所见东周音乐考古学文化区的一种划分结果。② 当然，这只是就黄河和长江流域核心区域所做的音乐考古学文化分区，而一些少数族或偏远地区的音乐考古学文化，也可视具体的考古发现情况另做分区研究。

如果将目光投向全球视野，则可能从洲际之间划分出不同的音乐考古学文化区，如亚洲的东亚、中亚、西亚等地区，欧洲的地中海地区、斯堪的纳维亚地区等，都可作为特定地理范围的音乐考古学文化区。当然，以当今的国家为界，也可能划分出相应的音乐考古学文化区，并且国与国之间，还可能存在一定的地缘文化关系。不过，须要认识到，音乐考古学文化区的特征，一般从核心区到过渡带会逐渐减弱，因此各文化区标准和边界的确定应具有相对意义。

---

① 方建军：《商周乐器文化结构与社会功能研究》，上海音乐学院出版社，2006年版，第57～65页。我当时用的是"音乐文化区"称谓。

② 方建军：《中国古代乐器概论（远古－汉代）》，西安：陕西人民出版社，1996年版，第30～31页。

# 三、音乐考古学文化因素

音乐考古学文化由不同的文化因素构成，它们蕴涵在音乐文化物质资料之中。每一种音乐考古学文化都存在若干文化因素，音乐考古学诸文化因素的集合，形成一种音乐考古学文化有别于另一种音乐考古学文化的特质。

音乐考古学的文化因素，应包括音乐遗存的物质形态特征和音乐音响性能，如乐器的形制和纹饰，乐器的配置和组合，乐器的音列（音阶）、调式和音律等，还包括音乐图像和出土音乐文献中的有关信息。此外，音乐考古学文化因素的研究，不仅应围绕音乐遗存本身，而且还须关注普通考古学文化因素的构成。

在分析音乐考古学的文化因素时，需要寻绎和归纳音乐遗存的外部和内部特征。外部特征是音乐遗存的外显形式和样态，内部特征主要指音乐遗存的音乐形态或乐理内涵。通过音乐遗存内部和外部特征的研究，概括总结出一种音乐考古学文化的特点，以及与他种音乐考古学文化的区别和关系。我曾利用音乐考古材料对秦音乐文化、[①] 巴蜀音乐文化、[②] 商周时期中原音乐文化[③]的构成因素加以探索，或可视为音乐考古学文化因素分析的初步尝试。

古代音乐文化的形成和发展并非单一模式，而是具有鲜明的时代性、地域性和民族性。在音乐考古学文化方面，反映出文化的继承性、多元性、同一性和混融性等多种因素。

音乐考古学文化具备文化的继承性或连续性。在音乐遗存的形态如乐器的形制、纹饰和工艺等方面，既有发展变化，又显示出一定的承袭关系。同一种音乐考古学文化的不同发展阶段，相同区域内不同时代的音乐

---

① 方建军：《从乐器、音阶、音律和音乐功能看秦音乐文化之构成》，《中国音乐学》1996 年第 2 期。

② 方建军：《论战国时期的巴蜀音乐文化》，《交响》1993 年第 3 期。

③ 方建军：《中原地区商周乐器文化因素分析》，《交响》2005 年第 4 期；《商周乐器文化结构与社会功能研究》，上海音乐学院出版社，2006 年版，第 88～131 页。

考古学文化，都可能具备文化的继承性或连续性。中原地区新石器时代至夏商和西周，从仰韶文化、庙底沟二期文化、龙山文化、二里头文化、二里岗文化、殷墟文化到周文化，形成前后相继、连绵不断和一脉相承的考古学文化发展序列。这些考古学文化都有乐器的考古发现，说明中原地区音乐考古学文化的发展具有久远的文化渊源和丰厚的地域文化传统，并具有相当的历史传承性和文化连续性。

音乐考古学文化也可能出现文化中断或断续发展的情形。如中国新石器时代的贾湖文化、河姆渡文化和陶寺文化均出土有乐器，但它们之后的发展去向如何，是否中断或断续发展，目前还不清楚。由于考古发掘工作和现有考古资料的局限，一些考古学文化在时代或时间链条上还存在缺环，需要积累更多考古材料再做定量和定性分析。

音乐考古学文化具备文化的多元性。各种音乐考古学文化的并存发展，形成音乐考古学文化的多元结构。在音乐考古学文化的物质形态上，体现出自身独有的特性；在内部的音乐形态和音乐理论方面，也具备各自的独特内涵。

从音乐考古发现观察，中国北方新石器时代出土有石磬，这种乐器成为后代"金石之乐"中"石"的构成，而南方同一时期则迄今缺少石磬的发现，显示出音乐考古学文化的区域差异。商和西周时代，中原音乐文化与他文化的差异，从中原与非中原地区同类乐器的相互比较可以获见。中原地区殷墟文化出土的编庸，与南方和东南地区出土的商周铜镛虽然属于同类乐器，但编庸迄今尚未在南方和东南地区发现过，镛也没有在中原地区乃至整个黄河流域地区出土过，可见庸和镛显属两种不同文化体系的乐器。商和西周时期，中原地区的乐器组合主要是青铜钟类乐器与石磬构成的"金石之乐"；而南方和东南地区的乐器组合，主要是青铜钟类乐器，缺乏石磬，我称之为"重金组合"①。这种乐器组合上的南北异制，反映出音乐文化的区域差异和多元化特点。

音乐考古学文化具备文化的同一性。同时代相同或相近的音乐考古学文化，具备一定的文化共性。如西周晚期晋、虢两国编钟的形制、纹饰和

---

① 方建军：《商周乐器文化结构与社会功能研究》，上海音乐学院出版社，2006年版，第94、253页。

音列结构与周朝的编钟是相同的。这表明晋、虢两国的编钟属于典型的周音乐考古学文化系统。周音乐考古学文化的编钟，不仅从外在的形制和纹饰方面显示出文化趋同性，而且于内在的音列结构上也具备统一的模式，达到了编钟制造在形式和内容方面的统一。

有的音乐考古学文化既有自身的文化传统，又有外来文化的影响，从而具备文化的继承性、多元性、同一性和混融性等多种因素。商代青铜编庸之上常见族徽之类的图形文字，可能表示乐器属于某一方国或族。[1] 据古人类学的人种分析，殷墟占优势的居民属于东亚蒙古人种类型，其中大部分可能是当地的原住民，其次是东亚蒙古人种和北亚蒙古人种相混合的类型，他们可能来自西部和北部地区。此外，还有少部分居民是来自南方的移民。[2] 在殷墟的中小型墓葬中，有少数具有北亚人种特征的个体，这类墓葬大都随葬有一定数量的礼器，其身份应优于一般自由民，或许可代表商代统治阶层的体质类型。[3] 由此看来，殷墟的居民类型是多种族的，而商音乐考古学文化的构成因素恐非单一，它不仅包括本地区原住民的文化，而且还可能包括中原以外地区的移民文化。商朝王都的中心区域殷墟，应是多种音乐文化因素的汇聚地。商音乐考古学文化的形成，应为当时不同种族的人们在相同地域范围内进行文化交流和文化融合的结果。

商周时期中原地区的音乐考古学文化，表现在出土乐器上具有明显的历史传承性和文化趋同性，但其文化因素并非单一，而是多元与创新并举。它不仅是基于地域传统而发展起来的独立和连续发展的音乐考古学文化，而且还吸收外来的文化因素，兼容并蓄，并对其他地区音乐考古学文化的发展产生影响。[4]

音乐考古学文化的相互传播、交流和融合等因素，不仅表现在音乐器

---

① 方建军：《商周乐器文化结构与社会功能研究》，上海音乐学院出版社，2006年版，第108～109页。

② 潘其风：《我国青铜时代居民人种类型的分布和演变趋势——兼论夏商周三族的起源》，《庆祝苏秉琦考古五十五年论文集》编辑组编《庆祝苏秉琦考古五十五年论文集》，北京：文物出版社，1989年版，第294～304页。

③ 潘其风：《中国古代居民种系分布初探》，苏秉琦主编《考古学文化论集（一）》，北京：文物出版社，1987年版，第229页。

④ 方建军：《商周乐器文化结构与社会功能研究》，上海音乐学院出版社，2006年版，第88～127页。

物的外部形态之上，而且在内部的音列组合、乐器配置和有关的音乐理论方面也有一定反映。如曾侯乙编钟的形制和纹饰与楚编钟是基本相同的，从编钟的乐律铭文看，曾国的律名构成主要采自周和楚，只有少数律名为曾国所独有，反映出曾与周、楚的密切音乐关系，以及曾国音乐考古学文化的交融性。①

须要注意的是，在对不同音乐考古学文化的音乐器物加以比较时，不能简单认为出现较晚的音乐器物，必定是受到先于它而出现的同类音乐器物的影响而产生。同一种音乐器物可以在某一个地点首先产生，之后传播至其他地区，但也可能不通过传播途径，在其他音乐考古学文化中同时或先后出现。

文化传播有时可能是单向的，即由一种文化影响到另一种文化；有时则可能是双向的，即诸文化之间可以相互影响和传播。中国中原地区是一些早期乐器的发生地，但不能据此认为其他地区的同类乐器均受中原影响而产生，或是中原地区音乐考古学文化的派生品。如此便会导致"中原中心论"的倾向，认为音乐考古学文化由中原这个单一的中心产生，之后逐渐传播扩散至其他地区。

# 四、音乐考古学文化功能

音乐考古学文化功能的研究，主要是利用考古发现的音乐文化物质资料，探索古代音乐遗存的用途、作用和意义，及其与人类行为方式的关系。音乐考古学文化既有自身特殊的音乐功能，也包含与音乐相关的其他功能，甚至音乐之外的功能。

考古发掘所获音乐遗存是人类发展至特定历史阶段音乐文化的产物，因此应考虑它与当时社会文化环境的联系，并探究其文化性质和功用。文化是人类在一个社会单位里进行创造性活动所获成果的总和，而不是游离于一个社会单位之外的堆积物。因此，音乐考古学文化功能的研究，不是停留在对孤立的音乐遗物进行描述和分析，而是把它纳入当时的社会关系

① 方建军：《曾侯乙编钟的音乐文化基质》，《黄钟》1998年第3期。

和精神文化之中来考察。

就出土乐器而论，研究乐器的形制、类型和音响性能是必不可缺的，但除此之外还应关注乐器的人文属性以及乐器与社会文化的关系等。乐器是人类音乐文化的物质产品，是表达音乐作品的工具，故应与具体的社会历史、宗教信仰、审美习俗等发生关联。人类为什么制造乐器？如何制造乐器？为什么演奏乐器？何时、何地于何种场合演奏乐器？乐器演奏者和观赏者的关系如何？诸如此类问题，均与人类的思想行为相关。因此，除研究乐器的设计制造和物理声学特性之外，还须注重乐器精神文化的研究。

出土乐器在入葬之前是动态的、供人使用的，与人们生活的许多方面都有联系，而不是埋葬之后的静止状态。因此，研究者不能囿于乐器本身，仅注视着摆在我们面前的静态乐器，而应看到乐器背后的人，即见物见人，由文物到人物。如果仅从物化形态考察乐器，见物不见人，那就认识不到音乐器物与人的关系，音乐考古学也无从对文化发表意见。

音乐人类学的乐器学研究，较为重视乐器的文化功能。如胡德（Mantle Hood）多维乐器图（organogram）所示，乐器学应从形制、结构、奏法以及乐器与经济、文化、仪式、象征、性别等的关系进行全方位研究。[1]戴维（Sue Carole Devale）认为，乐器学研究的最终目标，应是借助乐器这一音乐文化的物化形态，来研究人类社会及其文化。乐器学在研究其物理性状的同时，也须关注乐器的使用者和乐器的象征意义。[2]这些论述对于音乐考古学研究具有一定的借鉴意义。

在音乐考古学领域，帕克（Dorothy Packer）通过对出土公牛里拉（bull‐lyre）的个案研究来探索乐器的精神内涵和象征意义，并提出认知音乐考古学（cognitive archaeomusicology）的概念。[3]罗泰（Lothar von

---

[1] Hood, Mantle. *The Ethnomusicologist*. Kent：Kent State University Press，1971，p. 155.

[2] Devale, Sue Carole. "Organizing Organology." In *Selected Reports in Ethnomusicology Volume VIII：Issues in Organology*. ed. Sue Carol Devale. Los Angeles：University of California Los Angeles，1990，p. 23～27.

[3] Packer, Dorothy S. "Cognitive Archaeomusicology：The Case of the Bull and the Bull-Lyre." American Musicological Society，New England Chapter，at Harvard University，April 8，2000.

Falkenhausen）对中国青铜时代编钟的研究，不仅探讨编钟设计制造的各个方面，而且还关注编钟在中国古代历史环境中的社会和政治意义。①

中国古代将祭祀和战争视为国家大事，即"国之大事，在祀与戎"（《左传·成公十三年》）②。商周社会存在着巫术信仰，青铜礼乐器应是当时精神信仰的集中表现物。俞伟超认为，巫术信仰是当时文化的核心，青铜礼乐器既要适应，又要体现出这种信仰。③ 商周时期人们致祭的对象主要是天神、地祇和人鬼，青铜礼乐器作为祭祀所用的仪式物件，担当了沟通天地和人神关系的"法器"功能。由此可见，中国出土的古代乐器，不仅是音乐表演的工具，而且兼具礼器和法器功能。作为礼器，乐器是人们身份、地位和权力的象征；作为法器，乐器则是宗教和仪式活动中的施法工具。

中国出土的商周甲骨文和金文资料反映出当时乐器与祭祀活动的关系以及乐器所发挥的祭祀功能。④ 考古发掘的祭祀遗址、祭祀坑等出土乐器，更是乐器祭祀功能的直接体现。西周时期的乐器编钟，与其他青铜礼器一样，都是用来祭祀祖先的仪式物件。编钟在祭祀祖先的仪式中应是一种重要的主奏乐器。编钟的铭文内容，多为颂扬祖先功德的祭辞，并常与祭祀祖先有关。可见周人制作乐器的头等大事就是祭祀祖先，演奏乐器则是为了取悦祖先，并以音乐为媒介，取得与祖先神的沟通。

从中国出土商周时期随葬乐器的墓葬看，墓主人都有很高或较高的社会身份和地位，在商周社会中属于王、王室成员、王室重臣或贵族奴隶主等阶层。他们主要以宗法血缘关系为纽带联系在一起，掌握着国家、王室或诸侯国的各种权力。他们不但是生产、生活资料的物质财富占有者，而且还将政权和神权集于一身。他们在生前拥有这些权力和待遇，死后在另一个世界也同样具备这种优惠。乐器作为随葬品，应是墓主人身份地位的标志和象征，是人们希望墓主人生前的音乐生活，在冥冥世界得以延续的思想反映。

在周代，乐器作为拥有者身份等级的标志物，具有礼乐的功能和意

---

① Falkenhausen, Lothar von Alexander. *Suspended Music: Chime-bells in the Culture of Bronze Age China.* Berkeley and Los Angeles: University of California Press, 1993.

② 〔清〕阮元校刻：《十三经注疏》，北京：中华书局，1980年版，第1911页。

③ 俞伟超：《古史的考古学探索》，北京：文物出版社，2002年版，第198页。

④ 方建军：《甲骨文、金文所见乐器助祭试探》，《黄钟》2006年第2期。

义。礼乐制度包括礼制和乐制两个方面。礼制专指宗法社会中按照人们身份地位的差异而制定的政治等级制度；乐制则是与礼制相配合，并按人们的身份等级来规定可以享用的相应乐队编制和舞队规模。礼和乐在周代社会相须并重，音乐并非单纯的娱乐，而是与礼联系在一起，即《左传·文公七年》所谓"无礼不乐"①。

礼乐制度属于意识形态的范畴，而出土的礼器和乐器则是礼乐制度的物态化，是礼乐制度的外显形式。礼乐制度的物化形态，主要体现在礼器和乐器的配置，并包含着礼乐的制度规范和精神内涵。礼器以鼎的配置为标志，依人们身份等级的高低，鼎的数目依次递减。《公羊传·桓公二年》何休《注》指出，周礼鼎制，天子用九，诸侯七，卿大夫五、士三或一。②据俞伟超和高明的研究，这些鼎制只在西周中期以前实行过，西周后期到春秋时期，礼崩乐坏，各级贵族不断僭越，发生改变，诸侯用九鼎，卿或上大夫用七鼎，下大夫用五鼎，士用三鼎或一鼎。③

在乐器配置方面，等级差异主要体现在品种、数量、质料和质量等方面。其中以"金石之乐"（编钟编磬）的编列规模为标志，形成所谓"乐悬"制度，即规定天子宫悬（四面悬挂）、诸侯轩悬（又称曲悬，三面悬挂）、卿大夫判悬（二面悬挂）、士特悬（一面悬挂）。④可见钟磬的编列规模应是按人们等级的高低依次递减，乐器演奏不仅具有音乐审美和娱乐功能，而且成为礼乐等级制度的象征物。中国古代所谓"器以藏礼"（《左传·成公二年》）⑤，所指正是器物蕴含着礼的精神实质。

《礼记·乐记》云："乐者为同，礼者为异。""乐者，天地之和也；礼者，天地之序也。和，故百物皆化；序，故群物皆别。""乐统同，礼辨异。"⑥由此可知，礼的功能是"别"和"异"，即区别人们身份地位的政

① 〔清〕阮元校刻《十三经注疏》，北京：中华书局，1980年版，第1846页。
② 同上，第2214页。
③ 俞伟超、高明：《周代用鼎制度研究》，《北京大学学报》（哲学社会科学版）1978年第1～2期，1979年第1期。
④ 《周礼·春官·小胥》，〔清〕阮元校刻《十三经注疏》，北京：中华书局，1980年版，第795页。
⑤ 〔清〕阮元校刻：《十三经注疏》，北京：中华书局，1980年版，第1894页。
⑥ 同上，第1529、1530、1537页。

治等级制度；乐的功能则是"和"与"同"，即用音乐将社会协和统一起来。西周编钟铭文自名为"龢钟""协钟""协龢钟"等，① 便是音乐之"和"思想的体现。礼和乐既相互对立，又相须为用，二者合为一体，不可分割。归根结底，礼乐制度是用于巩固和强化宗法社会的政治准则和道德规范。

"乐者为同"和"乐统同"的含义，表现在乐器配置方面，或可理解为乐器组合的统一规格，乃至音列或音阶结构的相同。如中原地区发现的西周晚期编钟，虽然各套编钟调性不一，但其组合都是 8 件合为一编，音列结构都是四声羽调模式。这种情况说明，作为实用乐器的编钟，其组合必须符合一定的音列或音阶结构，以适应演奏具体的乐曲。因此，特定时期的编钟，表现在等级差异上并不十分明显，原因是受到音乐实践的制约。编钟不可能因为拥有者等级的差别而随意增减数目和改变音列组合，那样将无法满足音乐演奏的需求。

总之，礼制的规范只是乐器发生变化的外因，乐器自身发展的历史规律以及音乐实践的需求，才是导致乐器发生根本性变化的内因。商周礼乐制度只适用于当时社会的统治阶层，礼乐器已经成为商周社会关系中宗法和等级制度的反映物。这一方面表明了礼乐制度与政治体系的密切联系，另一方面也显示出商周礼乐的宫廷文化属性。

原载《中国音乐学》2018 年第 2 期

---

① 方建军：《西周甬钟的名称考辨》，《音乐探索》1991 年第 2 期。

# 出土乐器研究

# 论叶家山曾国编钟及有关问题

2013 年发掘的湖北随州叶家山曾国墓地，于 M111 曾侯墓出土青铜乐器编钟 5 件，计有甬钟 4、镈 1（图 1），时代属于西周早期。① 这是继湖北随州战国早期曾侯乙墓出土编钟之后，曾国乐器的又一重要发现。有关资料发布后，迅即受到学界的瞩目。2013 年底，叶家山西周墓地国际学术研讨会召开，其中已有论文涉及 M111 出土的编钟。② 次年初，湖北省博物

**图 1**　湖北随州叶家山曾墓出土钟、镈（张翔赠印）

---

① 湖北省博物馆等：《随州叶家山——西周早期曾国墓地》，北京：文物出版社，2013 年版。

② 刘彬徽：《随州叶家山曾侯墓出土的甬钟和镈初论》，湖北省博物馆等编《叶家山西周墓地国际学术研讨会会议论文》，2013 年。

馆方勤先生发表了编钟的测音结果，并做出了很好的分析研究。[①] 2014 年
7 月，承方勤和张翔先生邀请，我赴随州考察了叶家山和文峰塔两处墓地
出土的曾国编钟。今在学者研究成果的基础上，就叶家山编钟及有关问题
再做一些补充讨论，向大家请教。

# 一、叶家山曾墓甬钟

　　首先讨论 M111 曾墓出土的 4 件甬钟。

　　甬钟的形制都是侈铣、凹口，甬中空与体相通，内壁光平。钟的舞、
篆、鼓皆饰云纹，唯钲、篆四边的界格略有差异，其中 2 件（M111：7、
11）以双阳线夹小乳钉为界，另 2 件（M111：8、13）以双阳线夹联珠纹
为界，后者可视为乳钉纹界格的平面化变体（图 2）。这样的形制和纹饰，
与目前发现的西周早期云纹编钟大体相同。如陕西宝鸡竹园沟 M7 和茹家

**图 2**　湖北随州叶家山曾墓甬钟（毛悦摄）

---

　　① 方勤：《叶家山 M111 号墓编钟初步研究》，《黄钟》2014 年第 1 期。

庄 M1 乙弢国墓葬出土的编钟，① 以及长安普渡村长由墓所出编钟，② 除 3
件组合不同于叶家山编钟的 4 件之外，其余形制和纹饰基本一致。

但是，叶家山编钟有一点与上述西周早期编钟殊为不同，即出现了第
2 基音标志——编钟右侧鼓部位的 X 形纹饰（图 3）。叶家山编钟有 2 件
（M111：7、11）具有这样的纹饰，在编次上属于第 3 和第 4 钟。不过，这
种纹饰由较浅的细阳线构成，通过出版印刷的照片，不容易看得清楚，但
目验原器，可以确定这就是侧鼓音部位的装饰纹样。

类似于叶家山编钟的侧鼓部纹饰，可以参考 1984 年陕西扶风官务吊庄
西周窖藏出土的 1 件甬钟，纹饰拓本见《中国音乐文物大系·陕西卷》图
1·5·33b。这件钟编号为扶官吊 02，主题纹饰与叶家山编钟一样，都是
阳线云纹。钲、篆四边以双阳线夹小乳钉为界，右侧鼓饰阳线 X 形纹，比
叶家山编钟纹饰清晰（图 4）。不过，吊庄编钟的内壁有 4 条隧，是其晚出
的时代特征，《陕西卷》断为西周中期。③

**图 3** 湖北随州叶家山曾墓甬钟右侧鼓纹饰（毛悦摄）

---

① 卢连成、胡智生：《宝鸡国墓地》，北京：文物出版社，1988 年版。

② 陕西省文物管理委员会：《长安普渡村西周墓的发掘》，《考古学报》1957 年第
1 期。

③ 方建军主编：《中国音乐文物大系·陕西卷》，郑州：大象出版社，1996 年版，
第 78 页。

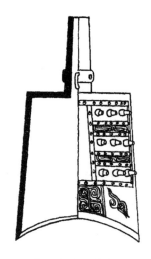

**图4** 陕西扶风官务吊庄出土西周甬钟
（采自《乐器》1991 年第 3 期高
西省文，第 6 页附图）

过去发现的西周编钟，右侧鼓部的第 2 基音标志通常是小鸟纹，其他纹饰如涡纹、象纹、穿山甲纹等则较少发现，但时代都在西周中期之后。叶家山编钟侧鼓部纹饰的出现，将编钟第 2 基音的使用提前到了西周早期。

叶家山编钟的测音结果，证实了第 2 基音的存在。这里据方勤先生论文，将编钟的发音按由低到高的顺序列出：

M111：8 钟：正鼓音$^\sharp C_4 - 41$，侧鼓音 $F_4 - 32$。

M111：13 钟：正鼓音 $E_4 - 4$，侧鼓音$^\sharp G_4 + 39$。

M111：7 钟：正鼓音$^\sharp G_4 - 26$，侧鼓音 $B_4 + 47$。

M111：11 钟：正鼓音$^\sharp C_5 - 48$，侧鼓音 $E_5 + 5$。

现场试奏编钟，听觉感受音准颇佳。这 4 件钟，若以正鼓音连奏，其音列结构是羽—宫—角—羽三声羽调。其中第 1、第 2 两件钟右侧鼓无纹饰，侧鼓音分别同于第 2 和第 3 件钟的正鼓音，属于重复音，故右侧鼓没有纹饰，说明这两件钟的第 2 基音在演奏中并无实际意义。若以正、侧鼓音连奏，将第 3 和第 4 件钟的侧鼓音纳入音阶之中，则可形成四声羽调音阶结构（按括号内为侧鼓音，下同）：

羽—宫—角（徵）—羽（宫）

由此足见，叶家山编钟确实应用第 2 基音。

叶家山编钟四声羽调的音阶结构，与中原地区西周中晚期编钟 8 件组合的前 4 件完全相同。8 件编钟完整的音阶结构是：

羽—宫—角（徵）—羽（宫）—

角（徵）—羽（宫）—角（徵）—羽（宫）

其中的后 4 件编钟，是第 3、第 4 件编钟音高的循环重复，但属于上行递进。十分明显，叶家山出土的曾国编钟，无论从形制、纹饰，还是从音阶构成看，都与中原地区的西周编钟具有密切的关系。

出土编钟的 M111 墓葬，是一座长方竖穴带一条墓道的大墓，在叶家山墓地中属于规格最高的墓葬。此墓随葬品十分丰富，与编钟同出的具铭文的青铜礼器，出现有"曾侯"和"曾侯犺"的器主名称，[1] 可见此墓的主人应为西周早期的一代曾侯。

M111 曾侯墓出土的一件方座簋，铭文有"犺作剌（烈）考南公宝尊彝"。由此获知，曾侯犺的先祖是"南公"。"南公"还见于陕西扶风豹子沟出土的南宫乎钟铭文，[2] 钟铭云：

司土（徒）南宫乎作大林协钟，兹钟名曰无射，先且（祖）南公、亚且公中（仲），必父之家。天子其万年眉寿，畯永保四方，配皇天，乎拜手稽首，敢对扬天子丕显鲁休。用乍朕皇且南公、亚且公中（仲）。

此钟为西周晚期宣王时器。作器者南宫乎自称其先祖为"南公"，他本人当时官至司徒，职掌土地、农业和籍田等。[3] 南宫乎一名也见于同属宣王时期的善夫山鼎铭文，[4] 但这时南宫乎已官至右者，地位高于司徒。由此

---

① 关于曾侯犺的"犺"字，罗运环先生隶定为"犭"旁加"立"，文见湖北省博物馆等编《叶家山西周墓地国际学术研讨会会议论文》，2013 年。

② 罗西章：《扶风出土的商周青铜器》，《考古与文物》1980 年第 4 期；陕西省考古研究所等编：《陕西出土商周青铜器（三）》，北京：文物出版社，1980 年版。

③ 张亚初、刘雨：《西周金文官制研究》，北京：中华书局，1986 年版，第 8 页。

④ 中国社会科学院考古研究所：《殷周金文集成释文》，香港中文大学中国文化研究所，2001 年版，第 391 页。

可知，曾侯犹和南宫乎的祖先系同一人，即"南公"。

2009 年，湖北随州文峰塔曾国墓地 M1 出土编钟 10 件，时代属春秋晚期。据编钟铭文，作器者乃曾侯舆，其先祖为"南公"①。请看文峰塔曾侯舆编钟 1 号钟的部分铭文：

> 隹（唯）王正月吉日甲午，曾侯舆曰：伯适上庸，左右文、武，達殷之命，抚定天下，王遣命南公，营宅汭土，君此淮夷，临有江夏，周室之既卑……

如李学勤先生所说，"伯适"即《尚书·君奭》的"南宫括"，《论语·微子》作"伯适"②。这里的"南公"，指的是"伯适"即"南宫括"，是曾侯舆的祖先。他曾经辅佐周文王和周武王，参与征伐殷商，后受周王之命，在南方建国立业，镇守一方。据 M1 所出另一件编钟（M1：3）铭文，"曾侯舆曰：'余稷之玄孙'。"稷即后稷，系周之先祖。因知曾国为姬姓诸侯国，与周王室具有同姓之血缘关系。

曾侯舆编钟也是甬钟，其形制特点是：长棱柱甬、长体，甬、干、舞、篆皆饰浮雕蟠龙纹，正鼓部饰顾夔纹格式的浮雕蟠龙纹，内壁有波式调音结构，属于李纯一先生《中国上古出土乐器综论》所划分的 II 型钟，即楚式钟。③

曾侯舆编钟的形制与周文化编钟具有明显的差异，而与春秋晚期的楚国编钟，如河南淅川下寺楚墓所出王孙诰编钟比较接近，④ 与战国早期的曾侯乙编钟几乎如出一炉，唯曾侯乙编钟甬更长，纹饰更加密集和夸张。曾侯舆编钟的 1 号钟，通高达 112.6 厘米。这样器形庞伟、高达 1 米以上的编钟，也见于曾侯乙编钟下层甬钟。⑤ 不过，虽然春秋晚期和战国早期

---

① 湖北省文物考古研究所等：《随州文峰塔 M1（曾侯舆墓）、M2 发掘简报》，《江汉考古》2014 年第 4 期。

② 李学勤：《曾侯𤑒（舆）编钟铭文前半释读》，《江汉考古》2014 年第 4 期。

③ 李纯一：《中国上古出土乐器综论》，北京：文物出版社，1996 年版，第 178、215 页。

④ 河南省文物研究所等：《淅川下寺春秋楚墓》，北京：文物出版社，1991 年版。

⑤ 湖北省博物馆：《曾侯乙墓》，北京：文物出版社，1989 年版，第 96 页。

的曾国编钟受到楚国编钟的较大影响，以致曾、楚编钟形制趋同，但从曾侯乙编钟铭文看，其乐律体系兼具周、楚两种文化因素，仍未完全脱离周音乐文化的传统。

以上讨论说明，曾国的礼乐文化源出于宗周，西周早期曾国编钟在形制和纹饰方面均与周文化编钟保持一致，在音阶构成上也与西周中晚期编钟关系密切。周文化的影响，在战国早期的曾国编钟上依然有所反映。

## 二、西周编钟的组合

叶家山曾国编钟的发现，容易让人联想到西周编钟的组合件数问题，这涉及目前发现的西周早期至西周中期前段的编钟。

大家知道，西周早期编钟具有 3 件 1 套的组合形式，前述宝鸡竹园沟、茹家庄和长安普渡村墓葬所出编钟均为 3 件，即其实例。新近的考古材料，可举 2007～2011 年发掘的山西翼城大河口霸国墓地为例，这里的 M1 和 M1017 两座墓各出土 3 件组合的编钟 1 套，① 从编钟的形制看，时代应属西周早期。遗憾的是，竹园沟、茹家庄和普渡村编钟大多保存状况欠佳，测音结果不够理想。大河口编钟目前尚未见到测音报告发布。因此，现在还不清楚西周早期 3 件组合编钟的音列结构。

上述五座墓葬出土的 5 套编钟，表明编钟 3 件合为一编并非偶然，而是西周早期流行的一种组合形式。中原地区出土的商晚期编庸（编铙），也是以 3 件组合为常制。编钟与编庸组合件数的同一性，说明西周早期编钟的 3 件组合，很可能是继承殷商编庸的传统。

殷商编庸与西周早期编钟不仅组合相同，而且在形制上也具有一定的传承关系。宝鸡竹园沟墓地之中，有一座墓葬（M13）出土铜庸 1 件，时代为西周早期成康之世。这件庸的柄根已经出现用于悬挂的干（或称幹），但没有旋，其余形制和纹饰与商晚期编庸无异。商晚期编庸一般都是口上柄下，插置于座或架上来击奏，而竹园沟周庸则可悬挂击奏，其演奏方式

---

① 山西省考古研究所大河口墓地联合考古队：《山西翼城县大河口西周墓地》，《考古》2011 年第 7 期。

已经与后来的编钟相同。

商周庸、钟形制之间的关系，还可从大河口霸国墓葬 M1 所出编庸和编钟获得新的认识。此墓出有乐器编庸 3 件、编钟 3 件、钲 2 件。[①] 编庸为短圆管柄，根细而端粗，体饰兽面纹，内壁光平，是商晚期常见的形制。同出的 3 件编钟为甬钟，但实际上为庸体，唯体长略有增加。钟的短甬实即庸柄，但其上旋、干齐备，[②] 已经演变成为甬上口下悬挂演奏的"庸式编钟"（图5）。

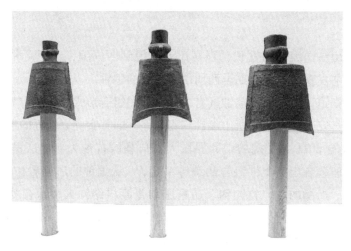

**图5** 山西翼城大河口霸国墓地 M1 "庸式编钟"（毛悦摄）

大河口 M1 甬钟的体两面均为素面，仅有一个梯形的大方格纹。钟体之上没有出现枚、钲间和篆间。这种介于殷庸和周钟之间的形制，是由庸到钟的过渡形态，较竹园沟 M13 所出庸又前进一步。所缺的重要一环，是钟体两面的枚。枚作为钟体振动的负载，可以使编钟发音所产生的高次谐波加以衰减，以使基音更加清晰；而钲、篆界格和钟体纹饰，则主要用来提升编钟的外观美感。

大河口 M1 同时随葬编庸和"庸式编钟"，足见殷商编庸与西周早期编

---

① 原简报将钲称之为句鑃，恐不确。

② 山西省考古研究所等：《呦呦鹿鸣——燕国公主眼里的霸国》，北京：科学出版社，2014 年版，第 160～161 页。

钟在形制上的前后继承关系。而中国南方如湖南古越族地区常见的大型铜镛（或称大铙），时代多属商周，这类钟体乐器先是出现旋，但没有用于悬挂的干。不过，南方镛或那种无干的钟率先产生了枚。现在看来，钟枚很可能是中国南方古越族的发明，而中原地区的西周早期甬钟，可能是受到北方殷商编庸形制和组合的影响，同时又吸收南方镛体之上的枚才发展而成的。

考古发现表明，商代编庸的组合虽有通行的件数，但也有一些变例。如商晚期的编庸，一般都是3件一组，但也有4件或5件一组的，如殷墟侯家庄M1083所出编庸为4件，① 殷墟妇好墓所出编庸为5件。② 不过，M1083所出为"4件3音"③，即末2件音高相同，因此是否确为4件一组，尚需考虑。但由这二例可知，商代编庸的组合件数并非一成不变。

叶家山曾国编钟的发现，说明西周早期编钟不是只有3件组合的形式，4件组合也曾存在。其实，过去山西天马曲村晋侯墓地M9也出土有4件编钟，时代属西周穆王时期。④ 编钟大小相次，内壁光平。钟体锈蚀较重，纹饰不清，但可见钲、篆四边的小乳钉界格，形制与叶家山编钟基本相同。M9未遭盗掘，所出4件编钟应为一组。然而，编钟的保存状况欠佳，测音结果也不理想，从现有音高数据尚不能判断其音列结构。⑤ 叶家山4件编钟正好弥补了这一缺憾，其重要意义自不待言。

从叶家山曾国编钟和晋侯墓地M9编钟看，西周早期至中期前段编钟的4件组合形式，可能要晚于3件组合，编钟的第2基音标志，即是其晚出的一个因素。宝鸡竹园沟M7所出编钟，时代定在西周早期康昭之际，目前应属最早的西周编钟。综合各方面来看，叶家山编钟恐不能早于竹园沟

---

① 梁思永：《殷墟发掘展览目录》，《梁思永考古论文集》，北京：科学出版社，1959年版，第158～159页。

② 中国社会科学院考古研究所：《殷墟妇好墓》，北京：文物出版社，1980年版。

③ Chia, Sylvia Shih-heng（贾士衡）. "The Four Clapper-bells in the Academia Sinica Collection." 《东吴大学艺术史集刊》1980年第10期。

④ 北京大学考古学系等：《天马－曲村遗址北赵晋侯墓地第二次发掘》，《文物》1994年第1期。

⑤ 方建军：《西周早期云纹编钟的再认识》，《交响》2007年第2期；《音乐考古与音乐史》，北京：人民音乐出版社，2011年版，第121～126页。

M7 编钟。黄凤春先生将叶家山 M111 推断为昭王之世，[1] 应是比较合适的。

西周中期至晚期，编钟以 8 件组合最为常见。以前由于缺乏考古资料，对于西周编钟由 3 件发展到 8 件之间的组合形式，还不能得出确切的认识。现在的资料表明，西周编钟在 3 件与 8 件组合之间，除 4 件组合之外，还存在 5 件的组合形式，以及 6 件组合的可能。

2004 年山西绛县横水西周倗国墓地的发掘，为我们揭示出西周中期前段编钟的另一种组合形式，即 5 件合为一编。在横水墓地的 M1 和 M2，各出土编钟 5 件，时代属西周穆王时期或略晚。[2] 这两座墓葬均未被盗，所出编钟当无缺失。M2 的墓主人是倗伯，M1 为其夫人毕姬墓。倗国不见史籍记载，由于倗伯称"伯"，故倗国应是西周王畿范围内的封国。[3]

横水倗墓所出编钟为甬钟，舞、篆、鼓皆饰云纹，钲、篆四边或以双阳线夹联珠纹为界，或以阴线弦纹为界（图6）。值得注意的是，编钟的右

图6  山西绛县横水西周倗国墓地编钟
（毛悦摄）

---

① 黄凤春、胡刚：《说西周金文中的"南公"——兼论随州叶家山西周曾国墓地的族属》，《江汉考古》2014 年第 2 期。

② 山西省考古研究所等：《山西绛县横水西周墓发掘简报》，《文物》2006 年第 8 期。

③ 吉琨璋等：《山西横水西周墓地研究三题》，《文物》2006 年第 8 期。

侧鼓部有小鸟纹之类的装饰纹样，以作为此处可发第 2 基音的标志。亟盼能够早日发表编钟的测音结果，以了解其音阶结构。

6 件组合的编钟，目前尚缺少西周时期的实例。但是，通过陕西宝鸡太公庙发现的春秋早期秦武公编钟，① 可以逆推西周编钟的 6 件组合。秦武公编钟出土有 5 件，形制和纹饰均沿袭西周晚期编钟的风格。除去铭文不计，周、秦编钟在外观上几乎没有分别。秦武公编钟的音阶结构，也是西周晚期编钟常见的四声羽调模式。秦武公编钟的第 5 件，音高已经达到小字三组。按西周晚期 8 件组合编钟末二件正鼓音的音域没有超过小字三组，可推知秦武公编钟第 5 件之后还缺 1 件，其完整组合应为 6 件。②

正因周、秦编钟在形制、纹饰和音阶结构方面均存在一致性，所以可以由此逆推至西周晚期阶段，这时的编钟或有可能存在 6 件组合的形式。陕西长安张家坡发现的叔尃父盨，铭文记述"叔尃父作郑季宝钟六，金尊，盨四，鼎七"③。是西周晚期编钟可能存在 6 件组合的一个佐证。

以上所论说明，青铜钟类乐器的编列组合件数，其总体发展趋向是随时间的推移而由少到多。但是，事物的发展往往具有复杂性和多样性，不同组合形式在同一时期并存或交替使用也是可能的。从此而看，对编钟的断代应具体问题具体分析，不能简单按组合件数的多寡，来判断编钟年代的早晚。

# 三、叶家山墓镈

最后讨论叶家山 M111 曾墓出土的镈（图 7）。

叶家山镈与编钟共出，这也是迄今为止钟、镈同出一墓的最早实例。1989 年江西新干大洋洲商墓曾发现一件镈，时代虽属最早，但共出乐器是

---

① 卢连成、杨满仓：《陕西宝鸡县太公庙村发现秦公钟、秦公镈》，《文物》1979 年第 11 期。

② 方建军：《续论秦公编钟的音阶与组合》，《交响》1992 年第 3 期。

③ 中国社会科学院考古研究所沣西考古队：《陕西长安张家坡西周墓清理简报》，《考古》1965 年第 9 期。

3 件镈。① 西周早期 3 件组合的编钟，目前虽未见有镈伴出，但从大洋洲和叶家山的例子看，仍然可以期待。

**图7**　湖北随州叶家山曾墓镈（毛悦摄）

叶家山镈的显著特征，是镈体两侧扉棱上各有一对虎饰。这种式样的镈，以往称之为"四虎镈"或"虎脊镈"②。类似形制的镈，有湖南邵东民安出土的一件可作参照。③ 邵东民安所出镈，体两侧的扉棱也为虎脊，与叶家山镈形制十分接近，唯民安镈器略小一些。

据目前考古材料，镈在南方出现较早，新干商墓镈便为其例。北方地区出土的镈，时代较南方所出要晚，为西周中期之后的制品。并且所出不是单件，而是 3 件一组，如陕西眉县杨家村出土编镈、④ 陕西宝鸡太公庙

---

　　① 江西省博物馆等：《新干商代大墓》，北京：文物出版社，1997 年版。

　　② 方建军：《两周铜镈综论》，《东南文化》1994 年第 1 期；《地下音乐文本的读解》，上海音乐学院出版社，2006 年版，第 219～234 页。

　　③ 吴铭生：《邵东县民安村商代铜镈》，《中国考古学年鉴》1986 年；熊建华：《湖南邵东出土一件西周四虎镈》，《考古与文物》1991 年第 3 期。详细资料承吴铭生先生惠予提供。

　　④ 刘怀君：《眉县出土一批西周窖藏青铜乐器》，《文博》1987 年第 2 期。

所出秦武公编镈①以及甘肃礼县大堡子山所出秦子编镈②等，都是3件编列的组合形式。眉县编镈的时代在西周中晚期，秦武公和秦子编镈的时代则属春秋早期。

眉县编镈也是虎脊镈，但虎的造型与叶家山镈有所不同。此外，眉县编镈体大质重，与叶家山和邵东民安镈相比也有差异。请看这3地所出镈的通高和重量：

眉县编镈：通高63.5、58、51.5厘米，重32.5、22.5、21公斤。

叶家山镈：通高44厘米，重16.47公斤。

邵东民安镈：通高32.5厘米，重13.4公斤。

可见它们之间大小和重量的差异。

由于考古资料有限，目前并不能断定西周时期中原地区不存在叶家山镈那样的型式，这还需要今后的考古工作来检验。任何事物都处在不断发展变化之中，镈也不例外。南方镈在早期可能体量不是很大，但后来则有大型镈出现，曾侯乙墓楚王镈通高92.5厘米，重134.8公斤③，即其显例。

据测音结果，叶家山镈的正鼓音是$B_3-7$，侧鼓音是$D_4-24$。若将其发音纳入同出4件编钟的音阶结构之中，则镈的正鼓音在徵的位置，比第一件编钟低一个大二度，镈、钟正鼓音合起来为四声徵调音阶：

徵—羽—宫—角—羽

若将镈和钟的正、侧鼓音合并，则镈的侧鼓音处于闰的位置，属于五正声之外的偏音。

镈为平口的椭圆体，而非甬钟那样的凹口合瓦体，镈的侧鼓部也未见第2基音标志。因此，这里拟将镈的侧鼓音除外，仅以其正鼓音与编钟的正、侧鼓音合并，仍然构成四声徵调音阶，但增加了徵、宫2个侧鼓音：

徵—羽—宫—角（徵）—羽（宫）

① 卢连成、杨满仓：《陕西宝鸡县太公庙村发现秦公钟、秦公镈》，《文物》1979年第11期。

② 早期秦文化考古联合课题组：《甘肃礼县大堡子山早期秦文化遗址》，《考古》2007年第7期；早期秦文化联合考古队：《2006年甘肃礼县大堡子山祭祀遗迹发掘简报》，《文物》2008年第11期。

③ 湖北省博物馆：《曾侯乙墓》，北京：文物出版社，1989年版，第87页。

如此看来，镈与钟的音高衔接情况恐非偶然。联系到镈、钟并排置于墓内西侧二层台之上，它们应该是合奏所用的乐器。

叶家山 M111 的考古发现表明，西周早期存在 4 件编钟配 1 件镈的青铜乐器配器方式。如果考虑到曾国与姬周音乐文化的同源关系，估计在周朝王畿范围及其周邻地区，也存在 4 钟 1 镈配器方式的可能，希望将来在这一区域会有西周早期镈的新发现。周、秦音乐考古发现则表明，西周中期之后，钟、镈配器方式演变为 8 钟 3 镈，或有时为 6 钟 3 镈，并延续至春秋早期。

原载《中国音乐学》2015 年第 1 期

# 应侯钟的音列结构及有关问题

　　应国是西周初期建立的姬姓诸侯国，周武王之子始封于此，至春秋早期覆亡。应国的地理位置在今河南平顶山市境内，这里曾出土不少应国青铜器，铭文显示为应公、应侯或应伯等所作。现已刊布的应国青铜乐器当中，有应侯视工甬钟 4 件，1 件 1974 年出土于陕西蓝田红星（图 1、图2），① 1 件藏于日本东京书道博物馆，② 另 2 件由北京保利艺术博物馆收藏，著录于《保利藏金（续）》中（图 3）。③ 保利的 2 件，可能即出于平顶山应国墓地。

　　应侯视工钟的"视"字，旧释为"见"，裘锡圭先生改释为"视"④。目前"视工""见工"在学界互见。为叙说方便，本文统称为"应侯钟"。保利所藏的 2 件应侯钟，朱凤瀚⑤和王世民⑥先生已做过很好的介绍研究。朱先生认为应侯钟有 2 套，每套不少于 4 件；王先生认为应侯钟有 2 套，每套 8 件。今在他们工作基础上，对应侯钟的音列结构及有关问题再做一些补充论述，以就教于读者。

---

　　① 韧松、樊维岳：《记陕西蓝田县新出土的应侯钟》，《文物》1975 年第 10 期。

　　② 韧松：《"记陕西蓝田县新出土的应侯钟"一文补正》，《文物》1977 年第8 期。

　　③ 保利艺术博物馆：《保利藏金（续）》，广州：岭南美术出版社，2001 年版。

　　④ 裘锡圭：《甲骨文中的见与视》，《甲骨文发现一百周年学术研讨会论文集》，台北：文史哲出版社，1998 年版。

　　⑤ 朱凤瀚：《应侯见工钟》，《保利藏金（续）》，广州：岭南美术出版社，2001年版，第 158～159 页。

　　⑥ 王世民：《应侯见工钟的组合与年代》，《保利藏金》（续），广州：岭南美术出版社，2001 年版，第 256～257 页。

图 1　陕西蓝田红星出土应侯钟
（方建军摄）

图 2　陕西蓝田红星出土应侯钟铭文和纹饰
拓本（方建军藏拓）

　　蓝田和保利的 3 件应侯钟，铭文位于钟的顶篆、两铣和钲间，内容相同，但铭文未完，系全铭的前半部。蓝田和保利应侯钟的大钟有个别漏字，而保利那件较小的钟铭文最全，兹将其铭文写下：

　　唯正二月初吉，王归自成周，应侯视工遗王于周。辛未，王各于康宫，荣伯入右应侯视工，赐彤弓一、彤矢百，马

书道应侯钟的铭文，恰好与以上 3 件应侯钟衔接，从而合为全铭：

　　　　四匹，视工敢对扬天子休，用作朕皇祖应侯大林钟，用赐眉
寿永命，子子孙孙永宝用。

　　这 4 件应侯钟是否为同一组合？书道钟究竟与哪一件应侯钟相接？需
要从形制、纹饰和音高等方面加以考察。

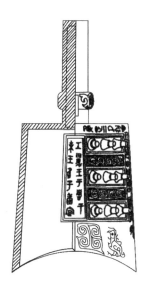

**图3**　北京保利艺术博物馆藏应侯钟之一的大钟
（采自《保利藏金（续）》）

　　蓝田应侯钟甬封衡，内壁有隧。舞饰云纹，钲、篆 4 边以粗阳线弦纹
为界，篆间饰云纹，正鼓部饰 4 组对称云纹，右侧鼓饰小鸟纹。通高
25.5、甬长 10、舞修 11.2、舞广 8.1、铣间 13.1、鼓间 9.1 厘米。

　　保利的两件应侯钟，形制、纹饰与蓝田应侯钟基本相同。但保利应侯
钟的正鼓云纹较蓝田应侯钟的云纹线条和层次稍多，而蓝田应侯钟正鼓云
纹则相对较为简约。从此而看，保利和蓝田应侯钟应非同组。保利应侯钟
大者通高 36、铣间 20.3 厘米；小者通高 26、铣间 13.3 厘米。

　　书道应侯钟的形制和纹饰与蓝田应侯钟相同，大小不详。其正鼓云纹

同样较为简约，与蓝田应侯钟最为接近，2钟应该属于同一组合。

大家知道，西周中期至晚期，8件组合的编钟已经成为常制，并在形制、纹饰和音列结构方面具备一些共同的因素，可以用来复原失群编钟的固有组合。

8件一套的编钟，除头2件外，从第3至第8件，右侧鼓都有小鸟纹之类的动物装饰，以作为此处可发第2基音的标志。8件编钟的正鼓音连奏，可以形成三声羽调音列结构，即：

羽—宫—角—羽—角—羽—角—羽

加上侧鼓音，则为四声羽调音列结构（按括号中的声名为侧鼓音）：

羽—宫—角（徵）—羽（宫）—角（徵）—羽（宫）—角（徵）—羽（宫）

蓝田①和保利②应侯钟业已经过测音，结果如下：

蓝田应侯钟　　　　　正鼓音 $d^3 - 18$　　侧鼓音 $f^3 - 9$

保利应侯钟（大）　　正鼓音 $^\sharp c^2 + 48$　　侧鼓音 $f^2 - 1$

保利应侯钟（小）　　正鼓音 $d^3 - 38$　　侧鼓音 $f^3 + 40$

这4件应侯钟的右侧鼓均有小鸟纹，正鼓音与侧鼓音之间为小三度音程关系，符合8件编钟第3至第8件的特点。其中保利的那件小钟，与蓝田应侯钟的正鼓音音高相同，都是小字三组的 $d^3$。显然，这2件钟不能属于同组。保利那件大钟，正鼓音为 $^\sharp c^2 + 48$，以等音转换，即为 $d^2 - 52$。这样，保利的大、小2件应侯钟，正鼓音可以构成八度音程关系，即 $d^2 - 52$ 和 $d^3 - 38$。保利小钟的音区在小字三组，按以往对西周编钟的测音数据，它的音高属于8件组合编钟里末二钟的音区范围。这件小钟的铭文未完，下接另一件钟。由此判断，保利小钟应属8件组合编钟的第7件，下接最后1件。按上述8件组合编钟的音列结构，第7件钟的正鼓音为"角"，

① 方建军主编：《中国音乐文物大系·陕西卷》，郑州：大象出版社，1996年版，第35页。

② 王世民：《应侯见工钟的组合与年代》，《保利藏金（续）》，广州：岭南美术出版社，2001年版，第256～257页。

而保利大钟的发音，是保利小钟的低八度，自然为 8 件组合编钟的第 5 件。如此来看，保利应侯钟的固有组合应为 8 件，其正鼓音的音列结构应是这样（按方框中的声名为缺失的钟）：

羽—宫—角—羽—角—羽—角—羽

显然，在这套应侯钟的正鼓音音列当中，现存的大、小 2 件钟构成了一个八度组的"角"音。又按其音高推算，这套编钟的宫音位置在♭B。

前面说过，蓝田和保利应侯钟铭文相同，下缺日本书道应侯钟的铭文。通过形制和纹饰观察，可知书道钟与保利钟不属一组，而与蓝田应侯钟属于同组。但是，由于书道钟未予测音，且不知其大小尺寸，故其是否确与蓝田钟相接，尚待对实物进行考察。不过，从蓝田钟的音高属于小字三组看，它很可能也是 8 件组合编钟的第 7 件。换言之，这 4 件应侯钟分属两套，每套 8 件，两套编钟调性相同，音列结构都是以♭B 为宫的四声羽调。

同一人所作两套以上 8 件组合的编钟，在西周晚期乃至春秋早期并非孤例。如陕西扶风庄白一号青铜器窖藏出土瘷钟 14 件，[①] 时代属西周厉王时期。按其形制、纹饰、铭文和音高布局，可知属于 3 套编钟。一式钟仅 1 件，铭文似全文的后半，其固有组合不明。二式与四式钟合为 8 件，纹饰相同，四式钟的铭文乃二式的简省。测音结果证明，它们为一套完整无缺的编钟。三式钟独立成套，共有 6 件，但第 2 至第 3 件之间铭文有缺，其间应缺少 2 件钟。这两套瘷钟的固有组合均为 8 件，都是以♭B 为宫的四声羽调音列结构，与 2 套应侯钟的组合和音列完全相同。

又如，山西曲沃天马曲村晋侯墓地 M8 出土的 16 件晋侯苏钟，时代也属西周厉王时期。[②] 晋侯苏钟分属 2 套，每套 8 件。这 2 套编钟同调，音列结构也相同，即都是以 B 为宫的四声羽调。

---

① 方建军主编：《中国音乐文物大系·陕西卷》，郑州：大象出版社，1996 年版，第 36～51 页。

② 马承源：《晋侯稣编钟》，《上海博物馆集刊》第七期，上海书画出版社，1996 年版；马承源主编：《中国音乐文物大系·上海卷》，郑州：大象出版社，1996 年版，第 29～38 页；项阳、陶正刚主编：《中国音乐文物大系·山西卷》，郑州：大象出版社，2000 年版，第 46 页。

再如，传出山西的春秋早期晋国子犯编钟，现知有 16 件，分为甲、乙两组，每组 8 件。① 甲组编钟因锈蚀而未能测音，不知是否属于 1 套。据乙组编钟的测音结果，可知它们不属于 1 套，而应为 2 套，但每套编钟均有所缺。乙组编钟所拆分的两套，宫音分别为 E 和 #G。加上甲组编钟，目前所见的 16 件子犯编钟，原本应该分属于 8 件组合的 3 套。②

看来，西周晚期至春秋早期，同一人所作 2 套以上 8 件组合的编钟，虽然音列结构都是四声羽调模式，但其调高即宫音位置有同有异。调高相同的 2 套编钟，既可一起合奏，也可在不同的观演场合分别演奏；调高不同的编钟，其设计制造自然出于演奏不同调性乐曲的需要。

关于应侯钟的时代，学者以往曾据铭文中出现的"荣伯"而断为恭王时期，并作为西周编钟有意识使用第 2 基音的最早实例。近来的研究表明，应侯钟的时代不能早到恭世。如李学勤先生曾对应侯视工诸器进行过研究，指出应侯钟的时代当属厉王时期，"西周器铭中的荣伯可能包括荣氏几代，不可把有荣伯的器物一律认为是同时的"③。

从应侯钟的形制和纹饰看，与西周恭王之前的甬钟具有较大差异。如陕西宝鸡竹园沟、茹家庄④和长安普渡村⑤出土的甬钟，时代属于西周早期成王至穆王四世。它们都是内壁光平，舞、篆、鼓皆饰云纹，钲、篆四边以连缀小乳钉为界，右侧鼓没有小鸟纹，尚未使用第 2 基音。竹园沟、茹家庄和普渡村钟都是 3 件合为 1 编，其音列结构当然与 8 件 1 套的编钟不同。

然而，应侯钟的形制和纹饰，在西周晚期编钟里却能找到不少相同的

① 张光远：《故宫新藏春秋晋文称霸"子犯和钟"初释》，（台北）《故宫文物月刊》1995 年第 145 期；《春秋中期晋国子犯和钟的新证、测音与校释》，（台北）《故宫文物月刊》2000 年第 206 期。

② 方建军：《子犯编钟音列组合新说》，《交响》2011 年第 1 期。

③ 李学勤：《论应侯视工诸器的时代》，《文物中的古文明》，北京：商务印书馆，2008 年版，第 254～257 页。

④ 方建军：《中国音乐文物大系·陕西卷》，郑州：大象出版社，1996 年版，第 29～31 页。

⑤ 袁荃猷主编：《中国音乐文物大系·北京卷》，郑州：大象出版社，1996 年版，第 36～37 页。

实例。如陕西扶风白家村出土的 1 件五祀胡钟，① 作器者为周厉王胡，属于厉王五年的作品。这件钟的正、侧鼓饰以云纹，钲、篆四边以阳线弦纹为界，与应侯钟相同。它的篆间纹饰也是云纹，但与应侯钟的纹样稍有区别。它的铭文位于正、反面顶篆、钲间、两铣和左鼓，也与应侯钟铭文位置相类。

庄白 1 号窖藏的 2 件六式钟，形制也类于应侯钟，唯以阴线弦纹为界，而非应侯钟的阳线弦纹。六式钟与㿝钟共出，说明这种型式的钟在厉王之世正在使用。前述厉王时期的晋侯苏钟，其第 3 至第 8 件的形制和纹饰也与应侯钟相同，惟晋侯苏钟同样以阴线弦纹为界。

据上所述，应侯钟的形制、纹饰、组合和音列结构，均显示出西周晚期的特征，其时代定在厉王时期是合适的。按照这样的断代，应侯钟便不能作为恭王时期的标准器，也不能作为西周编钟最早使用第 2 基音的依据。

（原载《音乐研究》2011 年第 6 期）

---

① 穆海亭、朱捷元：《新发现的西周王室重器五祀钟》，《人文杂志》1983 年第 2 期。

# 子犯编钟音列组合新说

　　春秋早期晋国子犯编钟，于20世纪90年代传出山西闻喜，之后便流散海外，现分别收存于台北的公、私藏家，其中藏于台北故宫博物院12件，藏于陈鸿荣先生处4件。这16件编钟分为甲、乙两组，每组8件。两组编钟均有铭文，内容相同，且都是8件合为全铭。铭文记述子犯辅佐晋公子重耳返晋复国，以及晋、楚城濮之战等史事。

　　张光远先生最先发表了子犯编钟的有关资料，并对编钟的铭文和编次予以研究。[①] 随后裘锡圭、李学勤、黄锡全等先生参与讨论，对编钟的编次提出不同看法。[②] 张先生根据编钟尺寸的大小来排出其编次，而裘、李等先生则根据编钟铭文内容的接续关系来推定其编次。实际上，各家争论的焦点是第2和第3件编钟的排序。

　　2000年，张光远先生对子犯编钟乙组进行测音，并按编钟发音的高低关系，最终确定了第2和第3件编钟的编次，从而证明裘、李等先生的推断是正确的。[③] 编次既已明确，争论从此结束，而子犯编钟的组合也迄未见有异说。近来我因关注周代编钟的音列问题，对子犯编钟的测音资料重新检视分析，结果发现，虽然乙组8件编钟铭文相接，但却并不属于一组。今将有关想法写出，希望得到大家的指教。

　　子犯编钟的形制为甬钟，正鼓部饰顾夔纹，篆间饰S形双兽首纹，舞

---

　　① 张光远：《故宫新藏春秋晋文称霸"子犯和钟"初释》，（台北）《故宫文物月刊》1995年第145期。

　　② 有关学者的讨论及论文出处，请参看王泽文的博士学位论文《春秋时期的纪年铜器铭文与〈左传〉的对照研究》，中国社会科学院研究生院，2002年。

　　③ 张光远：《春秋中期晋国子犯和钟的新证、测音与校释》，（台北）《故宫文物月刊》2000年第206期。

饰窃曲纹。这样的形制和纹饰，以及 8 件成编的组合形式，都为中原地区
出土西周晚期编钟所习见。进入两周之际和春秋早期，这类形制与组合的
编钟，在秦、晋、芮等国续有所见，如甘肃礼县大堡子山所出秦公编钟、①
陕西宝鸡太公庙所出秦武公编钟、② 北京保利艺术博物馆所藏晋国戎生编
钟，③ 以及陕西韩城梁带村 M27 所出芮国编钟，④ 均保持着西周晚期编钟
的传统。

　　须要注意的是，西周晚期编钟的右侧鼓部，通常都有小鸟纹之类的装
饰，作为此处可发第 2 基音的标志。但是，子犯编钟的右侧鼓却都是光素
无饰，这是与西周晚期编钟的一个明显差别。有意思的是，子犯编钟右侧
鼓无饰的特点，却与陕西韩城梁带村 M27 所出芮国编钟相同。芮国编钟与
子犯编钟都是 8 件 1 组，除右侧鼓无纹饰外，其余形制和纹饰与西周晚期
编钟别无二致。由此可见，子犯编钟既承袭着中原地区西周晚期编钟的传
统，与西周晚期编钟同属周文化体系，同时又昭示出春秋早期编钟右侧鼓
无饰的新风尚。

　　据张光远先生云，台北故宫博物院收藏的 12 件子犯编钟，最初曾被视
为同属 1 套。这种情况，大概即与子犯编钟在形制、纹饰方面的大同小异
有关。因此，如果这 12 件编钟没有铭文，仅从它的形制和纹饰观察，其固
有组合恐怕是不好确定的。

　　前面说过，子犯编钟第 2 和第 3 件钟，由于铭文衔接问题，曾经在编
次上产生过争议。其实，作为乐器，编钟在音高布局和音列结构方面是有
一定规律的。因此，用测音手段来确定编钟的编次与组合，是除形制、纹
饰和铭文之外更为内在的重要方法和途径。

　　子犯编钟甲组 8 件，钟体多有锈蚀，且第 2 件钟的钟体略有塌陷变形

　　① 　早期秦文化考古联合课题组：《甘肃礼县大堡子山早期秦文化遗址》，《考古》
2007 年第 7 期；早期秦文化联合考古队：《2006 年甘肃礼县大堡子山祭祀遗迹发掘简
报》，《文物》2008 年第 11 期；方建军：《秦子镈及同出钟磬研究》，《中国音乐学》
2010 年第 4 期。
　　② 　卢连成、杨满仓：《陕西宝鸡县太公庙村发现秦公钟、秦公镈》，《文物》1978
年第 11 期。
　　③ 　王子初：《戎生编钟的音乐学内涵》，《中国音乐学》1999 年第 4 期。
　　④ 　陕西省考古研究院等：《陕西韩城梁带村遗址 M27 发掘简报》，《考古与文物》
2007 年第 6 期；方建军：《新出芮国乐器及其意义》，《音乐研究》2008 年第 4 期。

与破裂，故这组编钟未能进行音响测试。乙组 8 件钟保存较好，适于做测音研究。测音时，用调音器与钢琴发音加以比照，以此确定各钟的正鼓音和侧鼓音音高。其中后 4 件钟发音较好，但前 4 件钟"所发钟声沈哑，失去铿锵原音"[①]。这里要探讨的，便是子犯编钟乙组的测音结果。

从已公布的测音数据看，仅有相对音高，而缺少具体的音高组别，以及各音的频率和音分值。不过，即使如此，我们依然可以通过各钟的相对音高关系，来分析排比乙组编钟的音列与组合。兹依子犯编钟乙组 8 件的编次，将测音结果列示于下（按破折号左为正鼓音，右为侧鼓音）：

乙组第 1 件：D—$^\sharp$F

乙组第 2 件：$^\sharp$F—A

乙组第 3 件：$^\sharp$G—$^\sharp$A

乙组第 4 件：$^\sharp$C—F

乙组第 5 件：B—$^\sharp$D

乙组第 6 件：F—$^\sharp$G

乙组第 7 件：C—$^\sharp$D

乙组第 8 件：F—$^\sharp$G

如前所说，既然子犯编钟的形制、纹饰和组合件数，都与西周晚期乃至春秋早期的秦、晋、芮等国编钟基本相同，那么，我们当然可以利用这时期同类编钟的测音结果，来比较和分析子犯编钟的音列与组合。

大家知道，西周晚期至春秋早期 8 件组合编钟的正鼓音音列，都是一种三声羽调模式，即：

羽—宫—角—羽—角—羽—角—羽

如果以正鼓音和侧鼓音连奏，则可形成四声羽调音列结构，即：

羽—宫—角—徵—羽—宫—角—徵—羽—宫—角—徵—羽—宫

实际上，只须将子犯编钟的正鼓音提取出来，与西周晚期至春秋早期 8 件组合编钟的正鼓音加以比较，即可判断子犯编钟的音列与组合。因此，

① 张光远：《春秋中期晋国子犯和钟的新证、测音与校释》，（台北）《故宫文物月刊》2000 年第 206 期。

这里姑且不计乙组钟的侧鼓音，仅就其正鼓音来加以分析。

从测音结果看，乙组第 5 至第 8 钟可以构成"角—羽—角—羽"模式，其中第 5 钟发音偏低一律（小二度），其音高与阶名的对应关系是：

B　　F　　C　　F

↓角　羽　角　羽

这 4 件钟的音列结构，与西周晚期 8 件组合编钟的后 4 件完全一致，属于 8 件一组编钟的后 4 件应是没有问题的。简言之，这 4 件钟当属一组编钟所有。

河南三门峡虢仲墓出土西周晚期钮钟 8 件，正鼓音也是四声羽调模式，子犯编钟乙组后 4 件的正鼓音音列与之相同，它们的宫音高度也一样，即都是以#G 为宫①。

与子犯编钟后 4 件正鼓音音列相同、宫音位置相近的，还有西周晚期的虢叔旅钟②和陕西宝鸡太公庙所出秦武公编钟，③ 这两组编钟的宫音都在 A 的位置，比子犯编钟的宫音#G 高一律。

现在的问题是，子犯编钟前 4 件的发音，与后 4 件并不属于同一个宫调系统。按后 4 件钟的宫音高度#G，前 4 件钟的正鼓音应该是这样：

F　#G　C　F

羽　宫　角　羽

但是，子犯编钟前 4 件的发音却是这样：

D　#F　#G　#C

闰　商　角　羽

其宫音位置在 E，而不是#G，二者竟相差一个大三度。由此可见，它们无论如何也不能构成以#G 为宫的"羽—宫—角—羽"模式。仅此一项，即可说明它们与后 4 件钟不是一组。

不过，前 4 件钟的后 2 件，其发音是一个纯四度，当为角、羽二音，符合西周晚期至春秋早期 8 件组合编钟第 3 和第 4 件的音列结构。这种情

---

① 方建军：《商周乐器文化结构与社会功能研究》，上海音乐学院出版社，2006 年版，第 118 页。

② 方建军：《"虢叔旅钟"辨伪及其他》，《天津音乐学院学报》2009 年第 1 期。

③ 方建军：《续论秦公编钟的音阶与组合》，《交响》1992 年第 3 期。

况应非偶然，说明前 4 件钟的后 2 件在发音上并未受到太大影响，它对于判断乙组编钟的组合是一个关键。

从宫音高度看，子犯编钟乙组的前 4 件无疑属于另外一组。按照 8 件组合编钟音列结构的规律，前 4 件钟的正鼓音应为：

$^\sharp$C  E  $^\sharp$G  $^\sharp$C

羽  宫  角  羽

可是，现在首、次二钟的正鼓音却分别是 D 和 $^\sharp$F，比羽、宫二音应有的音高分别高出 1 个小二度和 1 个大二度。考虑到编钟保存状况欠佳，影响到发音的准确性，或可勉强将首、次 2 钟与第 3 和第 4 钟视为一组。这样，乙组第 1 至第 4 钟当属另外一组编钟的前 4 件，其完整组合自然也是 8 件。

从尺寸和重量看，子犯编钟甲、乙两组的后 4 件十分接近，有些甚至完全相同。如第 6 钟重量相同，第 7 钟通高、重量皆同，第 8 钟通高、重量相差甚微（表 1）。由此推想，甲、乙两组钟的后 4 件，音高很可能相近，甚或是相同的。

表 1

| 甲乙两组编钟 | 通高（厘米） | 重量（公斤） |
|---|---|---|
| 甲组第 1 件 | 71.2 | 44.5 |
| 乙组第 1 件 | 71.4 | 41.4 |
| 甲组第 2 件 | 66.7 | 40.9 |
| 乙组第 2 件 | 67.5 | 38 |
| 甲组第 3 件 | 67.6 | 41.2 |
| 乙组第 3 件 | 66.7 | 44 |
| 甲组第 4 件 | 61.7 | 43.2 |
| 乙组第 4 件 | 62.5 | 42.5 |
| 甲组第 5 件 | 44 | 15.75 |
| 乙组第 5 件 | 44.5 | 16.5 |
| 甲组第 6 件 | 42 | 15.4 |
| 乙组第 6 件 | 41.5 | 15.4 |
| 甲组第 7 件 | 30.5 | 6.8 |
| 乙组第 7 件 | 30.5 | 6.8 |
| 甲组第 8 件 | 28.1 | 5.4 |
| 乙组第 8 件 | 28 | 5.5 |

但是，这两组编钟的前 4 件，在尺寸和重量上都有相当差异。甲组前 4 件因未能测音，无法做出估计；而乙组的前 4 件，按其宫音高度，不可能与甲组前 4 件调换。

综合上述，子犯编钟乙组 8 件并非一组，其中前 4 件应属甲、乙两组之外的另一组编钟，其完整组合应为 8 件，但尚缺后 4 件；乙组后 4 件当属一组编钟所有，但缺少前 4 件。

据编钟铭文，子犯曾得到周王赏赐，并由诸侯进献上等好铜，于是"用为和钟九堵"。"九堵"应即 9 组编钟。看来，子犯铸造的编钟并不限于目前所见的 16 件，所谓"和钟九堵"，很可能是一个实数，而非虚夸之词。

原载《交响》2011 年第 1 期

# 钟离国编钟编镈研究

钟离是先秦时期的一个古国，文献记载史迹甚少。据《史记·秦本纪》所载，钟离又称"终黎"，与秦同为嬴姓，后来受到分封，遂以国为姓。嬴姓少昊之墟在山东曲阜地区，钟离氏即源自山东，之后迁至安徽蚌埠和凤阳一带。据《左传》成公十五年（公元前576年）记述，春秋时期，晋、齐、宋、卫、郑、邾等中原诸国曾与吴国会晤于钟离。历史上钟离屡遭吴国和楚国争夺，又曾与徐国交战，① 后为吴、楚所灭。

自20世纪90年代始，在凤阳和蚌埠相继发现钟离国墓葬。虽然墓葬遭受严重盗掘和破坏，但仍然出土有大量精美文物，其中尤以青铜乐器备受学者瞩目。2006至2008年，蚌埠双墩一号春秋墓发现编钮钟9件、编磬12件、铜铎1件。② 2007年，凤阳卞庄一号春秋墓出土编钮钟9件、编镈5件、编磬9件③。据这两座墓葬所出钟镈铭文，知其为钟离国君所作。1991年，凤阳大东关一号春秋墓发现编钮钟8件、编镈7件、编磬4件，这些乐器均无铭文，据出土地点和器物的形制、纹饰特征，发掘者推断为钟离遗存。④

---

① 蚌埠双墩一号春秋墓出土一件青铜戈（M1：47），内末部原铸铭为"徐子白司此之元戈"。胡部刻铭有"童鹿公柏获徐人"。说见陈立柱、阚绪杭《钟离国史稽考》，《武汉科技大学学报》（社会科学版）2011年第3期。

② 安徽省文物考古研究所、蚌埠市博物馆：《安徽蚌埠市双墩一号春秋墓葬》，《考古》2009年第7期；安徽省文物考古研究所、蚌埠市博物馆：《安徽蚌埠双墩一号春秋墓发掘简报》，《文物》2010年第3期。我们在蚌埠市博物馆考察时见有1件铜铎，据阚绪杭先生讲，系双墩一号墓所出，但简报未述及。

③ 安徽省文物考古研究所、凤阳县文物管理所：《凤阳大东关与卞庄》，北京：科学出版社，2010年版。

④ 同上。

2011 年 11 月，蒙安徽省考古研究所阚绪杭先生盛情，在蚌埠学院李清先生的安排下，我与浙江师范大学杨和平先生和信阳师范学院李敬民先生一道，先后赴蚌埠市博物馆、凤阳县文物管理所和安徽省博物馆，对上述 3 座墓葬所出编钟编镈进行考察测音。① 本文即在此工作基础上，对钟离国编钟编镈的音阶构成及有关问题试做初步研究，不妥之处，敬希指正。

# 一、双墩一号墓编钟

蚌埠双墩一号墓出土的 9 件编钟，素钮，舞饰云纹，篆饰纠结的蟠虺纹，钲篆四边以阳线绹纹为界。鼓部以云纹组成夔纹，左右两边各有三个夔头（图 1）。钟体内壁有微隆起的音脊，钟口有磨锉形成的波状起伏（图 2），属于李纯一先生命名的"波式"调音结构。② 这种调音法为春秋中晚期编钟所常见，其时代特征是明显的。

图 1　安徽蚌埠双墩一号墓编钟（方建军摄）

---

① 三座墓葬均出有编磬，但多因残断而失音，难以通过测音研究来复原其固有的音阶组合。
② 李纯一：《中国上古出土乐器综论》，北京：文物出版社，1996 年版，第 214 页。

95

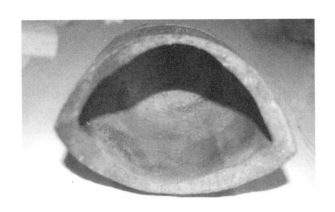

**图2** 安徽蚌埠双墩一号墓编钟口部及内壁（方建军摄）

编钟的钲间均有铭文，内容相同（图3）：

唯王正月初吉丁亥，童丽（钟离）君柏作其行钟。童丽之金。

**图3** 安徽蚌埠双墩一号墓编钟钲间铭文
（方建军摄）

作器者为钟离国君"柏",故可称为"钟离柏钟"。其自名"行钟",意为用于外出随行。

钟离柏钟鼓部纹饰独特,在先秦编钟里殊为少见。适合与钟离柏钟比较的编钟是吴国的者减钟和邾国的邾公牼钟。这两例编钟虽均为甬钟,但鼓部纹饰与钟离柏钟十分相似,其特点同样是以云纹组成的大形顾夔纹,纹饰几乎占满鼓部。关于者减钟的年代,目前尚有一些分歧,但属于春秋晚期则没有问题。[1] 邾公牼钟年代较为明确,属于春秋晚期前段邾宣公(公元前573～公元前556年)之时。[2] 钟离柏钟的年代当与之接近,即应为春秋中晚期。吴、邾两国与钟离国为南北近邻,在编钟制造方面产生相互影响,是有一定可能的。

双墩一号墓钟离柏编钟保存状况较好,可以通过音响测试来探索其音阶构成。经测音,其具体数据详见表一所列。

表1 钟离柏钟测音数据

| 编次 | 标本号 | 正鼓音 | | 侧鼓音 | | 备注 |
|---|---|---|---|---|---|---|
| | | 音分值 | 频率 | 音分值 | 频率 | |
| 1 | M1：1 | $^{\#}G_4 + 47$ | 426.93 | | | 侧鼓音同正鼓音 |
| 2 | M1：2 | $^{\#}A_4 - 4$ | 465.27 | | | 同上 |
| 3 | M1：3 | $^{\#}C_5 + 50$ | 570.64 | | | 同上 |
| 4 | M1：4 | $^{\#}D_5 + 29$ | 632.93 | | | 同上 |
| 5 | M1：5 | $F_5 + 3$ | 699.84 | | | 同上 |
| 6 | M1：6 | $B_5 + 3$ | 989.65 | | | 同上 |
| 7 | M1：7 | $E_6 - 10$ | 1311.42 | $G_6 - 14$ | 1555.80 | |
| 8 | M1：8 | $F_6 - 22$ | 1379.95 | $G_6 + 36$ | 1601.25 | |
| 9 | M1：9 | $A_6 + 4$ | 1764.72 | $B_6 + 27$ | 2007.24 | |

这套编钟的正鼓音发音良好,可以构成具有羽调式倾向的五声音阶,宫音处于 $^{\#}C$ 的位置:

---

① 马承源:《关于鄝生盨和者减钟的几点意见》,《考古》1979年第1期。

② 陈公柔:《滕国、邾国青铜器及相关问题》,《中国考古学研究——夏鼐先生考古五十周年纪念论文集》,北京:文物出版社,1986年版,第176～190页。

徵—羽—宫—商—角—羽—商—角—羽

这样的音阶结构，在春秋时期南、北两系编钟里都比较常见，是当时9件组合编钟的一种固定音阶模式。

不过，钟离柏钟的侧鼓音则有不同的情况。这套钟的前6件侧鼓音与正鼓音相同，后3件虽然可以勉强奏出侧鼓音，但现场听觉并不清晰。由此可见，钟离柏钟的侧鼓音应该不予使用。这一实例再次说明，先秦编钟并非普遍设计和使用侧鼓音。

## 二、卞庄一号墓编钟编镈

凤阳卞庄一号墓出土的9件编钟，钮饰三角纹，与双墩一号墓钮钟的素钮相异。舞部和篆间饰蟠螭纹，钲篆四边以阳线绹纹为界，鼓部饰以蟠螭纹组成的顾夔纹。钟体内壁有微隆起的音脊，底视钟口呈波状起伏，其调音手法与双墩一号墓编钟相同。

卞庄一号墓还出有同铭镈钟5件，钮以相互缠绕的龙形铸成，龙身饰三角纹。舞部和篆间饰蟠螭纹，钲篆四边以阳线绹纹为界，鼓部饰以蟠螭纹组成的顾夔纹。钟体内壁同样为波式调音结构。铭文位于镈体正背两面钲间、两枚及左、右侧鼓部，内容相同：

> 惟正月初吉丁亥，余□厥于之孙、童丽（钟离）公柏之季子
> 康，择其吉金，自作和钟，之𫶇穆穆和和，柏之季康是良，以从
> 我师行，以乐我父兄，其眉寿无疆，子子孙孙，永保是尚。

作器者乃钟离公柏之子"康"，因而可称为"钟离康镈"。

绎读镈铭，可以看出双墩一号墓编钟铭文的"钟离君柏"，与卞庄一号墓编镈铭文的"钟离公柏"当系同一人，"钟离柏"与"钟离康"应为父子关系。镈铭还显示，"钟离柏"的父辈是"□厥于"。1980年，安徽舒城九里墩春秋末期墓葬出土一件青铜鼓座，[①] 其上铭文也显示有钟离国的

---

① 安徽省文物工作队：《安徽舒城九里墩春秋墓》，《考古学报》1982年第2期。

先辈"□厥于"之名。①

钟离康镈铭文中的"之歖"二字，一般将其与上句连读，即为"自作和钟之歖"。但如此便颇不可解，而且在先秦钟铭里也找不到类似的语例或用法。我以为，"之歖"应与"和钟"断开，而应与下句连读，即应为"自作和钟，之歖穆穆和和"。下面试对这句话做出解释。

先说"歖"字。此字也见于楚国编钟铭文，如王孙遗者钟和王孙诰钟之"歖歖熙熙"，"歖"字即与钟离康镈相同。"歖"字金文或写作"皇""諻""訍"，见于先秦编钟铭文。例如：

> 择其吉金，自作和钟，中翰且扬，元鸣孔皇……吾以宴以喜，以乐嘉宾及我父兄庶士。諻諻熙熙，眉寿无期，子孙永宝鼓之。（沇儿镈）
>
> 择其吉金，自作和钟……以宴以喜，中翰且扬，元鸣孔皇，其音悠悠，闻于四方，諻諻熙熙，眉寿无期，子子孙孙，万世鼓之。（徐王子旃钟）
>
> 齳择吉金，铸其反钟。其音……和平均齗（齳钟、齳镈）

《说文》："皇，大也。"刘翔等释"皇"为"钟声宏大"，钟铭的"中翰且扬，元鸣孔皇"，即"钟声高亢而又飞扬，鸣声悠长，十分洪亮"②。陈双新释"皇"为"形容钟声的盛大"③。这些解释都是通顺的。

《诗经·周颂·有瞽》："喤喤厥声，肃雍和鸣，先祖是听。"又《诗经·周颂·执竞》："钟鼓喤喤。"毛传："喤喤，和也。"《说文》释"锽"字引为"钟鼓锽锽"。又云："锽，钟声也。从金，皇声。"《尔雅·释诂》："锽锽，乐也。"字或加言旁而写为"諻"。《方言》："諻，音也。"钱绎笺疏云："諻、喤、锽，并与諻通。"可见这几个字相互通用，可以作为象声词，用来描述乐器尤其是钟鼓演奏的音响。

---

① 刘信芳、阚绪杭、周群：《安徽凤阳县卞庄一号墓出土镈钟铭文初探》，《考古与文物》2009年第3期。

② 刘翔等编著：《商周古文字读本》，北京：语文出版社，1991年版，第157页。

③ 陈双新：《两周青铜乐器铭辞研究》，保定：河北大学出版社，2002年版，第242页。

周代编钟铭文常在作钟句后，用一些词汇形容钟声的和美。如戎生编钟："用作宝协钟，乓音雍雍。"徐王子旃钟："自作和钟……其音悠悠。""之畋"的"之"字，可以训为"其"①。"之韹穆穆和和"，犹"其音穆穆和和"。

钟离康镈的"穆"字，其左加"音"旁，写为"韹"，说明也与声音有关。《诗经·商颂·那》："穆穆厥声。"《尔雅·释诂》说"穆"乃"美也"。由此足见，"之韹穆穆和和"，应是指编镈的发音美好而协和。

卞庄一号墓钮钟保存状况良好，经测音，其具体数据如表2所列。

表2　卞庄一号墓钮钟测音数据

| 编次 | 标本号 | 正鼓音 | | 侧鼓音 | | 备注 |
|------|--------|--------|------|--------|------|------|
| | | 音分值 | 频率 | 音分值 | 频率 | |
| | | | | | | |
| 1 | M1：6 | $^\sharp D_5 - 30$ | 611.63 | | | 侧鼓音同正鼓音 |
| 2 | M1：7 | $F_5 - 44$ | 681.00 | $A_5 + 9$ | 884.67 | |
| 3 | M1：8 | $^\sharp G_5 - 38$ | 812.89 | $C_6 - 21$ | 1034.38 | |
| 4 | M1：9 | $^\sharp A_5 - 28$ | 917.87 | $D_6 + 43$ | 1204.34 | |
| 5 | M1：10 | $C_6 - 45$ | 1020.15 | $^\sharp D_6 - 20$ | 1230.49 | |
| 6 | M1：11 | $E_6 + 42$ | 1351.23 | $^\sharp G_6 - 16$ | 1646.55 | |
| 7 | M1：12 | $^\sharp A_6 + 9$ | 1875.08 | $D_7 - 38$ | 2298.71 | |
| 8 | M1：13 | $C_7 - 2$ | 2091.06 | $E_7 - 32$ | 2590.04 | |
| 9 | M1：14 | $G_7 + 19$ | 3171.73 | | | 侧鼓音同正鼓音 |

这套编钟的正鼓音也可构成羽调式倾向的五声音阶，其宫音位置在$^\sharp G$：

徵—羽—宫—商—角—羽—商—角—羽

可见这是一套完整无缺的编钟。除宫音位置不同外，其音阶结构与双墩一号墓钟离柏编钟完全相同。

这套编钟的第1和第9件侧鼓音与正鼓音相同，其余各钟的正鼓音与侧鼓音多为大三度或小三度音程关系，为先秦编钟所常见。唯第4件钟正鼓音与侧鼓音倾向于小四度音程关系，属于变例。不难看出，如果这套编

① 宗福邦等主编：《故训汇纂》，北京：商务印书馆，2003年版，第37页。

钟应用侧鼓音的话，便可在上列五声音阶中出现清角或变徵之声。不过，鉴于这套编钟的首、尾二钟侧鼓音与正鼓音相同，尚不能判定其侧鼓音应用的程度，乃至是否确实应用侧鼓音。

测音表明，钟离康编镈仅发单音即正鼓音。测音数据详见表3。

表3　钟离康编镈测音数据

| 编次 | 标本号 | 正鼓音 | | 侧鼓音 | | 备注 |
|---|---|---|---|---|---|---|
| | | 音分值 | 频率 | 音分值 | 频率 | |
| 1 | M1：1 | | | | | 鼓部裂，失音 |
| 2 | M1：2 | $E_4 + 30$ | 335.43 | $G_4 - 46$ | 381.81 | 侧鼓音不明显 |
| 3 | M1：3 | $^\sharp G_4 - 15$ | 411.83 | $B_4 + 23$ | 500.65 | 侧鼓音不明显 |
| 4 | M1：4 | $^\sharp A_4 - 18$ | 461.43 | $C_5 - 12$ | 519.88 | 侧鼓音不明显 |
| 5 | M1：5 | $C_5 - 40$ | 511.43 | $^\sharp C_5 + 21$ | 561.22 | 侧鼓音同正鼓音 |

第1件镈因鼓部裂而失音，后4件镈发音良好，可以构成如下音阶（"？"表示失音的钟，下同）：

　　　　　　　? —羽—宫—商—角

宫音位置在$^\sharp G$，与同墓所出编钟调高相同，二者无疑为合奏乐器。

现在的问题是这套编镈的固有组合是否就是5件。据目前考古发现，9件钮钟与8件镈钟的配器形式在东周时期较为通行，如安徽寿县蔡侯墓，[①] 河南淅川和尚岭 M2、徐家岭 M3 和 M10 楚墓，[②] 河南固始侯古堆墓葬[③]等，所出钟镈均属此类组合。

9件编钟与8件编镈的乐器配置，其中编钟的音阶结构已如上述。8件编镈的发音可以构成一种五声音阶，具有宫调式或徵调式倾向。为便比较，不妨将常见的8件组合编镈的音阶，与钟离康编镈的音阶并列于下（"□"表示缺失的钟，下同）：

---

① 安徽省文物管理委员会等：《寿县蔡侯墓出土遗物》，北京：科学出版社，1956 年版。

② 河南省文物考古研究所等：《淅川和尚岭与徐家岭楚墓》，郑州：大象出版社，2004 年版。

③ 河南省文物考古研究所：《固始侯古堆 1 号墓》，郑州：大象出版社，2004 年版。

　　8 件组合编镈　宫—角—徵—羽—宫—商—角—徵

　　钟离康编镈　□—□—?—羽—宫—商—角—□

　　十分明显，现存的 5 件钟离康编镈，很可能属于 8 件组合编镈的第 3 至第 7 件，目前尚缺第 1、第 2 和第 8 件镈。不过，除 8 件组合外，东周时期的编镈也有其他的组合形式，但都缺少足资比较的测音资料。因此，钟离康编镈是否有 5 件组合的可能，抑或有可能为 6 件和 7 件，还有待今后的发现和研究。

## 三、大东关一号墓编钟编镈

　　凤阳大东关一号墓出土的钮钟共有 8 件，钮部饰三角纹，与卞庄一号墓钮钟纹饰相同。舞部和篆间饰蟠虺纹，钲篆四边以阳线绚纹为界，鼓部饰蟠虺纹组成的顾夔纹（图 4）。钟体内壁调音结构与上述钟离国钮钟相同。

**图4**　大东关一号墓编钟（方建军摄）

　　同墓出土编镈 7 件，钮以相互缠绕的龙形铸成，龙身饰三角纹，与钟离康编镈钮饰基本相同。舞部和篆间皆饰蟠虺纹，钲篆四边以绚纹为界，鼓饰蟠虺纹组成的顾夔纹（图5）。内壁调音手法与上述钟离编镈相同。这套编镈的形制和纹饰，与江苏丹徒背山顶春秋吴墓所出甚六镈最为接近。[①]

**图5** 大东关一号墓编镈（方建军摄）

大东关一号墓编钟的测音结果如表4所列。

表4　大东关一号墓编钟测音数据

| 编次 | 标本号 | 正鼓音 | | 侧鼓音 | | 备注 |
|---|---|---|---|---|---|---|
| | | 音分值 | 频率 | 音分值 | 频率 | |
| 1 | M1：8 | | | | | 鼓部裂，失音 |
| 2 | M1：9 | $^\sharp D_5 + 7$ | 624.96 | | | 侧鼓音同正鼓音 |
| 3 | M1：10 | $A_5 - 22$ | 868.96 | $^\sharp C_6 + 1$ | 1109.38 | 侧鼓音不明显 |
| 4 | M1：11 | $B_5 - 44$ | 963.08 | $^\sharp D_6 - 27$ | 1225.79 | 侧鼓音不明显 |
| 5 | M1：12 | $E_6 - 26$ | 1298.94 | $G_6 - 7$ | 1562.09 | |
| 6 | M1：13 | $^\sharp A_6 - 24$ | 1839.50 | $^\sharp C_7 - 28$ | 2182.58 | |
| 7 | M1：14 | $B_6 + 10$ | 1987.06 | $D_7 + 28$ | 2388.25 | |
| 8 | M1：15 | $F_7 - 22$ | 2760.05 | | | 侧鼓音同正鼓音 |

①　江苏丹徒考古队：《江苏丹徒背山顶春秋墓发掘报告》，《东南文化》1988年第3～4期合刊。

从表 4 容易看出，这套编钟的侧鼓音只有 3 件发音较好，其余要么与正鼓音相同，要么发音不明显。由此看来，这套编钟的侧鼓音恐怕不合实用。第 1 件钟因鼓部裂而失音，其余各钟发音良好，其正鼓音可以构成如下音阶：

? —羽—商—角—羽—商—角—羽

与上述钟离国 9 件组合的编钟音阶结构比较，可知大东关一号墓编钟的固有组合也当为 9 件：

钟离 9 件组合编钟　　　徵—羽—宫—商—角—羽—商—角—羽

大东关一号墓编钟　　? —羽—□—商—角—羽—商—角—羽

所缺为 9 件组合编钟的第 3 件。这套钟离国编钟同样是羽调式倾向的五声音阶，只是其宫音位置在 $^\sharp$F，与上述两套钟离编钟的宫音高度相异。

大东关一号墓编镈也发单音，测音结果如表 5 所列。

表 5　大东关一号墓编镈测音数据

| 编次 | 标本号 | 正鼓音 | | 备注 |
|---|---|---|---|---|
| | | 音分值 | 频率 | |
| | | | | |
| 2 | M1：2 | $^\sharp C_4 +33$ | 282.63 | |
| 3 | M1：3 | | | 钟体锈，失音 |
| 4 | M1：4 | $^\sharp F_4 +12$ | 372.69 | |
| 5 | M1：5 | $^\sharp G_4 -22$ | 410.11 | |
| 6 | M1：6 | $^\sharp A_4 -35$ | 456.91 | |
| 7 | M1：7 | $^\sharp C_5 -13$ | 550.30 | |

这套编镈的第 1 和第 3 件因残裂或锈蚀而失音，其音阶结构是这样：

? —徵—? —宫—商—角—徵

与春秋时期常见的 8 件组合编镈比较，可以推知这套编镈的固有组合也应为 8 件，目前尚缺 1 件，即首镈：

8 件组合编镈　　　宫—角—徵—羽—宫—商—角—徵

大东关一号墓编镈　　□—? —徵—? —宫—商—角—徵

实际上，8 件编镈的音阶构成，可以和春秋时期 10 件组合的编磬加以

比较。以河南洛阳中州大渠所出春秋晚期 10 件组合的编磬为例，其音阶结构如下：①

宫—角—徵—羽—宫—商—角—徵—羽—宫

显而易见，8 件组合编镈的音阶，与 10 件组合编磬中前 8 件的音阶一模一样。

大东关一号墓编镈以 #F 为宫，与同墓所出编钟调高相同，自然可以合奏。

论述至此，可以将下庄一号墓和大东关一号墓所出钟离国编钟编镈的音阶组合，统一以五线谱的形式表示出来（谱例 1）：

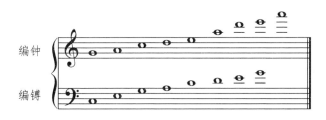

**谱例 1** 钟离国编钟编镈音阶结构

# 四、结 论

通过对 3 座钟离国墓葬所出编钟编镈的初步研究，可以得出如下结论：

（一）3 墓所出钟离国编钟编镈，在形制和纹饰上变化不大，内壁结构及调音手法也相同，其时代应属春秋中晚期。钟离康镈铭文的"之韹穆穆和和"，意指编镈的声音美好而协和。

（二）3 墓所出钟镈均遭盗掘，其组合有所缺失。经过复原研究，可知钟离国编钟的固有组合应为 9 件，编镈应为 8 件，属于春秋中晚期常见的钟镈编配方式。

（三）钟离国编钟的音响测试表明，先秦编钟并非普遍使用侧鼓音。钟离编钟的正鼓音可以构成羽调式倾向的五声音阶，音域一般在小字一组

---

① 方建军：《洛阳中州大渠出土编磬试探》，《考古》1989 年第 9 期。

至小字四组之间；编镈为单音乐器，其音阶结构倾向于五声宫调或五声徵调，与春秋时期 10 件组合编磬中前 8 件的音阶无别。编镈的音域较编钟偏低，一般在小字组至小字二组之间。

（四）卞庄一号墓所出钟离康编钟编镈均以 ♯G 为宫，二者调高相同；大东关一号墓所出编钟编镈均以 ♯F 为宫，二者调高也相同。由此可知，同一墓葬所出编钟编镈可以合奏。

（五）钟离国编钟编镈的形制、纹饰和音阶组合，与春秋中晚期吴、邾、楚、蔡等国同类乐器相似、相近乃至相同，表现出当时区域范围内音乐文化的相互影响。

原载《中国音乐学》2012 年第 3 期

# 楚王酓章钟"商商穆"试解

1978 年发掘的湖北随县战国早期曾侯乙墓，出土编钟一架 65 件，其中有一件楚王酓章为曾侯乙所做的镈钟，钲间纪事铭文如下（用通行字依原行款写出）：

> 唯王五十又六祀，返自西
> 阳，楚王酓章作曾侯乙宗
> 彝，奠之于西阳，其永持用享。

作器者楚王酓章即楚惠王，作器时间为楚惠王五十六年，即公元前 433 年。①

与楚王酓章镈同铭的编钟，北宋时在湖北安陆曾出土过 2 件，最早著录于宋代薛尚功的《历代钟鼎彝器款识法帖》，但只有编钟的铭文摹本，缺少铭文和纹饰拓本，也没有编钟的图形。这两件楚王酓章钟，其中 1 件纪事铭文与曾侯乙墓所出楚王酓章镈完全相同，唯行款有异，铭文末尾尚有"商商穆"3 字（图 1）②。另一件钟的纪事铭文为"作曾侯乙宗彝，奠之于西阳，其永持用享"，系全铭的后半。此钟铭文的末尾又另起一行，直排书写"少羽反、宫反"5 字。

薛书之后，宋代仍有其他金石学著作收录这 2 件楚王酓章钟，其中以王厚之的《钟鼎款识》所录最可参考。此书收录具"商商穆"铭文的一件钟，并增印了这件钟的铭文和纹饰拓本（图 2、图 3）③。由拓本看出，"商商"二字分别位于此钟正鼓部花纹的上、下居中处，"穆"字则在编

---

① 湖北省博物馆：《曾侯乙墓》，北京：文物出版社，1989 年版，第 87、461 页。

② 〔宋〕薛尚功：《历代钟鼎彝器款识法帖》，北京：中华书局，1986 年版，第27 页。

③ 〔宋〕王厚之：《钟鼎款识》，北京：中华书局，1985 年版，第 64～65 页。

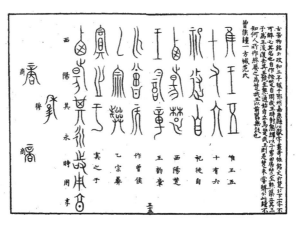

**图1** 楚王酓章钟铭文摹本
（采自《历代钟鼎彝器款识法帖》，第27页）

钟的右侧鼓部。另一件钟的"少羽反"和"宫反"，虽无铭文和纹饰拓本，但据曾侯乙编钟标音铭文通例，应分别铸写于编钟的正鼓部和右侧鼓部。

**图2** 楚王酓章钟铭文和纹饰拓本之一
（采自《钟鼎款识》，第64页）

**图3** 楚王酓章钟铭文和纹饰拓本之二
（采自《钟鼎款识》，第65页）

曾侯乙编钟出土之后，宋代所出楚王酓章钟再度引发学者的讨论。目前，各家对于铭文"少羽反"和"宫反"的解释基本一致，即"羽""宫"分别为编钟正、侧鼓音的阶名，其音程关系为小三度。"少"指高音区，"反"乃高八度之意。但是，对于"商商穆"的理解则仁智互见，异说纷呈。

杨树达先生认为，"穆"应为变徵；[①] 黄翔鹏先生认为，"穆商商"为楚国穆钟律（音高位置在♭B）的商调之商；[②] 李纯一先生认为，"商""穆"为编钟的正、侧鼓音，音程关系为大三度；[③] 吴钊先生认为，"穆"应为"变徵"，"商""穆"二音为大三度音程；[④] 曾宪通先生认为，"穆商

---

① 杨树达：《积微居金文说》（增订本），北京：中华书局，1997年版，第203～204页。

② 黄翔鹏：《释"楚商"——从曾侯钟的调式研究管窥楚文化问题》，《文艺研究》1979年第2期；《曾侯乙钟、磬铭文乐学体系初探》，《音乐研究》1981年第1期。

③ 李纯一：《曾侯乙编钟铭文考索》，《音乐研究》1981年第1期。

④ 吴钊：《也谈"楚声"的调式问题——读〈释"楚商"〉一文后的几点意见》，《文艺研究》1980年第2期；《广西贵县罗泊湾M1墓青铜乐器的音高测定及相关问题》，《中国音乐学》1987年第4期；《"和""穆"辨》，《中国音乐学》1992年第4期。

商"应为"穆音商","即曾国穆音律之商音"①；王德埙先生认为，"商商"应为商音之上方大三度（#F），"穆"为"商商"的上方大三度（#A或♭B）；② 王子初先生认为，"穆"应为"穆钟之徵"，其音高位置为F，"商""穆"二音为小三度关系。③ 本文也想对这件楚王酓章钟的"商商穆"铭文试加解义，以就教于大家。

首先看此钟的铭文和纹饰拓本。两个"商"字，一个"商"字在正鼓花纹之上，此处空间较阔，其上光素。另一个"商"字在正鼓花纹之下，此处空间狭窄，故字体也稍小一些。"穆"字在右侧鼓，空间也较宽余。再看纪事铭文，铸写于正鼓花纹之上，终于左侧鼓，几乎占满整个钟体。由此判断，纪事铭文当位于钟体的另一面，而这件钟应属无枚的编钟。

曾侯乙墓出土有两种无枚编钟。一种为中层二组的12件甬钟，钟体之上无枚，但有钲间，钲间两边各有一个较阔的四边形篆间，其中布满花纹，正鼓也饰有花纹；另一种为上层的19件无枚钮钟，除上·2·1—6和上·3·1—7的13件钮钟钮上饰绚纹外，均通体光素无饰。与楚王酓章钟相比，曾侯乙编钟的无枚甬钟多出了钲间和篆间，无枚钮钟则缺少鼓部的纹饰。显然，楚王酓章钟并不属于这两种型式的无枚编钟。

1978年湖北江陵天星观1号楚墓出土战国中期钮钟4件，伴出有木质钟架残迹。钟架有上下两个横梁，上梁有长方孔22个，当为悬挂钮钟所设，出土时仍有2件钮钟悬于上梁。所出4件钮钟也没有枚、钲间和篆间，但正鼓饰变形顾夔纹（图4）。④ 我认为，楚王酓章钟正是天星观1号楚墓那样的无枚钮钟，其花纹仅限于鼓部，鼓部之上光素无饰。所不同的是，天星观钮钟无铭文，而楚王酓章钟的纪事铭文则位于钟体一面鼓部花纹之上，另一面的正鼓和右侧鼓刻有标音铭文。楚王酓章钟和天星观钮钟分属战国早期和中期，时代较为接近，且同属楚国编钟，因此它们具有相同的

① 曾宪通：《关于曾侯乙编钟铭文的释读问题》，《古文字研究》第十四辑，北京：中华书局，1986年版，第7～8页。

② 王德埙：《"和穆"再考——兼同吴钊先生商兑》，《贵州民族学院学报》（社会科学版）1997年第3期。

③ 王子初：《论宋代安陆出土"曾侯钟"之乐律标铭》，《音乐研究》2015年第3期。

④ 湖北省荆州地区博物馆：《江陵天星观1号楚墓》，《考古学报》1982年第1期。

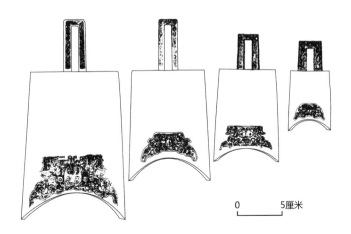

0        5厘米

**图4** 湖北江陵天星观1号楚墓钮钟
（采自《考古学报》1982年第1期，第96页，
图一九）

形制应是不以为奇的。

　　再看天星观钮钟的正鼓，上面的顾夔纹贴近于钟口边缘，纹饰与钟口沿之间面积十分狭小，只有1件（图4，2）勉强有些空白。楚王酓章钟的正鼓即类于天星观这件钮钟。可能起初将"商"字铸写于正鼓夔纹之下，但由于空间较狭，字体自然较小。后来为了醒目，又在正鼓夔纹之上重刻一个字体稍大的"商"字。实际鼓部铭文应为同一个字，只是重复刻写而已。

　　曾侯乙编钟里的甬钟，无论有枚或无枚，其正鼓花纹之下均有一定空间，标音铭文便铸写于此，这与楚王酓章钟正鼓花纹之下空间十分狭小明显有异。而曾侯乙编钟的无枚钮钟，由于钟体光素无饰，刻写标音铭文就更加方便。

　　曾侯乙编钟的乐律铭文，其阶名均刻写于正鼓和右侧鼓部位，实测音高与标音铭文相同。而曾国与周、楚、晋、齐、申等五国的律名或阶名对应关系，则刻写于编钟的另一面。由此而看，楚王酓章钟正鼓部的"商"和右侧鼓的"穆"同样应为阶名，而不大可能正鼓音用阶名，侧鼓音反而用律名来标示。以往学者将楚王酓章钟的"穆"字视作律名，认为是楚国的"穆钟"律，曾律称之为"穆音"。现在看来，恐怕是不妥的。

　　上面说过，"商商"2字，实为1个"商"字，因此这件楚王酓章钟的正鼓音为"商"，应可成为定谳。现在的问题是，"穆"作为侧鼓音的阶名，究竟指的是哪一个音级。一般而言，编钟正、侧鼓音之间的音程，不是大三度就是小三度，二者非此即彼。综合考虑，我认为"穆"作为楚国的阶名，很可能指商音上方的小三度，即传统阶名中的清角这一音级。

让我们对曾侯乙编钟正鼓标音为"商"（包括"少商"）者做一个统计。这架编钟之中，正鼓阶名为"商"者共 14 件，计有上层钮钟 3 件，中下两层甬钟 11 件。它们的侧鼓标音无一例外，都是"羽曾"，即"商"（D）的上方小三度（F），传统阶名称为清角。这种情况可以与楚王酓章钟类比。楚王酓章钟的正鼓音也是"商"，因此侧鼓音"穆"为商音上方小三度的概率应是很高的。由于楚王酓章钟的原钟不复存在，无法进行测音，所以不能获知"商""穆"二音的具体音高位置。

商音的上方大三度，曾侯乙编钟名之为"商角"（变徵），但只有 6 件编钟标有此音，计有上层 3 件，中下层 3 件，且无一例外，都属于编钟的正鼓音，侧鼓音一律没有"商角"。由此来看，楚王酓章钟侧鼓音"穆"为商音上方大三度即"商角"（变徵）的可能性是很小的。

曾侯乙编钟中层的一件钟（C·65·中3·4），正鼓标音铭文为"商"，侧鼓标音铭文为"羽曾"，测音结果正鼓音为 $D_{5-30}$，侧鼓音为 $F_{5-22}$，二者为小三度音程关系。[1] 此钟背面铭文又说"羽曾"乃"姑洗之和，穆音之终反"。也就是说，侧鼓音"羽曾"，是姑洗均（C）的"和"（F），相当于穆音律（楚为穆钟，音高为 $^{\flat}$B）上方五度音徵（F）的高八度。

将"和"作为"羽曾"的别称或专称，在曾侯乙编钟里仅此一见。楚王酓章钟的侧鼓音虽然相当于曾国的阶名"羽曾"或"和"，但却名之为"穆"。不过，从文献记载看，"穆"与"和"意思相通，可以互训。《玉篇》《慧琳音义》《广韵》皆云："穆，和也。"《诗经·大雅·烝民》："穆如清风。"郑玄笺："穆，和也。"今本《说文》："穆，禾也。"《楚辞·大招》"三公穆穆"，王逸注："穆穆，和美貌。""和""穆"二字有时也附加"音"旁，显示出它们与音乐音响的关系。安徽凤阳卞庄一号墓所出钟离康镈铭文，更把"穆""和"作为叠音词来使用，将钟声的和美描述为

---

① 这里取"京测"数据，详见湖北省博物馆：《曾侯乙墓》，北京：文物出版社，1989 年版，第 114 页。

"穆穆和和"①。如此看来，七声新音阶的第 4 级音清角，曾国称之为"和"，楚国则可能称之为"穆"，二者可能为"同音异名"。

过去人们多据《淮南子·天文训》，对"和""穆"二字予以释义。该书有关文字云："角主姑洗，姑洗生应钟，不比于正音，故为和。应钟生蕤宾，不比正音，故为缪。"② 这里的"和"在变宫的位置，与曾侯乙编钟"和"为新音阶第四级音不合；"缪"即"穆"，其音位在变徵。然而，《淮南子》为西汉时期的著作，所述可能只是当时的一种阶名称谓情况。在战国早期之时，各国律名尚未统一，有的律名虽然相同，但律序却不一样，所用阶名自然也会存在一定差异。因此，《淮南子》中的"和""穆"，恐怕并不适用于解释战国早期的楚王酓章钟和曾侯乙编钟。

虽然楚王酓章钟正、侧鼓"商""穆"二音为小三度的可能性远远大于大三度，但由于编钟的实物不存，听不到固有的音响，故"商"、"穆"二音为大三度的可能性也不宜全然排除。假如此钟的侧鼓音真是商音上方的大三度，那就与《淮南子》所说"穆"为变徵吻合。当然，验证其是非正误，还要寄望于将来的考古发现。

原载《黄钟》2015 年第 1 期

---

① 方建军：《钟离国编钟编镈研究》，《中国音乐学》2012 年第 3 期。
② 引文乃依王引之说校正，详见刘文典：《淮南鸿烈集解》，民国丛书，1931 年版，第 75 页。

# 出土音乐文献研究

# 清华简"作歌一终"等语解义

　　清华大学收藏的战国竹简，内容属于书籍，其中有些篇章涉及西周礼乐，具有重要的历史价值。现已出版的清华简之中，于《耆夜》篇有"作歌一终""作祝诵一终"，于《芮良夫毖》有"作毖再终"等词语，并有相应的诗歌文本。这里即以清华简有关资料，结合古代文献记载，对"作歌一终"等语试做解义，不妥之处，敬希指正。

　　简文《耆夜》讲述西周武王八年，征伐者即黎国，凯旋归周之后，于文太室举行饮至典礼。参加饮至礼者有周武王、毕公、召公、周公、辛公、作策逸和吕尚父等人。在饮酒庆功仪式当中，周武王分别为毕公、周公"作歌一终"，周公则先为毕公"作歌一终"，又为周武王"作祝诵一终"。随后，周公持爵尚未饮酒，看到蟋蟀跃降于堂，有感而发，于是再次"作歌一终"①。

　　周武王和周公所作"歌"，以及周公为周武王所作"祝诵"，均为以四字句为主的诗歌，诗句较为齐整，是所谓的齐言诗。《墨子·公孟》云："颂诗三百，弦诗三百，歌诗三百，舞诗三百。"《史记·孔子世家》云："三百五篇，孔子皆弦歌之，以求合《韶》《武》《雅》《颂》之音。"可见当时的诗都是可以入乐的，清华简《耆夜》直言"作歌"，更表明诗的歌唱性质。

　　《耆夜》先叙述周武王为毕公"作歌一终，曰《乐乐旨酒》"：

---

① 清华大学出土文献研究与保护中心编、李学勤主编：《清华大学藏战国竹简（壹）》，上海：中西书局，2010 年版。

乐乐旨酒，宴以二公。纾夷兄弟，庶民和同。方壮方武，穆穆克邦。嘉爵速饮，后爵乃从。

接下来周武王又为周公"作歌一终，曰《輶乘》"：

輶乘既饬，人服余不胄。徂士奋刃，殹民之秀。方壮方武，克燮仇雠。嘉爵速饮，后爵乃复。

这两首诗分别由4句组成，从音乐角度看，应为单乐段结构，是一种较为短小的歌曲。

继而，周公为毕公"作歌一终，曰《赑赑》"：

赑赑戎服，壮武赳赳。谥精谋猷，欲德乃救。王有旨酒，我忧以风。既醉有侑，明日勿慆。

同样是四言四句的单乐段短小歌曲。

然后是周公致武王的诗，但不是"作歌一终"，而是"作祝诵一终，曰《明明上帝》"：

明明上帝，临下之光。丕显来格，歆厥禋盟。于……月有盈缺，岁有歇行。作兹祝诵，万寿无疆。

这首"祝诵"基本为4字句，也属于单乐段的歌曲。与上引"歌"诗不同的是，周公致武王的"祝诵"诗，主旨是歌颂武王，祝愿武王万寿无疆。"作祝诵一终"实际上与"作歌一终"同义，只不过"歌"为一般的诗文，"祝诵"则是就其内容特指。

周公所作最后一首诗，未明确致歌对象，而是说"周公秉爵未饮，蟋蟀造降于堂，周公作歌一终，曰《蟋蟀》"：

1. 蟋蟀在堂，役车其行。今夫君子，不喜不乐。夫日□□，□□□忘。毋已大乐，则终以康。康乐而毋荒，是惟良士之方方。

2. 蟋蟀在席，岁聿云莫。今夫君子，不喜不乐。日月其迈，从朝及夕。毋已大康，则终以祚。康乐而毋荒，是惟良士之惧惧。

3. 蟋蟀在舍，岁聿云秋。秋秋秋秋，□□□□，□□□□，[从冬]及夏。毋已大康，则终以惧。康乐而毋荒，是惟良士之惧惧。

如李学勤先生所指出，简文的《蟋蟀》诗与传世《诗经》的《唐风》首篇《蟋蟀》同名。《唐风》的《蟋蟀》也是3段，这两种《蟋蟀》诗内容彼此关联，但用韵和句式有所不同。①

简文《蟋蟀》分为3段，3段诗的字句结构相同。每段除最末一句外，同样都是四言体。最末一句为5字句加7字句，从音乐构成看，它应是一首歌曲结尾处的发展变化。这首歌也是单乐段结构，配合3段歌词，以相同的旋律重复3次。由此看来，《耆夜》所谓"作歌"或"作祝诵"的"一终"，对应的都是单乐段的歌曲，有时还可变换不同的歌词，以相同的曲调重复演唱。

"作歌一终"不仅见于清华简，而且在古代文献也有反映，如《吕氏春秋·音初》云：

> 有娀氏有二佚女，为之九成之台，饮食必以鼓。帝令燕往视之，鸣若谥隘。二女爱而争搏之，覆以玉筐。少选，发而视之，燕遗二卵，北飞，遂不反。二女作歌一终，曰《燕燕往飞》，实始作为北音。

可见"作歌一终"应是当时惯用的词语。以《耆夜》和《吕氏春秋·音初》合而观之，容易看出当时作歌的篇名，常出现一些叠音字，如《耆夜》的"乐乐""赑赑""明明"，以及《吕氏春秋·音初》的"燕燕"等，便为其例。

---

① 李学勤：《初识清华简》，上海：中西书局，2013年版，第127～134页。

　　李学勤先生认为，"演奏一次为一终，'作歌一终'便是作诗一首的意思"①；黄怀信先生认为，"一终，犹一曲、一首"；② 江林昌先生则认为，"乐舞一次为'一终'或'一成'，其于诗则为一章。'作歌一终'即是乐舞一成，也是作诗一章"③。《资治通鉴·汉纪四》胡三省注引《谥法》"有始有卒曰终"④，即有开始和结束便为"终"。对照《耆夜》所载几篇诗乐的结构，"作歌一终"当指表演歌曲一首，在音乐上它应是一个完整的乐段。这种单乐段的歌曲，可以配合一段歌词，如《乐乐旨酒》《輶乘》《赑赑》和《明明上帝》等即是；也可配合多于一段的歌词，以相同曲调重复演唱，如《蟋蟀》即是。另外，从上引"作歌一终"的语境看，歌唱自然是不可或缺的，但是否伴随有舞蹈却不能肯定。

　　清华简第三辑收录的《芮良夫毖》，记述芮良夫"作毖再终"，且简文末尾又予重申，"吾用作毖再终，以寓命达听。"⑤ "毖"的意思是劝诫，"再终"即"二终"。从简文看，芮良夫所作劝诫性质的毖诗，确实包含两个部分，且分别在每一部分之前冠以"曰"和"二启曰"加以分隔，显然是一首作品的两个部分。这里的"曰"和"二启曰"，相当于清华简《周公之琴舞》的"元入启曰"（第一启）和"再启曰"（第二启），⑥ "启"的含义即为诗歌的开始。《芮良夫毖》里的两部分诗篇幅都比较长，这里不便迻引，但仅从它们之间诗句结构的明显差异，便可推知其音乐构成也应不同。也就是说，两部分诗文不能套用同一曲调。因此，"再终"应理解为同一首作品有两个组成部分，表现在音乐上应是两个彼此独立的乐段，即为两段体结构。

　　顺便指出，芮良夫是西周后期芮国的国君，芮国与周同为姬姓。芮良夫在西周厉王之时任职周大夫，为著名的贤臣，有关事迹见于《国语·周

　　① 李学勤：《清华简〈耆夜〉》，《光明日报》2009 年 8 月 3 日；《初识清华简》，上海：中西书局，2013 年版，第 21 页。

　　② 黄怀信：《清华简〈耆夜〉句解》，《文物》2012 年第 1 期。

　　③ 江林昌：《清华简与先秦诗乐舞传统》，《文艺研究》2013 年第 8 期。

　　④ 宗福邦等主编：《故训汇纂》，北京：商务印书馆，2003 年版，第 1727 页。

　　⑤ 清华大学出土文献研究与保护中心编、李学勤主编：《清华大学藏战国竹简（叁）》，上海：中西书局，2012 年版。

　　⑥ 李学勤：《论清华简〈周公之琴舞〉的结构》，《深圳大学学报（人文社会科学版）》2013 年第 1 期；《初识清华简》，上海：中西书局，2013 年版，第 202～206 页。

语》《逸周书·芮良夫》等记载。2005～2007 年，陕西韩城梁带村芮国墓葬出土有编钟、编磬等乐器，其形制、组合和音阶结构与中原地区所出西周晚期同类乐器基本一致，应属周音乐文化系统。① 因此，芮良夫所作悬诗，与周武王和周公所作歌诗同属西周礼乐文化系统，应是没有问题的。

除上述"一终"和"再终"外，古代典籍还常见有"三终"，且有关乐曲可歌可奏。如《仪礼·大射仪》："乃歌《鹿鸣》三终……乃管《新宫》三终。""管《新宫》"即以管乐器演奏《新宫》。所歌《鹿鸣》，在《诗经》中归入《小雅》，诗文如下：

1. 呦呦鹿鸣，食野之苹。我有嘉宾，鼓瑟吹笙。吹笙鼓簧，承筐是将。人之好我，示我周行。

2. 呦呦鹿鸣，食野之蒿。我有嘉宾，德音孔昭。视民不恌，君子是则是效。我有旨酒，嘉宾式燕以敖。

3. 呦呦鹿鸣，食野之芩。我有嘉宾，鼓瑟鼓琴。鼓瑟鼓琴，和乐且湛。我有旨酒，以燕乐嘉宾之心。

这 3 段诗在字句结构上有一定差异，它们的前 2 句都有所重复，但后 2 句的字数均不相同。如第 1 段后两句为 4 字句，即"四四四四"；第 2 段后 2 句为"四六四六"；第 3 段后 2 句为"四四四七"。这种情况显示，3 段诗的后 2 句在音乐上也会有所变化，每段诗都能形成相对独立的乐段，属于三段体结构的歌曲。由此可见，所谓《鹿鸣》"三终"，应是指一首歌曲的 3 个组成部分，这 3 个部分在音乐上是有发展变化的，并不是同一曲调的简单重复。因此，"乃歌《鹿鸣》三终"，即演唱《鹿鸣》这首歌曲的 3 个部分或 3 个乐段。

《礼记·乡饮酒义》云："工入，升歌三终，主人献之；笙入三终，主人献之；间歌三终，合乐三终，工告乐备，遂出。"这里的"升歌""间歌"，以及"笙入""合乐"等，表明既有声乐也有器乐，但由于缺少具体的作品名称，所以演唱或演奏的"三终"，当有两种可能的解释。其一，

---

① 方建军：《新出芮国乐器及其意义》，《音乐研究》2008 年第 4 期；《音乐考古与音乐史》，北京：人民音乐出版社，2011 年版，第 36～45 页。

"三终"可能是一首音乐作品的三个部分或三个乐段；其二，"三终"可能是三首独立的单乐段音乐作品。

《逸周书·世俘》也有"三终"的记述，有关文字如下：

> 癸丑，荐殷俘王士百人。籥人造王矢琰、秉黄钺、执戈，王入，奏庸，《大享》一终，王拜手稽首。王定，奏庸，《大享》三终。甲寅，谒戎殷于牧野，王佩赤白旂，籥人奏《武》，王入，进《万》，献《明明》三终。乙卯，籥人奏《崇禹生开》三终，王定。

同名乐曲，《大享》可分别表演"一终"和"三终"，说明《大享》可能由3部分组成，既可表演其中之一，也可表演全曲之三。《明明》和《崇禹生开》的"三终"，大概也应是一首作品的3个部分或3个乐段。

关于"献《明明》三终"，刘光胜先生认为乃演奏《明明》3次，[1]姚小鸥等先生持相同看法，并认为"歌《鹿鸣》三终"，是"指《小雅》中的《鹿鸣》一章演奏三遍完成"[2]。然而，依照本文对《芮良夫毖》"再终"，以及《鹿鸣》"三终"的理解，《逸周书·世俘》和《仪礼·大射仪》所谓"三终"，恐怕都不是同一乐曲反复演奏三次或三遍。

综上所述，"终"是音乐作品的一个独立单位，"一终"可以是一首独立的音乐作品，也可以是一部音乐作品之中的一个组成部分，在音乐上都是一个完整的单乐段结构。"再终"（"二终"）和"三终"则是一部音乐作品的两个或三个组成部分，在音乐上应为两段体或三段体结构。同时，"再终"和"三终"也有可能是两首或三首独立的单乐段音乐作品。

原载《中国音乐学》2014 年第 2 期

---

① 刘光胜：《清华简〈耆夜〉考论》，《中州学刊》2011 年第 1 期。
② 姚小鸥、杨晓丽：《〈周公之琴舞·孝享〉篇研究》，《中州学刊》2013 年第 7 期。

# 论清华简"琴舞九絉"及"启、乱"

　　2008 年入藏清华大学的战国竹简，目前已陆续结集出版。在清华简第三辑中，收录《周公之琴舞》1 篇①，部分内容类似于传世《诗经》的《周颂》②，是西周时期重要的乐舞文献。《周公之琴舞》系第 1 支简背面原题篇名，简文开首云：

　　　　周公作多士儆毖，琴舞九絉。

其后附诗 1 首：

　　　　元内（入）启曰：无悔享君，罔坠其孝，享惟慆帀，孝惟型帀。

继之又说：

　　　　成王作儆毖，琴舞九絉。

接下来附诗 9 首，每首诗均分为"启曰"和"乱曰"两部分内容。本文主要对其中的"琴舞九絉"及"启""乱"等词语试做讨论，向学术界请教。

---

　　① 清华大学出土文献研究与保护中心编、李学勤主编：《清华大学藏战国竹简（叁）》，上海：中西书局，2012 年版。

　　② 李守奎：《清华简〈周公之琴舞〉与周颂》，《文物》2012 年第 8 期。

《周公之琴舞》同时出现"周公作"和"成王作",因此有学者主张此"琴舞"乃周公与成王合作。如李学勤先生认为,"成王作"之下的9首诗,分别有君、臣的口吻,其中应包括周公的作品。① 我推测篇题文字的写作,应该晚于简文的抄写,可能是抄写者在完成全篇简文并相隔一定时间之后,以检出第1支简正文有"周公作"等语句为据,将《周公之琴舞》的篇题写于第1支简的背面。不过,周公所作的乐舞文献并未抄写完整,仅有1首诗而不是9首,并且有"启"无"乱",而成王所作乐舞的结构则完整无缺。因此,从简文所述周公和成王都作有"琴舞九絉"来看,西周历史上确有周公和成王各自所作的两部琴舞,而成王所作琴舞的篇名,若以《周公之琴舞》例之,似可称之为《成王之琴舞》。

清华简误题篇名的情况,还见于第三辑收录的《芮良夫毖》②。本篇第1支简的背面题名为《周公之颂诗》,但简文内容却是芮良夫所作毖诗。原题篇名字形不甚清晰,有刮削痕迹,且与简文内容不符,应为误写。不过,从另一方面看,当时应有《周公之颂诗》的作品存世。

"儆毖"之"毖",与《芮良夫毖》"作毖再终"的"毖"相同,都属于劝诫性质的诗,在乐舞中用作歌唱的文本。《周公之琴舞》多一"儆"字,兼具儆诫之义。清华简《耆夜》有"作歌"和"作祝诵"③,与这里的"作毖"和"作儆毖"一样,都是就诗文的内容有所侧重而言。"多士"见于周初《诗》《书》,其义为朝臣官吏。④ 周公所作儆毖,当是劝诫"多士",而成王所作乃自儆或儆诫臣下。

"琴舞"的"琴"和"舞",分别归属器乐和舞蹈,说明周公和成王作品的性质属于乐舞。通篇来看,《周公之琴舞》是歌(儆毖诗)、乐(琴)、舞三位一体的乐舞表演形态。《周礼·春官·宗伯》云:"乃奏黄钟,歌大吕,舞《云门》,以祀天神。"言之的奏、歌、舞,对应的便是器

---

① 李学勤:《论清华简〈周公之琴舞〉的结构》,《深圳大学学报(人文社会科学版)》,2013 年第 1 期;《初识清华简》,上海:中西书局,2013 年版。

② 清华大学出土文献研究与保护中心编、李学勤主编:《清华大学藏战国竹简(叁)》,上海:中西书局,2012 年版。

③ 清华大学出土文献研究与保护中心编、李学勤主编:《清华大学藏战国竹简(壹)》,上海:中西书局,2010 年版。

④ 屈万里:《尚书集释》,台北:台湾联经出版事业公司,1983 年版,第 190 页。

乐、声乐和舞蹈，可见周代乐舞的综合性特征。

"琴舞"的名称，于传世先秦文献未见。不过，以一种乐器的名称，加上"舞"字为乐舞命名，见于今本《诗经》。如《诗经·小雅·宾之初筵》"籥舞笙鼓"，其中"籥舞"即与"琴舞"相类。关于"籥舞"，毛《传》说是"秉籥而舞，与笙鼓相应"。"籥"乃吹奏乐器，在表演时作为道具持之以舞，甚至边舞边奏，想来都是可以做得到的。《诗经·邶风·简兮》在描述《万舞》的表演时，便是"左手执籥，右手秉翟"。由此可见，"籥"可以兼作舞蹈时的道具和乐器。此外，舜帝时的乐舞《韶》，以及夏代的乐舞《大夏》，分别又名《箫韶》和《夏籥》，或许即因"箫"或"籥"这两种管乐器在乐舞中的突出应用而得名。

后世有类似于"琴舞"的乐舞名称，如汉代的"铎舞"[1] 和"鼙舞"[2] 即是。这两种乐舞分别有摇奏乐器铜铎和击奏乐器鼙鼓，在舞蹈时都是兼作道具和乐器，可以边舞边奏。当今中国少数民族地区的乐舞，如藏族的"扎尼琴舞"[3]、瑶族的"长鼓舞"和苗族的"芦笙舞"[4] 等，则是在表演时边舞边演奏乐器。须要说明的是，藏族的"扎尼琴舞"，所奏之琴为三弦弹拨乐器，演奏时斜挂于腰前，左手持琴按弦，右手以拨片弹奏。《周公之琴舞》的"琴"乃板箱体弹弦乐器，演奏时琴体须固定并平稳放置，左手按弦，右手拨弦。在乐舞表演时，若持之边舞边奏，恐怕很难实现。由此看来，《周公之琴舞》可能是以突出琴的伴奏而歌舞的作品，"琴"不宜由舞者当作道具并边舞边奏。

《周礼·春官·宗伯》云："龙门之琴瑟，九德之歌，《九韶》之舞，于宗庙之中奏之。"这里即包含了器乐（琴、瑟）、歌唱和舞蹈，属于歌、乐、舞三位一体的乐舞表演形态。不过，传世《诗经》"三颂"中未见有琴、瑟的记载，但《周颂·有瞽》明确说是"在周之庭"，指的是堂下。堂上登歌所用伴奏乐器当有琴，如《礼记·祭统》云：

---

① 见《宋书·乐志》所载汉代《铎舞歌·圣人制礼乐篇》。

② 《晋书·乐志》："鼙舞，未详所起，然汉代已施于燕享矣。"

③ 昌都地区抢救民族文化遗产办公室：《昌都地区芒康县"扎尼"琴舞简介》，《西藏艺术研究》1991 年第 4 期。

④ 中国艺术研究院音乐研究所编：《民族音乐概论》，北京：人民音乐出版社，1964 年版，1991 年第 6 次印刷，第 87～89 页。

夫大尝禘，升歌《清庙》，下而管《象》，朱干玉戚以舞《大武》，八佾以舞《大夏》，此天子之乐也。

又《荀子·礼论》云：

《清庙》之歌，一倡而三叹也，悬一磬而尚拊搏，朱弦而通越，一也。

可见在演唱《清庙》时有弦乐器伴奏。

目前考古发现最早的琴属于战国时期，如湖北随州曾侯乙墓所出战国早期（公元前 433 年）十弦琴即是。[1] 然而，据文献记载，琴、瑟类弹弦乐器在春秋时期已经流行，如《诗经》的《周南》《墉风》《郑风》《唐风》《秦风》和《小雅》等均记载有琴、瑟。李纯一先生由此推断，琴的出现当不会晚于西周时期。[2] 清华简《周公之琴舞》表明，西周早期成王时期即已用琴来为乐舞伴奏，这使我们对琴的产生时间有了更为确切的认识。

"九絉"的"絉"字，《玉篇》释为"绳也。"李学勤先生读为"遂"或"卒"[3]。清华简整理者从之，并引《尔雅·释诂》"卒，终也。"《逸周书·世俘》"篪人九终"，朱右曾《逸周书集训校释》"九终，九成也。"认为"九絉"即"九成"[4]。姚小鸥等先生认为，"终"是"成"中较小音乐单位，"成"指某一完整的乐的组合的演出完成，将该组乐演出一遍，称为一成，数遍即称数成。[5]

---

① 湖北省博物馆：《曾侯乙墓》，北京：文物出版社，1989 年版，第 166～167 页。
② 李纯一：《中国上古出土乐器综论》，北京：文物出版社，1996 年版，第 455 页。
③ 李学勤：《新整理清华简六种概述》，《文物》2012 年第 8 期；《论清华简〈周公之琴舞〉"悪天之不易"》，《出土文献研究》第十一辑，2012 年；《论清华简〈周公之琴舞〉的结构》，《深圳大学学报（人文社会科学版）》，2013 年第 1 期。
④ 清华大学出土文献研究与保护中心编、李学勤主编：《清华大学藏战国竹简（叁）》，上海：中西书局，2012 年版，第 134 页。
⑤ 姚小鸥、杨晓丽：《〈周公之琴舞·孝享〉篇研究》，《中州学刊》2013 年第 7 期。

　　我认为，将"九絉"理解为"九成"是正确的，但将"成"等同为"终"，似有可商余地。实际上，"终"与"成"是有区别的，"终"是音乐作品的一个独立单位，"一终"可以是一首独立的音乐作品，也可以是一部音乐作品之中的一个组成部分，在音乐上都是一个完整的单乐段结构。① 而"成"则是一部乐舞的一个独立单位，"一成"即一部乐舞的一个乐章，由"启"和"乱"两个乐段组成，在音乐上属于两段体结构，"九成"是一部乐舞的九个乐章，但并不是演出九遍。另外，"成"是歌、乐、舞三位一体的乐舞表演形态，而"终"则一般为歌或奏。

　　从文献记载看，乐舞"九成"的结构或编制出现较早，如《尚书·益稷》："箫韶九成，凤皇来仪。"又《吕氏春秋·古乐》："夏籥九成。"《韶》《夏》分别为舜、禹二帝的乐舞，箫、籥则是乐舞表演时的标志性乐器，已见前述。周初的乐舞《大武》，《礼记·乐记》记载有六成："且夫《武》，始而北出，再成而灭商，三成而南，四成而南国是疆，五成而分周公左、召公右，六成复缀，以崇天子。"《周公之琴舞》的结构与之相仿，但多出三成。

　　《周公之琴舞》在"成王作"之下的9首诗，每首都有"启"和"乱"两部分诗文，每"启"均编有序号，从"元入启"即首启，直到第九启，实即一至九成。九成的结构是：

| 一成： | 元入启曰 | 乱曰 |
| 二成： | 再启曰 | 乱曰 |
| 三成： | 三启曰 | 乱曰 |
| 四成： | 四启曰 | 乱曰 |
| 五成： | 五启曰 | 乱曰 |
| 六成： | 六启曰 | 乱曰 |
| 七成： | 七启曰 | 乱曰 |
| 八成： | 八启曰 | 乱曰 |
| 九成： | 九启曰 | 乱曰 |

---

　　① 方建军：《清华简"作歌一终"等语解义》，《中国音乐学》2014年第2期。

其中第一成的诗，类似于传世《诗经》列于《周颂》中的《敬之》，但二者文辞有一定差异，简文说：

> 元入启曰：敬之敬之，天惟显帀，文非易帀。毋曰高高在上，陟降其事，卑监在兹。
>
> 乱曰：遹我夙夜，不逸儆之，日就月将，教其光明。弼持其有肩，示告余显德之行。

足见"启"和"乱"是内容互有联系，但形式上彼此独立的两首诗，在音乐上其曲调也应不同，应为两段体的曲式结构。传世《诗经》的《敬之》，未见"启"和"乱"，今有《周公之琴舞》简文，益证《敬之》原本是有"启"和"乱"的。

《周公之琴舞》九成，每成的"启"和"乱"均有一首诗，以四言为主，附以长短句，但诗句字数皆不相等，说明成与成之间音乐曲调不同，每成都是相对独立的乐章。这从下列各成中"启"和"乱"的诗句字数，可以看得更为清楚：

| | |
|---|---|
| 首启：四四四六四四 | 乱：四四四四五七 |
| 再启：五四五五四 | 乱：一三三四四五二 |
| 三启：四四四四四二四 | 乱：四五四五四四 |
| 四启：五五四五五四 | 乱：四四五五六三 |
| 五启：二四四四四四 | 乱：五六五四四 |
| 六启：四四四四五 | 乱：五四四二五四四五 |
| 七启：三四五四四 | 乱：五五四四四五 |
| 八启：五五四四四五 | 乱：五四??? 四四 |
| 九启：二四四四四四 | 乱：四四四四四 |

上列各启，一字句仅第二启乱诗一见，为语气词"已"。二字句三见，分别在第五启、第九启之后，以及第六启乱诗之第四句，均为叹词"呜呼"，虽无实质文意，但在音乐上有助于抒发情感。其余均为三至七字句，其中七字句仅一见，位于首启乱诗末句。第八成乱诗之第二句后，"约缺去

十四至十五字”①，不详其字句数。依全文字句情况估计，每句所缺可能在四至六字之间，如此，则第八启的乱诗总共可能有六至七句。《吕氏春秋·古乐》高诱注：“九成，九变。”或可理解为每成在曲调上的差异和变化，与上述各启诗句字数的不等是相符的。

最后讨论“启”和“乱”的含义。“启”在商代即作为音乐用语，如河南安阳殷墟出土的商晚期编磬3件，分别刻铭“永启”“永余”和“夭余”②，其中的“永（咏）启”，意即歌唱的开始。《周公之琴舞》的“启曰”，表示每一成演唱的开始，“启”前加上数字，用于各启之间的分隔，“乱”则不必再加数字标识。

关于“乱”，向来解释不一。从《周公之琴舞》简文看，“乱”位于歌曲的结尾，“乱”诗多为长短句，在演唱方式上可能为合唱，在音乐上应该有较强的气氛烘托，从而在结尾处形成一曲的高潮。西周乐舞《大武》也有“乱”，如《礼记·乐记》云：“《武》乱皆坐，周召之治也。”但所述不如《周公之琴舞》具体。

清华简《耆夜》的“作歌一终”和“作祝诵一终”，都没有“启”和“乱”，而《芮良夫毖》的“作毖再终”（二终），则以“曰”和“二启曰”将通篇诗文分隔为两个部分，“再终”的毖诗各自成章，形成两个彼此独立的乐段，但未见有“乱”。“一终”因是单乐段诗歌，故无须以“启”加以分隔，而称作“终”的作品是否都没有“乱”，目前尚不能确定。

今本《诗经》未见“启”和“乱”，但从清华简推断，《诗经》的有些篇章原本应有“乱”，前述《敬之》便为其例。《论语·泰伯》云：“师挚之始，《关雎》之乱，洋洋乎盈耳哉。”说明《诗经》中《国风》的《关雎》有“乱”，其乱诗可从《关雎》原诗中找寻：

1. 关关雎鸠，在河之洲。窈窕淑女，君子好逑。
参差荇菜，左右流之。窈窕淑女，寤寐求之。
求之不得，寤寐思服。悠哉悠哉，辗转反侧。

---

① 清华大学出土文献研究与保护中心编、李学勤主编：《清华大学藏战国竹简（叁）》，上海：中西书局，2012年版，第142页。

② 袁荃猷主编：《中国音乐文物大系·北京卷》，郑州：大象出版社，1996年版，第20页。

2.（乱曰）参差荇菜，左右采之。窈窕淑女，琴瑟友之。

参差荇菜，左右芼之。窈窕淑女，钟鼓乐之。

可知《关雎》有两个乐段，"乱"也是四字句的齐言诗。

据《国语·鲁语》记载，鲁国大夫闵马父提到《商颂》中有"乱"，他说："昔正考父校商之名颂十二篇于周太师，以《那》为首，其辑之乱曰：'自古在昔，先民有作。温恭朝夕，执事有恪'。"核之以今本《诗经·商颂·那》，"乱"在诗尾，也是四字句的齐言诗。在"执事有恪"后，尚有"顾予烝尝，汤孙之将"作为结束句。

《礼记·乐记》屡见相当于"启"和"乱"的文字，如"是故先鼓以警戒，三步以见方，再始以著往，复乱以饬归"。"始奏以文，复乱以武，治乱以相，讯疾以雅。"其中的"始"和"乱"，当与《周公之琴舞》的"启"和"乱"同义。

《周公之琴舞》仅有类似于《诗经》小序的文字以作题解，并有与"启"和"乱"相对应的诗歌，但缺少音乐和舞蹈方面的具体描述。因此，九成乐舞的"启"与"乱"之间是否有间奏，以及"启"前是否有器乐演奏的"过门"或引子，尚需今后研究。

原载《音乐研究》2014 年第 4 期

# 《保训》与"中"的音乐思想本源

"中"是先秦时期重要的音乐思想观念之一，它与当时的"平""和"等音乐思想一样，具备自身独有的思想内涵。不过，由于传世先秦文献对于"中"的音乐思想论述不多，使我们缺少对其思想渊源的认识。2008年，清华大学入藏一批战国时期的竹简，其中有一篇题名为《保训》①，内容涉及"中"的思想观念，为研究"中"的音乐思想本源提供了新的线索。

《保训》的释文最初发表于《文物》期刊，② 之后李学勤先生予以补正，③ 并就个别文字重作新说。④ 自《保训》公布以来，引发不少学者讨论商榷，最近沈建华和贾连翔先生采纳各家所释，编辑出版清华简壹至叁卷的文字编。⑤ 今综合上列学者的研究成果，将《保训》的释文抄录于下：

> 惟王五十年，不豫，王念日之多历，恐坠保（宝）训。戊子，自靧水。己丑，昧爽□□□□□□□□□王若曰：发，朕疾壹甚，恐不汝及训。昔前人传宝，必受之以詷。今朕疾允病，恐

---

① 清华大学出土文献研究与保护中心编、李学勤主编：《清华大学藏战国竹简（壹）》，第 143 页，上海：中西书局，2010 年版。

② 清华大学出土文献研究与保护中心：《清华大学藏战国竹简〈保训〉释文》，《文物》2009 年第 6 期。

③ 李学勤：《清华简〈保训〉释读补正》，《中国史研究》2009 年第 3 期；又收入《初识清华简》，上海：中西书局，2013 年版，第 24～28 页。

④ 李学勤：《重说〈保训〉》，《深圳大学学报》（人文社会科学版）2014 年第 1 期。

⑤ 李学勤主编、沈建华、贾连翔编：《清华大学藏战国竹简（壹—叁）文字编》，上海：中西书局，2014 年版。

弗念终，汝以书受之。钦哉，勿淫！昔舜旧作小人，亲耕于历丘，恐求中，自稽厥志，不违于庶万姓之多欲。厥有施于上下远迩，乃易位迩稽，测阴阳之物，咸顺不逆。舜既得中，言不易实变名，身滋备惟允，翼翼不懈，用作三降之德。帝尧嘉之，用受厥绪。呜呼！祗之哉！昔微假中于河，以复有易，有易服厥罪，微无害，乃师中于河。微志弗忘，传贻子孙，至于成汤，祗备不懈，用受大命。呜呼！发，敬哉！朕闻兹不旧，命未有所延。今汝祗备毋懈，其有所由矣。不及尔身受大命。敬哉，勿淫！日不足，惟宿不详。

由上可知，《保训》是周文王五十年病情危重时，给太子发即武王留下的临终遗言。周文王向太子讲述了两件传说的历史故事。一是舜曾有在民间作"小人"的经历，他为"求中"，不违反百姓的种种愿望，施政于上下远迩，并就近考察，测度阴阳之事，从而"得中"，受到尧的嘉赏；二是讲到微（即商汤的先祖王亥之子上甲）由于向河伯"假中"（即凭借和依靠河伯的"中"），因而使有易折服，于是微乃"师中"于河伯（即传承河伯的"中"），并将"中"传授给子孙。同时周文王还告诫太子"勿淫"，即凡事不要过度和放纵。

《保训》的文字有 4 次出现了"中"。第 1、2 次分别说到舜"求中"和"得中"，第 3、4 次分别说到上甲微"假中"和"师中"。全篇先后两次讲到"勿淫"。对于《保训》所说的"中"，目前学界尚无统一认识。总体看来，"中"有思想观念说和事物说两类。有关诸说的详情，可参看曹峰、梁涛先生的论作，[1] 这里不再胪列。在思想观念说里，李学勤先生认为，"中"是富于哲理性的思想观念，即后世所谓的中道。[2] 我比较赞同他的看法。

通篇看来，《保训》所述的 4 个"中"寓意应为一致，即均指中道的思想观念，因此才能"微志弗忘"，将其"传贻子孙，至于成汤"。正因

① 曹峰：《〈保训〉的"中"即"公平公正"之理念说》，《文史哲》2011 年第 6 期；梁涛：《清华简〈保训〉的"中"为中道说》，《清华简研究》第 1 辑，上海：中西书局，2012 年版。
② 李学勤：《论清华简〈保训〉的几个问题》，《文物》2009 年第 6 期。

"中"是一种治国理政的思想，且从虞舜一直传承到商汤，所以周文王对此十分重视，并通过讲述舜和商汤先祖上甲微的事迹，将奉行中道作为遗训传授给太子。由此可见，"中"的思想观念属于政治的范畴，其产生的时间较为久远，从虞舜以至商周，都将其作为治国理政的宝训。

其实，按照传世先秦文献所载，舜之前尧已经具备"中"的思想观念。如《论语·尧曰》云："咨！尔舜！天之历数在尔躬，允执其中。四海困穷，天禄永终。舜亦以命禹。"是说尧指示舜要"允执其中"，并且舜也将"中"的思想观念传授给禹。又《中庸》云："子曰：舜其大知也与！舜好问而好察迩言，隐恶而扬善，执其两端，用其中于民，其斯以为舜乎！"同样是说舜"执其两端，用其中于民"，即执两用中，秉持无过无不及的中道思想，其与《保训》的"中"应是相同的。由此可见，《保训》所言"中"的思想，由尧、舜、禹到商、西周，其发展一脉相承，在上古三代思想史上占据重要的地位。

从尧舜以至西周，虽然"中"的思想观念一直流传，但从传世先秦文献看，这时期与"中"有关的音乐思想则缺少记载。目前来看，传世文献所载有关"中"的音乐思想出现于春秋时期。据《左传》昭公元年（公元前541年）所述，春秋时期秦国的名医医和曾为晋侯（晋平公）诊病，劝其不可沉溺于女色，而应有所节制，其中即以音乐作为比喻，他说：

> 先王之乐，所以节百事也，故有五节。迟速、本末以相及，中声以降，五降之后，不容弹矣。于是有烦手淫声，慆堙心耳，乃忘平和，君子弗听也。物亦如之，至于烦，乃舍也已，无以生疾。君子之近琴瑟，以仪节也，非以慆心也。天有六气，降生五味，发为五色，征为五声，淫生六疾。

医和强调音乐应该有节度，认为"先王之乐，所以节百事也"；"君子之近琴瑟，以仪节也"。他以琴瑟这两种弹弦乐器为例，提出要运用所谓"中声"，即既不过高也不过低的适中之声，且须控制在五声音阶范围之内，以保持音乐的节度。这就体现了"中"的音乐思想。他还认为，超出"中声"的范围，以"烦手"演奏的"淫声"，就会失去平和，君子不听这样的音乐。他又指出，其他事物与音乐是相通的，诸如五味、五色、五声，均应有所节制而不可过度，否则便会"淫生六疾"。这里以"中"与"淫"相对，蔡仲德先生称之为先秦音乐思想的对立范畴。①

由医和所论可知，"中"的音乐思想主张音乐须有节度，具体到音乐形态上便是提倡"中声"。这与《保训》所述"中"的思想应是相通的。只是后者属于治国理政的政治理念，在先秦时期应归为礼的范畴。在"无礼不乐"（《左传》文公七年）的时代，"中"的思想观念自然要影响到音乐。如典籍所言，"夫政象乐"（《国语·周语下》）。"礼乐刑政，其极一也"。"声音之道，与政通矣"（《乐记·乐本篇》）。说明音乐与政治相通，二者关系密切。另外，医和还以"淫声"为例，讲到"淫"对人的危害，这与《保训》所述周文王劝诫太子发"勿淫"的道理也是相通的。因此，"中"的音乐思想，应是受到"中"的政治思想影响而形成。先秦时期"中"的音乐思想本源，应与尧舜以来的中道思想密切相关。

"中"的音乐思想，在先秦时期的音律观当中也有一定反映。如《国语·周语下》所载，周景王二十三年（公元前522年）时，欲铸造无射律的大型编钟，向乐官伶州鸠问律，伶州鸠答曰："律所以立均出度也。古之神瞽，考中声而量之以制，度律均钟，百官轨仪。"《说文通训定声·中》："其本训当为矢箸正也。"②"中声"之"中"，可以训为"正"。"中声"即指正声组（相对于"大声"和"少声"组）的基准音，也就是李纯一先生所说的"基准音的律管作为度量衡计量的基元"③。"中"则具有不偏不倚作为标准的含义。联系到《保训》所述"中"的思想观念早已产生，以及《国语·周语下》所言"古之神瞽"已经运用"中声"的情况，"中"的音乐思想应该具有久远的历史渊源，其滥觞恐非始自春秋时期。

在《国语·周语下》中，伶州鸠又将"中"与"和""平"的音乐思想联系起来讨论。他首先说道："声应相保曰和，细大不逾曰平。"强调音乐应追求声音的"和""平"。继而又进一步论说：

---

① 蔡仲德：《中国音乐美学史》（修订版），北京：人民音乐出版社，2004年版，第58页。

② 朱骏声：《说文通训定声》，北京：中华书局，1984年版，第37页。

③ 李纯一：《先秦音乐史》（修订版），北京：人民音乐出版社，2005年版，第110页。

夫有和、平之声，则有蕃殖之财。于是乎道之以中德，咏之以中音，德音不愆，以合神人，神是以宁，民是以听。若夫匮财用，罢民力，以逞淫心，听之不和，比之不度，无益于教，而离民怒神，非臣之所闻也。

可见"和""平"之声是目的，"中德"和"中音"分别是内容和技术。"中德"即中正之德，以"中德"和"中音"结合，就是所谓的"德音"。《乐记·乐象》："乐者，德之华也。"《乐记·乐施》："乐者，所以象德也。"又《乐记·魏文侯》记载，子夏在与魏文侯讨论何为"乐"时，指出"德音之谓乐"。这说明古人心目中理想的音乐，在内容上应为"中德"，在技术上应为"中音"。正如伶州鸠指出的那样，"若夫匮财用，罢民力，以逞淫心"，必将"听之不和，比之不度"。这里同样出现了"中"和"淫"，与《保训》所言的"中""淫"可以对应。

据《国语·周语下》记载，伶州鸠在论述琴、瑟、钟、磬和管乐器的宫调时说，要"大不逾宫，细不过羽。夫宫，音之主也，第以及羽"。这应是指以宫（大）、商、角、徵、羽（细）次第构成的五声音阶，而不应指乐器的音域范围。如果理解为低音不低于宫，高音不高于羽的音域上下限，恐与历史实际不符。仅就考古发现的西周晚期8件组合编钟而论，其音域达到3个八度，最低音为羽，已经"逾宫"；最高音为宫，已经"过羽"[①]。因此，伶州鸠所说的"大不逾宫，细不过羽"，应指乐器演奏须保持在五声之内，不能有所逾越。这当是"中"的音乐思想在音乐技术理论方面的体现。

从《吕氏春秋》（成书于公元前239年）的有关记载看，"中"的音乐思想在战国晚期依然具有影响。该书《适音》篇云：

何谓适？衷，音之适也。何谓衷？大不出钧，重不过石，小大、轻重之衷也；黄钟之宫，音之本也，清浊之衷也。衷也者适也，以适听适则和矣。

---

① 方建军：《商周乐器文化结构与社会功能研究》，上海音乐学院出版社，2006年版，第115～117页。

显然，"衷也者适也"，衷即适。"衷"与"中"古通用。① 因知《吕氏春秋》这段话也是宣扬"中"的音乐思想。其中的"大不出钧，重不过石"，见之于《国语·周语下》单穆公所说，即编钟的制作应大小适中。可见战国时期"中"的音乐思想，当承袭春秋时期发展而来。

据子思（公元前483年～公元前402年）《中庸》所说："喜怒哀乐之未发，谓之中；发而皆中节，谓之和；中也者，天下之大本也；和也者，天下之达道也。致中、和，天地位焉，万物育焉。"后来"中"又与"平""和"连用，如荀子（公元前313年～公元前238年）《乐论》说："乐中平则民和而不流。""故乐者，中和之纪也。"又荀子《劝学篇》云："乐之中和也。"这些言论表明，先秦音乐思想由早期的"中""平"或"中""和"相互独立，发展到后来的"中平"或"中和"相互结合，使音乐的形式和内容以及技术与目的融为一体。

总之，清华简《保训》篇显示，从尧、舜、禹到上甲微、商汤和周文王，都在传承着"中"的思想观念。早期"中"的思想，执两用中，求取中正之道，运用于治国理政之中。由于先秦时期乐与政通，所以受"中"的政治思想影响，"中"的音乐思想倡导用"中声"或"中音"的技术手段，达到音乐"和"的目的。"中"即适中，"淫"即过度，因此在求"中"之时，应记取"勿淫"。

《保训》篇还表明，"中"的音乐思想具有久远的历史根源。音乐思想里的"中"，应本自于政治思想里的"中"。"中"的音乐思想见之于医和、伶州鸠和《吕氏春秋》的论述，儒家学派的子思、荀子等则有所发挥，并与"平""和"的音乐思想相提并论。从此而看，"中"的音乐思想归属并非仅限于一家一派，而是在当时受到较为普遍的认可。

原载《中国音乐学》2016年第1期

---

① 宗福邦、陈世铙、萧海波：《故训汇纂》，北京：商务印书馆，2003年版，第2055页。

# 楚简"乐之百之赣之"试解

　　1994年河南新蔡葛陵发掘的一座楚墓，出土有一批战国中期的竹简，书写内容主要属于卜筮祭祷。① 在这批竹简之中，有一部分记录了祭祷时的用乐以及有关的仪式活动。概括起来，就是简文中出现的"乐之、百之、赣之"等文字。

　　葛陵楚简的这几个字词，曾经引起学者的热烈讨论，但异说纷呈，迄无定论。

　　"乐之"，意指奏乐献祭，各家并无不同看法。简文有时以"延钟乐之"代替，写明演奏的乐器是编钟。其中的"延钟"，陈伟和宋华强先生认为，应是李家浩先生所释信阳楚简和江陵天星观楚简的"前钟"②，即"栈钟"③，也就是编钟。④ 徐在国先生认为，"延"字不读为"前"，而应为"延"的本字，但可以与"栈"相通。⑤ 杨华先生也释为"延"，但认为与"前"可通。⑥ 何琳仪先生则释"延钟"为"县（悬）钟"⑦。罗新

---

① 河南省文物考古研究所：《新蔡葛陵楚墓》，郑州：大象出版社，2003年版。

② 李家浩：《信阳楚简"乐人之器"研究》，《简帛研究》第3辑，南宁：广西教育出版社，1998年版。

③ 《尔雅·释乐》："大钟谓之镛，其中谓之剽，小者谓之栈。"

④ 陈伟：《新蔡楚简零释》，《华学》第六辑，北京：紫禁城出版社，2003年版，第97页；宋华强：《新蔡简"延"字及从"延"之字辨析》，简帛网（http://www.bsm.org.cn/show_article.php?id=334），2006年5月3日。

⑤ 徐在国：《新蔡葛陵楚简札记》，《中国文字研究》第五辑，南宁：广西教育出版社，2004年版。

⑥ 杨华：《新蔡简所见楚地祭祷礼仪二则》，丁四新主编：《楚地简帛思想研究（二）》，武汉：湖北教育出版社，2005年版。

⑦ 何琳仪：《新蔡竹简选释》，《安徽大学学报（哲学社会科学版）》2004年第3期。

137

慧先生同意释为"延钟",认为与"行钟""走钟"相类①。

"百之"的"百",何琳仪先生释为"百钟"②。杨华先生以为"百"即《周礼·春官·肆师》的"表貉（貊）","应当是一种动作,即以十百倍之虔诚进行祭祷,而求十百倍之神佑"③。范常喜先生读"百"为"柏",意为"焚柏以祭"④。宋华强先生释"百"为"各","百之"即"请神灵来享受祭祷"⑤。何有祖先生将"百之"读为"祓之",指"在娱神的同时向神祈福以消除灾咎"⑥。罗新慧先生释"百"为"白",意为告白,"指向先祖、神灵禀告并祈祷"⑦。

"赣之"的"赣",竹简整理者原释"贡",指贡物献祭。宋国定、贾连敏和宋华强先生释为"赣",并据《说文》对此字的释义,理解为以歌舞娱神⑧。袁金平先生释为"侃",以为具有"侃喜"之意。⑨

今在上述研究成果基础上,提出一些陋见,向大家请教。

为叙说方便,还是先选择较具代表性的简文,将其抄录于下:

　　　☐戠牛,乐之。就祷户一羊,就祷行一犬,就祷门☐（甲三：56）

①　罗新慧:《释新蔡楚简"乐之,百之,赣之"及其相关问题》,《考古与文物》2008年第1期。

②　何琳仪:《新蔡竹简选释》,《安徽大学学报（哲学社会科学版）》2004年第3期。

③　杨华:《新蔡简所见楚地祭祷礼仪二则》,丁四新主编:《楚地简帛思想研究（二）》,武汉：湖北教育出版社,2005年版。

④　范常喜:《战国楚祭祷简"蒿之""百之"补议》,《中国历史文物》2006年第5期。

⑤　宋华强:《新蔡简"百之""赣"解》,《简帛》（第三辑）,上海古籍出版社,2008年版。

⑥　何有祖:《新蔡简"百之"试解》,简帛网（http：//www.bsm.org.cn/show_article.php?id=510）,2007年1月23日。

⑦　罗新慧:《释新蔡楚简"乐之,百之,赣之"及其相关问题》,《考古与文物》2008年第1期。

⑧　宋国定、贾连敏:《新蔡"平夜君成"墓与出土楚简》,《新出简帛研究》,北京：文物出版社,2004年版;宋华强:《新蔡简"百之""赣"解》,《简帛》（第三辑）,上海古籍出版社,2008年版。

⑨　袁金平:《新蔡葛陵楚简字词研究》,安徽大学博士学位论文,2007年。

☑钟乐之。举祷子西君、文夫人各哉牛馈，延钟乐之。定占之曰：吉。是月之☑（甲三：200）

☑乐之，百之，赣之。祝☑（甲三：298）

☑璧，以罷祷大牢馈，延钟乐之，百之，赣。鹽犍占之曰：吉。既告，且☑（甲三：136）

☑举祷于昭王大牢，乐之，百，赣。☑（乙二：1）

[百]之，赣，乐之。辛酉之日祷之。☑（甲三：46）

☑祷于文夫人，剨牢，乐且赣之。举祷于子西君，剨牢，乐☑（乙一：11）

☑[昭]王大牢，百之，赣。壬辰之日祷之。☑（零：40）

文夫人，举祷各一佩璧。或举祷于盛武君、令尹之子璬，各大牢，百☑（乙一：13）

从上揭简文可以看出，"乐""百""赣"三者的出现有 5 种不同的形式：

一、仅有"乐之"或"延钟乐之"，无"百之""赣之"。

二、"乐之""百之""赣之"依次出现。"乐之"有时为"延钟乐之"，"百之""赣之"或简写为"百""赣"。

三、以"百之""赣""乐之"为序出现，如简甲三：46，第 1 字"之"前应为"百"，但属上一简。

四、仅有"乐""赣"，无"百之"，如简乙一：11"乐且赣之"，实即"乐之""赣之"的合称。

五、只有"百之""赣"，无"乐之"。

上引最末一简（乙一：13），仅有"百"，其后所缺 1 字应为"之"。但由于简文未完，不知与此简相连的下简内容，所以还不能认定它就是只有"百"或"百之"，而没有"乐"或"赣"。因此，仅有"百之"的简文形式是否确实存在，尚需有关竹简的编联研究。

通观各简，可知祭祀与占卜是并存的。简文既包括祭祷对象，如昭王、文夫人、子西君等；也有祭祀用牲，如羊、犬、牛等，且为规格较高的"太牢"；还有举祷仪式时的用璧。可以相信，"乐之、百之、赣之"都是祭祀仪式中的行为，必有其自身的特定功能。但是，这三者在仪式中出现的先后顺序并无严格规定，而且不一定同时出现，有时还会缺少其中的一项。比较而言，"乐之"出现的频率最高，表明祭祷时基本都有奏乐。

"乐之"或"延钟乐之"，其中的"乐"为动词，"之"为代词，用来指代致祭的对象。天星观楚简云："与祷巫猎灵酒，前钟乐之。"① 或以为"前钟"的"前"与"延钟"的"延"为同一个字，② 是有道理的。如此看来，"前钟"就是"延钟"。《诗经·周南·关雎》："窈窕淑女，钟鼓乐之。"《乐记·乐本》："比音而乐之。""乐"的用法均与葛陵楚简相类。从简文内容看，"乐之"即以音乐表演作为祭祷仪式中的程序和行为，并以此为媒介，来娱悦神灵或祖先等。

绎读简文，可知"乐之"只是一种概称，而"延钟乐之"则具体到所奏乐器。"延钟"的"延"字，应训为"陈"。《尔雅·释诂上》："延，陈也。"《国语·晋语七》："使张老延君誉于四方。"韦昭注云："延，陈也。"因此，"延钟"就是"陈钟"。《楚辞·招魂》："陈钟按鼓，造新歌些。"《楚辞·九歌·东皇太一》："陈竽瑟兮浩倡。"王逸注："陈，列也。"可见"陈钟"就是将钟予以陈设编列，"陈竽瑟"就是将竽瑟这两种乐器安置陈设。"陈"的这种用法并非仅限于楚国，如《周礼·春官·典庸器》说："及祭祀，帅其属而设笋虡，陈庸器。飨食宾射亦如之。"由此足见，"延钟乐之"，就是将编钟陈列编悬，以便在祭祷时奏乐。

须要指出，"延钟乐之"并不一定说明祭祷用乐只奏编钟，这里尚不能排除演奏其他乐器的可能。毋庸置疑，编钟确实是祭祀用乐的重要乐器，有时或许仅演奏钟类乐器即可。如中国南方出土的青铜乐器镈，多单个发现于山川丘陵地带或河谷之畔，一般认为它用于祭祀时的演奏，之后便在仪式现场予以埋藏。不过，从考古发现观察，祭祀时用来演奏的乐器除编钟外，通常还有编磬，以及一些管乐器和弦乐器等。即以楚墓为例，如出有卜筮简的天星观一号楚墓，虽然遭受盗掘，但还是出土了编钟、编磬、鼓、笙、瑟等乐器。③ 葛陵楚墓仅出有一件钮钟，如非严重被盗，所

---

① 滕壬生：《楚系简帛文字编》，武汉：湖北教育出版社，1995年版，第1002页。

② 罗新慧：《释新蔡楚简"乐之，百之，赣之"及其相关问题》，《考古与文物》2008年第1期。

③ 湖北省荆州地区博物馆：《江陵天星观一号楚墓》，《考古学报》1982年第1期。

出乐器绝不仅此1件。有关祭祀奏乐的文献记载也能说明所奏乐器有多种，这里不再详举。因此，"延钟乐之"，当是突出了礼乐重器编钟的显赫，实际演奏乐器恐不只此1种。

"百之"的"百"应为动词，我揣想"百"或可释为"百礼"。《诗经·宾之初筵》："籥舞笙鼓，乐既和奏。烝衎烈祖，以洽百礼。百礼既至，有壬有林。"这里的"百礼"之"百"并非实数，而是用于表示礼仪的繁多。我们知道，先秦时期礼乐并重，礼和乐相须为用，不可分割。因此，祭祀时与奏乐联系在一起的仪式活动便包括礼。由此而看，葛陵楚简中的"百之"，就是在祭祀时施以"百礼"。

按照这样的想法，"百礼"还可引申为"百神"，即行百礼以祭百神。《礼记·祭法》："有天下者祭百神。"《国语·周语中》："以供上帝山川百神。"韦昭注："百神，丘陵坟衍之神也。"西周金文屡见"百神"，如宗周钟铭文云："惟皇上帝百神。"伯簋铭文云："其日夙夕用厥馨香典祀于厥百神。"① 所言均与祭祀有关。

"赣之"的"赣"也是动词，宋国定等先生释为以歌舞娱神，颇具启发意义。我认为，"赣"应读为"干"。"干"也写作"乾""幹""榦"，均与"赣"字形近。"干"的上古音为见母元韵，"赣"为见母谈韵，二字双声，音近可通。

典籍常以"干""戚"等舞具来指代"舞"，例如：

然后钟磬竽瑟以和之，干、戚、旄、狄以舞之。此所以祭先王之庙也，所以献酬酳酢也，所以官序贵贱各得其宜也，所以示后世有尊卑长幼之序也。（《乐记·魏文侯》）

比音而乐之，及干、戚、羽、旄，谓之乐。（《乐记·乐本》）

钟鼓干戚，所以和安乐也。（《乐记·乐本》）

然后发以声音而文以琴瑟，动以干戚，饰以羽旄，从以箫管，奋至德之光，动四气之和，以著万物之理。（《乐记·乐象》）

干戚之舞，非备乐也。（《乐记·乐礼》）

---

① 李学勤：《文物中的古文明》，北京：商务印书馆，2008年版，第289～294页。

由此看来，"干"可以是"舞"的代称，"干之"就是"舞之"。

如上所说，简文"延钟乐之"，是用编钟这种重要的礼乐器来表示奏乐。同样，简文也用"干"这种重要的舞具来表示舞蹈。以"干"这个字来表示"舞"，与以"百"和"乐"来表示"礼"和"乐"，用法是相同的。

先秦时期，有乐即有舞，二者相互结合，密不可分。在祭祀仪式当中，自然也是乐舞并举。如殷商甲骨文就有占卜求雨时的奏乐与舞蹈：

> 丙辰卜，贞今日奏舞，有从（纵）雨。（《合集》12818）
>
> 庚寅卜，辛卯奏舞，雨。
>
> □辰奏［舞］，雨。
>
> 庚寅卜，癸巳奏舞，雨。
>
> 庚寅卜，甲午奏舞，雨。（《合集》12819）
>
> 戊申卜，今日奏舞，有从雨。（《合集》12828）
>
> ……舞……雨，庸。（《合集》12839）①

卜辞的"奏舞"，与简文"乐且赣之"相类。最末一条卜辞，除"舞"之外，还有铜制击奏钟类乐器"庸"。"舞"与"庸"并称，类于简文中的"赣"和"钟"。

以乐舞应用于祭祀仪式，在周代较为普遍，如《周礼·春官·大司乐》云：

> 以六律、六同、五声、八音、六舞大合乐，以致鬼神示……乃分乐而序之，以祭，以享，以祀。乃奏黄钟，歌大吕，舞《云门》，以祀天神。乃奏太蔟，歌应钟，舞《咸池》，以祭地示。乃奏姑洗，歌南吕，舞《大韶》，以祀四望。乃奏蕤宾，歌函钟，舞《大夏》，以祭山川。乃奏夷则，歌小吕，舞《大濩》，以享先妣。乃奏无射，歌夹钟，舞《大武》，以享先祖。

---

① 郭沫若主编：《甲骨文合集》，北京：中华书局，1978～1983 年版；胡厚宣主编：《甲骨文合集释文》，北京：中国社会科学出版社，1999 年版。

　　楚国盛行巫乐，乐舞为祭祀仪式所必备。如《吕氏春秋·侈乐》说："楚之衰也，作为巫音。"又《九歌》王逸注云："昔楚国南郢之邑，沅湘之间，其俗信而好祠。其祠，必作歌乐鼓舞以乐诸神。"由此可见，将葛陵楚简中的"赣"读为"干"，并以之作为"舞"的代称，与祭祀仪式时的乐舞表演也是相符的。

　　综上所述，葛陵楚简中记录的"乐之、百之、赣之"，应是祭祷仪式的3个环节，属于仪式程序的重要组成部分。"乐之"就是奏乐祭神。"延钟乐之"即陈列编钟以奏乐祭神。"百之"即行百礼以祭百神。"赣"读为"干"，应为"舞"的代称，"赣之"即"舞之"。所谓"乐之、百之、赣之"，就是以乐舞表演和礼仪活动来取悦神灵，并求得仪式的灵验性，从而达到人神沟通的功效。

原载《中国音乐学》2011年第3期

# 秦简《律书》生律法再探

　　1986 年甘肃天水放马滩一号秦墓出土的战国晚期竹简《日书》分为甲、乙两种。乙种《日书》除重复甲种内容外，还包含音律与五行、时辰、术数、占卜等的记述，其中专论五音十二律相生之法及十二律律数的部分，被发掘整理者定名为《律书》，并于 2009 年印行的《天水放马滩秦简》一书全文发表。①

　　1989 年，何双全先生首次公布了秦简《律书》的部分资料，并作有很好的论述。② 后来，我在探索先秦十二律名的形成，以及秦音乐文化的发展历史时，指出放马滩秦简《律书》的生律法与《吕氏春秋》属于同一系统。③ 进入 21 世纪，秦简《律书》引起更多学者的关注，如戴念祖、谷杰、陈应时、修海林、杨善武、程少轩、蒋文等先生均有深入研究。④ 今

---

　　① 甘肃省文物考古研究所编：《天水放马滩秦简》，北京：中华书局，2009 年版。

　　② 何双全：《天水放马滩秦简综述》，《文物》1989 年第 2 期。

　　③ 方建军：《先秦文字所反映的十二律名称》，《中央音乐学院学报》1990 年第 4 期；《从乐器、音阶、音律和音乐功能看秦音乐文化之构成》，《中国音乐学》1996 年第 2 期。

　　④ 戴念祖：《试析秦简〈律书〉中的乐律与占卜》，《中国音乐学》2001 年第 2 期；《秦简〈律书〉的乐律与占卜》，《文物》2002 年第 1 期；谷杰：《从放马滩秦简〈律书〉再论〈吕氏春秋〉生律次序》，《音乐研究》2005 年第 3 期；陈应时：《再谈〈吕氏春秋〉的生律法——兼评〈从放马滩秦简〈律书〉再论〈吕氏春秋〉生律次序〉》，《音乐研究》2005 年第 4 期；修海林：《先秦三分损益律生律方法的再认识——谈"先益后损""先损后益"两种生律方法的并存》，《音乐研究》2008 年第 5 期；杨善武：《〈吕氏春秋〉先益后损生律的确定性》，《音乐研究》2009 年第 4 期；程少轩、蒋文：《放马滩简〈式图〉初探（稿）》，复旦大学出土文献与古文字研究中心网站 2009 年 11 月 6 日（http：//www.gwz.fudan.edu.cn/SrcShow.asp?Src_ID = 964）；程少轩：《放马滩简式图补释》，复旦大学出土文献与古文字研究中心网站 2010 年 3 月 30 日（http：//www.gwz.fudan.edu.cn/SrcShow.asp?Src_ID = 1120）。

在学者工作基础上，重新绎读秦简《律书》，并就其中的生律法问题再做一些探讨，向大家请教。

《律书》的每支竹简均自上而下单行竖写，每行文字若内容有别，则以一定间距或以"·""＝"符号隔开，彼此形成独立的语句。从竹简内容及编次观察，一些简可以构成较为规整的横排。如果自右至左横排阅读，可以看出不少简文都是依照五音、十二律、时辰、术数，五行等的次序来编排，具有内在的逻辑关联。因此，阅读放马滩秦简《律书》，需要从书写方向和编排顺序纵横兼顾。

先看秦简《律书》中有关十二律生律法的记述：

黄钟下生林钟；（179 第 5 排）

林钟生大（太）簇；（180 第 5 排）

大（太）簇生南吕；（181 第 5 排）

南吕生姑洗；（182 第 5 排）

姑洗生应钟；（183 第 5 排）

应钟生蕤宾；（184 第 5 排）

蕤宾生大吕；（185 第 5 排）

大吕生夷则；（186 第 5 排）

夷则生夹钟；（189 第 5 排）

夹钟生毋（无）射；（188 第 5 排）

（187 残缺）

所述最适宜与《吕氏春秋·音律篇》做出比较，吕书云：

黄钟生林钟，林钟生太簇，太簇生南吕，南吕生姑洗，姑洗生应钟，应钟生蕤宾，蕤宾生大吕，大吕生夷则，夷则生夹钟，夹钟生无射，无射生仲吕。三分所生，益之一分以上生；三分所生，去其一分以下生。黄钟、大吕、太簇、夹钟、姑洗、仲吕、蕤宾为上；林钟、夷则、南吕、无射、应钟为下。

二者的生律次序完全相同，唯《律书》缺少写有"无射生仲吕"的一支简。因简 187 残缺，故不知其是否抄写有"无射生仲吕"，但这并不影响对简文做整体性判断。

秦简《律书》明确指出"黄钟下生林钟"，说明秦简所述十二律的生律法是先下生而后上生，亦即"先损后益"。由此可以推知，《吕氏春秋》所述十二律的生律法亦当为"先损后益"，谷杰先生的意见是正确的。①《吕氏春秋》所言"林钟"等律"为下"，当即下生所得，其义与秦简相同。由此足见，秦简《律书》与《吕氏春秋》的生律法确属同一理论体系。

据放马滩一号秦墓所出《志怪故事》简文，墓葬的年代应为秦王政八年，即公元前 239 年，《律书》的抄写年代应略早于墓葬年代。②《吕氏春秋》乃秦相吕不韦主持编撰，成书于公元前 239 年。秦简《律书》与《吕氏春秋》同属秦国著作，撰写年代相当或相近，因此它们具有相同的生律法也就不以为奇了。

如同《吕氏春秋》那样，放马滩简还述及三分损益生律法，并标明下生或上生的律位数目，如简 169 云：

> 下八而生者，三而为二；上六而生者，三而为四。③（169 下）

这句话的意思是，往下 8 个律位生律，三分损一；往上 6 个律位生律，三分益一。例如，从黄钟下生林钟，正好是 8 个律位，即"下八而生"。而从林钟上生太簇，则恰好是 6 个律位，属"上六而生"。这支简整理者归入《星度》章中，实际按内容应属《律书》。

更为重要的是，秦简《律书》还详记十二律各律的律数，并且由低到高，依次列出：

---

① 谷杰：《从放马滩秦简〈律书〉再论〈吕氏春秋〉生律次序》，《音乐研究》2005 年第 3 期。

② 甘肃省文物考古研究所编：《天水放马滩秦简》，北京：中华书局，2009 年版，第 128～129 页。

③ 本简"六"字原释"北"，不确。程少轩和蒋文先生释为"六"，甚是，今从之。

　　黄钟八十一，课山。（179 第 6 排）

　　大吕七十六，□山。（180 第 6 排）

　　大（太）簇七十二，参阿。（181 第 6 排）

　　夹钟六十八，参阿。（182 第 6 排）

　　姑洗六十四，阳谷。（183 第 6 排）

　　中（仲）吕六十，俗山。（184 第 6 排）

　　蕤宾五十七，蠠都。（185 第 6 排）

　　林钟五十四，俗山。（186 第 6 排）

　　（187 残缺）

　　南吕卌八，俗山。（188 第 6 排）

　　毋射卌五，昏阳。（189 第 6 排）

　　应钟卌三，并阆。（190 第 6 排）

　　这些律数不见于《吕氏春秋》。除夷则的律数因 187 简残缺而不知外，其余各律的律数在西汉时期成书的《淮南子·天文训》中均有记载。二者只有应钟律数略有差异，秦简《律书》为 43，《淮南子·天文训》为 42，《律书》所取为约数。由《天文训》可知，《律书》所缺的夷则律数为 51。又从林钟的律数为 54 看，益证其为"先损后益"的"下生"所得。

　　据《淮南子·天文训》，黄钟的大数是 177147。秦简《律书》也载有十二律各律的大数，仍是自低至高，依次排列：

　　黄十七万七千一百卌七，上□。（194 下）

　　大吕十六万五千百八十八，下□。（195 下）

　　……四百六十四，下南吕。（196 下）

　　夹十四万七千四百五十六，下卌（无）射。（197 下）

　　姑先（洗）十三万九千九百六十八，下应。（198 下）

　　中吕十三万一千七十二，下生黄。（199 下）

　　蕤宾十二万四千四百一十六，上大吕。（200 下）

　　林钟十一万八千九十八，上大（太）族（簇）。（201 下）

　　夷则十一万五百九十二，上夹。（202 下）

南吕十四万四千九百七十六，上姑。（203 下）

毋（无）射九万八千三百四，上中（仲）吕。（204 下）

应钟九万三千三百一十二，上蕤。（205 下）

简文先记写各律的大数，然后再述说由本律上生或下生的他律，律名
或整或简，但其义一目了然。其中大吕的律数有漏抄，应为165888。简
196 应为太簇的律数，但文字有缺损，其律数应为157464。南吕的律数衍
一"四"字，实应为104976。简 194 下的"上□"应为"上林"，简 195
下的"下□"应为"下南"。

但是，从上引《律书》看，简 194 的"上林"应为"下林"，"上"
或为"下"之误书。① 因为秦简《律书》已明示"黄钟下生林钟"，而简
201 所写林钟的律数为118098，所以不可能是上生所得。另外，本简林钟
律数之后又说"上（生）太簇"，故由黄钟上生林钟，继而再由林钟上生
太簇的可能应予排除，这种"林钟重上生"的方法应是不存在的。

这里须要特别提出并讨论的，是编号为 193、199 和 333 的 3 支竹简。

简 193 云：

黄钟以至姑先皆下生，三而二；从中（仲）吕以至应钟皆上
生，三而四。

这是说，从黄钟到姑洗五律均往下生律，三分损一；从仲吕到应钟七律均
往上生律，三分益一。进一步说明了秦简《律书》是三分损益生律体系。
应予注意的是，193 简明确指出仲吕也要上生。我们知道，仲吕上生后即
返回黄钟，但却不能回到黄钟的初始律数，而是高出黄钟一个"古代音
差"，即 24 音分。

仲吕能够上生的说法，还可从《律书》简 199 加以推求。这支简分为
上、下 2 句，上句简文不清，有缺释；下句简文为：

中吕十三万一千七十二，下生黄。

---

① 细审发表的竹简照片，这两个字模糊难辨。

据简 193 文义推知，此处的"下生"当为"上生"之误。① 这样，仲吕即可按顺序向上生出黄钟，并可继续沿用三分损益法复生各律。

还有一支简，编号为 333，发掘整理者归入《问病》章。此简分上、中、下 3 句，上句所缺文字较多，中、下句完整，文曰：

> 生黄钟，置一而自十二之上三益一，下三夺一。（以上中句）
> 占复。（以上下句）

这是说，将黄钟作为第一律，从第十二律开始，往上生时，三分益一；往下生时，三分损一。这不仅阐明了三分损益生律法，而且指出在十二律之后，还可继续沿用此法上下相生。

《淮南子·天文训》说："律之数六，分为雌雄，故曰十二钟，以副十二月。十二各以三成，故置一而十一三之，为积分十七万七千一百四十七，黄钟大数立焉。"上引放马滩简 333 与《天文训》"置一而十一三之"的表述方式略似，但文义相异。又《史记·律书·生钟分》云"生黄钟术曰：以下生者，倍其实，三其法；以上生者，四其实，三其法。……置一而九三之以为法"，也与放马滩简 333 的表述方式相似，但文义仍不相同。

上面有关 3 支竹简文字的讨论，容易使人联想到西汉京房（公元前 77～公元前 37 年）所创的六十律理论。京房的六十律，就是在运用三分损益法生出十二律之后，继续依此法生律，直至六十律。《后汉书·律历志》在描述六十律时说："是故十二律之得十七万七千一百四十七，是为黄钟之实。又以二乘而三约之，是为下生林钟之实。又以四乘而三约之，是为上生太簇之实。推此上下，以定六十律之实。"同书又说京房六十律相生之法为"以上生下，皆三生二。以下生上，皆三生四。阳下生阴，阴上生阳。终于中吕，而十二律毕矣。中吕上生执始，执始下生去灭；上下相生，终于南事，六十律毕矣"。可见六十律就是在仲吕之后再上生"执始"，继而下生"去灭"，如此上下相生，以至第六十律"南事"。

如果以上对放马滩秦简的理解不误，那么关于六十律律制的理论探索，可能在战国晚期的秦国已经萌生。虽然在秦简《律书》中还看不到完

---

① 竹简照片字迹漫漶，看不清是"上"还是"下"。

整的六十律文字，但其在十二律之后仍可继续生律的义涵已经存在。由此看来，秦简《律书》在一定程度上已为六十律的产生做出了理论准备。

除十二律之外，秦简《律书》还有关于五音的记述。由于五音与十二律关系密切，这里也连带加以讨论。

先将《律书》中有关五音的简文抄录于下：

宫一，徵三，栩五，商七，角九。（176下）
平旦九徵水；（179第3排）
日出八宫水；（180第3排）
蚤食七栩火；（181第3排）
莫食六角火。（182第3排）
日中五宫土；（184第3排）
西中九徵土；（185第3排）
昏市八商金；（186第3排）
莫中七羽金；（187第3排）
夕中六角水。（188第3排）

五音之中，羽也写作“栩”。从简184至188不难看出，五音和五数的排列顺序为：

宫 徵 商 羽 角
五 九 八 七 六
土 土 金 金 水

由此可知，简176“栩五，商七”当系“商五，栩七”的误抄。简180的“日出八宫水”，经检视竹简照片，“宫”字十分模糊，疑当为“日出八商水”。这样，简179至182五音及五数的排列形式，除缺少“宫”和“五”之外，其余与简184至188全部相同。

上列秦简《律书》五音的排次，不是由低到高的宫、商、角、徵、羽，而是五度相生的宫、徵、商、羽、角。按秦简《律书》和《吕氏春秋·音律篇》的生律次序，十二律的前五律为黄钟、林钟、太簇、南吕、姑洗，恰好是以黄钟为宫构成的五音，其排次为宫、徵、商、羽、角。说明秦简《律书》五音的产生，是按生律次序获得的。

《吕氏春秋·圜道》云：

> 今五音之无不应也，其分审也。宫、徵、商、羽、角各处其处，音皆调均，不可以相逼，此所以无不受也。

可见秦简《律书》五音的产生次序，与《吕氏春秋》也是相同的，即均为宫、徵、商、羽、角。这在《淮南子·天文训》里表述为"宫生徵，徵生商，商生羽，羽生角"；在《史记·律书·生钟分》里表述为"商八，羽七，角六，宫五，徵九……故曰：音始于宫，穷于角。"并且，《史记·律书·生钟分》的五音，分别对应于数字五、九、八、七、六，与秦简《律书》五音与五数的配列是相同的。

不过，从《律书》简176看，还有另一种五音与五数的对应形式，即：

> 宫 徵 商 羽 角
> 一 三 五 七 九

而《管子》幼官篇和地员篇，以及《吕氏春秋》十二纪中五音与五数、五行的相配形式，也与秦简《律书》有所不同，① 可见古代五音与五数、五行之间，在对应形式上并无一定。现在的问题是，秦简《律书》的五音，是先上生还是先下生？换言之，是先损还是先益？众所周知，有关五音产生的最早文献，当属战国时期（约公元前4世纪）成书的《管子·地员篇》，其文如下：

> 凡将起五音，凡首，先主一而三之，四开以合九九，以是生黄钟小素之首，以成宫。三分而益之以一，为百有八，为徵。不无有三分而去其乘，适足以是生商。有三分而复于其所，以是成羽。有三分去其乘，适足以是成角。

---

① 陈应时：《五行说和早期的律学》，《音乐艺术》2005年第1期。

五音的生律次序同为宫、徵、商、羽、角，但它是先上生而后下生，先益而后损。

如上所述，秦简《律书》以三分损益法产生的十二律，是先下生而后上生，即"先损后益"。而五音的产生，在律序和律位上属于十二律的前五律。既然五音与十二律同属秦简《律书》系统，其生律次序也应相同，即均为先下生而后上生，"先损后益"。这种生律法也见于《史记·律书·律数》记载：

> 九九八十一以为宫。三分去一，五十四以为徵。三分益一，七十二以为商。三分去一，四十八以为羽。三分益一，六十四以为角。

两种不同的生律方法，所构成的五声音阶也不一样。《管子·地员篇》为徵、羽、宫、商、角；秦简《律书》和《史记·律书·律数》为宫、商、角、徵、羽。前者是五声徵调，后者为五声宫调。

综上所述，秦简《律书》的五音十二律，均由三分损益生律法以"先损后益"生成。据《律书》透露出的信息，对于六十律律制的理论探索，可能在战国晚期已经萌生。以往所知，十二律的律数和大数最早见于两汉文献，而秦简《律书》有关律数和大数的记述，则表明十二律生律法理论在战国晚期已经相当完备。

据《国语·周语下》记载，公元前522年，周朝即已应用传统的十二律名。然而，从曾侯乙编钟乐律铭文看，在战国早期之时（公元前433年），曾国与周、楚、晋、齐、申等国的律名尚未统一①。由秦简《律书》可知，秦国的十二律名当袭用周制，而秦国的十二律相生之法，以及有关的律数和大数等，也为后世广为传布。秦国对于中国古代音律理论的贡献，于秦简《律书》中得到了具体而确实的反映。

原载《黄钟》2010年第4期

---

① 湖北省博物馆：《曾侯乙墓》，北京：文物出版社，1989年版，第532～582页。

# 古代音乐史研究

# 试说周朝的黄钟律高

中国古代历朝的黄钟律高与当时的音乐实践乃至度量衡等关系密切，故向来受到重视。1931 年，王光祈撰作《中国音乐史》，在"黄钟长度与律管算法"一节，讲述他本人及西方学者对周朝和汉代黄钟律高的研究，其中包括黄钟为 $c^1$、$^\#e^1$、$e^1$、$f^1$ 和 $^\#f^1$ 等不同音高。[①] 综观其研究方法，都是以古代典籍记载的黄钟尺度为据，通过运算及律管制作实验来获取数据。继王氏著作之后，学术界有关论作踵出不绝，但研究方法大致循此，且所得黄钟律高基本在此范围之内，只是由于律管的开管或闭管的缘故，黄钟的音高组别有异。[②]

但是，古代典籍所载黄钟律管长度不一，《吕氏春秋·古乐篇》为三寸九分，《淮南子·天文训》为九寸，《史记·律书》则为八寸十分一（或谓八寸七分一）。并且，文献记载尚缺乏黄钟律管的管径尺度。在这样的情形下，目前的研究可谓异说纷呈。大家所依据的文献记载，除《吕氏春秋》外，其余多为汉代史籍。因此，依据后世文献来推算周朝黄钟律高，尚不具备完全可靠的研究条件。

1978 年，曾侯乙编钟及有关乐律铭文发现，周朝的黄钟律高问题再度引发学者的关注和讨论。黄翔鹏先生根据曾侯乙编钟乐律铭文及音高测定，推导出周王室黄钟的律高应在 A 的位置。[③] 之后学者多从其说，但近来也有人表示怀疑。[④] 周朝的黄钟律高究竟为何，看来还需做进一步探讨。

---

[①] 王光祈：《中国音乐史》，桂林：广西师范大学出版社，2005 年版，第 25～41 页。

[②] 如杨荫浏先生在《中国古代音乐史稿》中指出黄钟"比现在的 $f^2$ 略低"（北京：人民音乐出版社，1981 年版，第 87 页）。这方面的著述较多，此处不能详举。

[③] 黄翔鹏：《曾侯乙钟磬铭文乐学体系初探》，《音乐研究》1981 年第 1 期。

[④] 详参下文所引夏季、陈其翔先生论作。

这里先来检视曾侯乙编钟的乐律铭文及有关的测音结果。①

曾侯乙编钟 C·65·上·二·6 钟铭"黄钟之宫",测定音高为 ${}^{\#}G_4$。由此可知,曾国的黄钟律高为 ${}^{\#}G$ 无疑。曾国黄钟的 ${}^{\#}G$,还可由曾侯乙编钟乐律铭文的相互关系,以及编钟的测音结果得到验证。如 C·65·下·一·3 钟铭文"黄钟之商角",音高测定在 $D_2$。按照黄钟音高在 ${}^{\#}G$ 的位置,黄钟均商音上方大三度的商角恰为 $D_2$。

曾侯乙编钟 C·65·下·二·3 铭文:"应音之宫,应音之在楚为兽钟,其在周为应音。"可见"应音"这一律名为曾、周所共用。据音高测定,此钟发音为 ${}^{\#}G_3$。曾钟 C·65·上·二·3 铭文"应音之宫",测定音高为 ${}^{\#}G_5$。十分明显,曾国的"应音"与黄钟律高相同,但并不一定是黄钟的高八度专名,即所谓黄钟之"半(反)"。曾侯乙编钟之中,具有相同律高但不同律名者尚有太簇和穆音,无射和嬴嗣,它们是否为倍半关系,目前也不能确定。

除"应音"之外,曾侯乙编钟铭文还出现"应钟"律名,但较之 16 处"应音"律名,"应钟"仅出现了 2 次,如 C·65·下·二·1 钟铭:"应钟之变宫。"据测定,此钟音高为 $G_3$,比黄钟或应音低一律即半音,正处于以应音(黄钟)为宫的变宫位置。又如 C·65·中·三·6 钟铭:"应钟之徵角。"据测定,此钟音高为 $G_4$,正处于以应音(黄钟)为宫的徵角(徵的上方大三度)位置。由于"应音"和"应钟"与黄钟律高相同,即均为 ${}^{\#}G$,所以"应钟"或即"应音"的别名。

大家知道,文献记载的周朝"应钟",在律序上比黄钟低一律,而曾侯乙编钟"应钟"的音高为 ${}^{\#}G$,因此,黄翔鹏先生推断周王室黄钟律高应在 A 的位置。

通观曾侯乙编钟乐律铭文,可以看出曾国的律名体系,主要是周、楚律名的借用与合成,铭文只是阐述了曾国与周、楚、晋、齐、申等国律名的异同及对应关系,所谓"妥宾之在楚号为坪皇""姑洗之在楚号为吕钟"云云,指的是律名的不同称谓,实际上并未说明这些相异律名或相同律名在不同国家的音高标准是否相同。比如,曾国的黄钟与楚国的兽钟同律

---

① 湖北省博物馆:《曾侯乙墓》,北京:文物出版社,1989 年版。本文所引曾侯乙编钟铭文及测音资料均出自该书,不再一一注明。

位，其音高同为♯G，但楚国兽钟是否就是本国的黄钟标准音，由于楚国十二律名与传统的周朝十二律名均不相同，故目前尚难做出准确判断。其他国家的情况也当如此。

夏季先生以周代尺度为23.1cm，并根据径三分长九寸，计算出东周黄钟律管的频率为773.85Hz，发音为♯$f^2$+78。他认为，这个计算音高与从曾侯乙编钟推知的黄钟音高相差甚远，曾侯乙编钟的"应音"并非"应钟"，而是曾国律名。[①]

陈其翔先生认为，周王室的黄钟起初和应音属于同一律，即均为G音。后来，周王室黄钟与应钟两律分开，应钟为G音，黄钟为♭A音。曾国乐师并不清楚，周王室的黄钟和应钟两个律名已分成两个不同音高，因此与周王室律名对比时造成混乱现象。这是曾国乐师错用名称，不能由此得出周王室黄钟比曾国应音高一律，即为A音。[②] 简而言之，陈先生的观点是，周朝的黄钟律高，经过由G到♭A的演变，实际上曾、周黄钟律高是相同的。

上面已经谈到，"应音"是曾、周共用律名，它与"应钟"同律位、同音高，因而目前尚不能排除"应音"或"应钟"与周朝的关系。不过，如前所述，曾侯乙编钟乐律铭文只是表述各国律名的不同称谓，至于黄钟的音高标准，并未标明各国之间的异同。因此，周朝的黄钟律高，目前还难以从曾侯乙编钟及有关测音予以推断。战国早期，各国十二律名尚未统一，黄钟律高标准也不会一模一样。从历史发展来看，一个国家或一个地区的黄钟律高在不同历史时期发生一定的变化，是有可能的。

20世纪30年代前后，河南洛阳金村古墓出土了大量精美文物，其中即包括乐器编钟和编磬。值得重视的是，金村古墓出土的编磬，上面铭刻有一些律名。但可惜的是，目前仅有3件编磬藏于北京故宫博物院，其余均下落不明。现存的3件磬，一件刻铭"介钟右八"，1件刻铭"古先右六"，第3件刻铭"古先齐屖左十"。磬铭中的"介钟"即"夹钟"，"古先"即"姑洗"。金村的墓葬，起初有学者认为是韩墓，后来经过进一步

---

① 夏季：《中国古代早期管乐器及黄钟律管研究》，中国科学技术大学博士学位论文，2006年版，第55页。

② 陈其翔：《音律学基础知识问答》，北京：人民音乐出版社，2008年版，第158页。

研究，确定其为东周墓葬，国别属于周。[1] 金村墓葬曾出有著名的屬氏编钟，前人考订其年代在周威列王二十二年（公元前 404 年）。[2] 观察编磬的形制，属于战国时期通行的倨背、凹底的凸五边形磬。这些磬虽不知出于哪座墓，但其年代可参考编钟大致定在战国前期。由此看来，金村古墓编磬的时代，应与曾侯乙墓编磬的时代（公元前 433 年）比较接近。

李纯一先生曾对金村编磬做过测音，其中"介钟右八"磬的音高为 $G_6$ +32，"古先右六"磬的音高为 $^\sharp G_6$ +8，另一件"古先齐屋左十"磬因断裂未予测音。[3] 显而易见，夹钟与姑洗的发音，为小二度音程关系，它们在律序上为相邻二律，磬的音高正好与此相符。由夹钟前推三律至黄钟，可知黄钟的音高在 $E_6$ 的位置。由此判断，东周早期周朝的黄钟律高应为 E。从测音结果看，这个黄钟位于小字三组的 $e^3$，音区恐嫌过高。至于它的绝对音高到底是小字一组的 $e^1$，抑或是小字二组的 $e^2$，还有待进一步探究。

1979 年，陕西扶风南阳豹子沟出土西周晚期宣王时期的南宫乎钟一件，[4] 其甬部铭文云："司徒南宫乎作大林协钟，兹名曰无射钟。"这里，"无射"为律名是没有问题的。据《左传》定公四年（公元前 506 年）记载，"昔武王克商，成王定之……分康叔以大路、少帛……大吕……分唐叔以大路、密须之鼓、阙巩、沽洗。"其中的"大吕"和"沽（姑）洗"，杜预《注》云："钟名。"说明周初分封给康、唐二叔的器物，有以律名命名的编钟，这和南宫乎钟所称"无射"情形略同。

据《中国音乐文物大系·陕西卷》的测音结果[5]，南宫乎钟的音高为：正鼓音 $B_4$ +27；侧鼓音 $D_5$ +27。正、侧鼓音为小三度音程关系。

学者熟知，中原地区出土的西周晚期成组编钟，从第 3 件起，在右侧鼓部都有 1 个小鸟纹之类的装饰纹样，以作为此处可发第 2 基音的标志。南宫乎钟的右侧鼓也有这类的装饰纹样，测音结果表明它为双音编钟。因

---

① 李学勤：《东周与秦代文明》，上海人民出版社，2007 年版，第 22 页。

② 温廷敬：《屬羌钟铭释》，《史学专刊》第 1 卷第 1 期，1935 年，第 196～197 页。

③ 李纯一：《中国上古出土乐器综论》，北京：文物出版社，1996 年版，第 57 页。

④ 罗西章：《扶风出土的商周青铜器》，《考古与文物》1980 年第 4 期，第 6～22 页。

⑤ 方建军主编：《中国音乐文物大系·陕西卷》，郑州：大象出版社，1996 年版，第 70 页。

此，其正、侧鼓音使用的几率应是差不多的。这里不妨对南宫乎钟的发音做一个假设：若以它的正鼓音为无射律，则正、侧鼓音的律位分别是无射和大吕，由此推导出黄钟的律高在 $^\sharp C_4$；若以侧鼓音为无射律，则正、侧鼓音的律位分别是林钟和无射，由此推导出黄钟的律高为 $E_4$。

引人注意的是，按南宫乎钟侧鼓音为无射而得出的西周晚期黄钟律高 E，与由洛阳金村出土编磬得出的东周早期黄钟律高相同。如果这不是偶然的巧合，那就可以视作周朝黄钟律高为 E 的又一例证。当然，由于南宫乎钟的发音与律名的对应存在上述两种可能，所以现在还不能肯定西周晚期的黄钟律高就是 E。因此，两周黄钟律高是否一致的问题，还有待积累更多的音乐考古材料来验证。

由上所述，可知战国早期曾国的黄钟律高为 $^\sharp G$，而东周早期周朝的黄钟律高为 E。先秦时期，各国的黄钟律高标准并不统一，且可能因时代早晚而发生一定的音高变化。今天对古乐器的音高测定，通常精确到频率和音分，但当时的黄钟标准音，目前恐怕只能判定其音高位置，而不好提供更精确的数值了。

原载《南京艺术学院学报（音乐与表演）》2013 年第 3 期

# 古代仪式中的"音声"

在中国古代信仰体系之中，有多种仪式包含着音乐表演，音乐业已成为仪式活动不可分割的组成部分。音乐与仪式的密切联系，构成了中国古代音乐的一个特殊的类别——仪式音乐。古代仪式音乐既有外显的乐舞形态，也包蕴着内在的思想含义，既有一般意义的"音乐"，也有特殊意义的"音声"。表达音乐的工具既有狭义的乐器，也有包括乐器在内的广义的发声器。古代的仪式音乐，营造了仪式进程中的"音声环境"，具有特定的功能和意义。

## 一、"声""音""乐""音声"和"声音"

在中国古代音乐思想或音响思维里面，较早出现的是对"声""音""乐"三者的分论，之后才出现对"音声"或"声音"这种合成词的讨论。从古代儒道典籍关于"声""音""乐"的论述，可以看到古人对这3种事物的认识和理解。如《礼记·乐记·乐本》的开首云：

> 凡音之起，由人心生也。人心之动，物使之然也。感于物而动，故形于声。声相应，故生变，变成方，谓之音。比音而乐之，及干戚羽旄，谓之乐。
>
> 凡音者，生人心者也。情动于中，故形于声；声成文，谓之音。

在这里，"声""音""乐"是3个不同的事物，它们既有区别又有联系。"声"和"音"只是"乐"的构成因素，但还不是"乐"。古代的"乐"

大体相当于我们今天的"音乐",是高于"声""音"之上的事物,如《乐记·乐本》所云:

> 乐者,通伦理者也。是故知声而不知音者,禽兽是也。知音而不知乐者,众庶是也。惟君子为能知乐。是故审声以知音,审音以知乐,审乐以知政,而治道备矣。是故不知声者,不可与言音,不知音者,不可与言乐。知乐则几于礼矣。

从中可以看出,"声""音""乐"三者逐级递进,具有高低优劣之分。"声"为一般动物皆可感受,"音"为一般民众皆可感知,只有君子才懂得"乐"。换言之,懂得"乐"的人一定知道什么是"声"和"音"。由于"乐"与政相通,所以懂得了"乐",也就基本上通晓了"礼"。

据《乐记·魏文侯》记载,魏文侯曾问乐于子夏,述说自己端冕而听古乐,则唯恐困倦昏睡,但是听郑卫之音,则不知疲倦。他对此甚有疑惑,因而请子夏予以解释。子夏经过一番论述,道出其中缘由。他说:"今君之所问者乐也,所好者音也。夫乐之与音,相近而不同。"可见,喜好"音"与喜好"乐"确有相当的差异。在这一事例中,子夏还进一步说明"德音之谓乐",即"乐"是有其意义的,而魏文侯所好,是"溺音"而非"德音"。子夏认为,郑、宋、卫、齐之音,皆非德音。"君子之听音,非听其铿锵而已也",而是体味其中的意义。只有明了其中的意义,才可称得上懂得了"乐"。因此,历代称"郑卫之音"或"郑声",而不称"郑卫之乐"。正因"郑声"或"郑卫之音"非"德音",故又被斥为"亡国之音"。这类音乐没有达到儒家"乐"的理想境界,故被称为"声"或"音"。

虽然古人对"声""音"的技术理论层面也有一定阐述,但相比而言,古人还是更为重视"声""音"的思想内涵。如《乐记·乐本》云:

> 宫为君,商为臣,角为民,徵为事,羽为物。五者不乱,则无怗懘之音……五声皆乱,迭相陵,谓之慢。如此,则国之灭亡无日矣。

将五声分别对应于君、臣、民、事、物，并使之有序无乱，如若"五声皆乱"，则会导致国家的灭亡。这些论述，看似玄谈附会，但从一定程度上反映了古人对音乐功能和作用的理解和认识。

这样的音乐思想不仅涉及五声，而且还扩展至乐器的音响领域。古人认识到不同乐器品种的音响特性，从而赋予其特定的内涵和意义。如《乐记·魏文侯》云：

> 钟声铿，铿以立号，号以立横，横以立武。君子听钟声则思武臣。石声磬，磬以立辨，辨以致死。君子听磬声则思死封疆之臣。丝声哀，哀以立廉，廉以立志。君子听琴瑟之声则思志义之臣。竹声滥，滥以立会，会以聚。众君子听竽笙箫管之声则思畜聚之臣。鼓鼙之声讙，讙以立动，动以进众。君子听鼓鼙之声则思将帅之臣。君子之听音，非听其铿锵而已也，彼亦有所合之也。

这里描述了不同种类乐器的音声特点，以及它们所善于表达的情感内涵。《国语·吴语》在记述吴、晋交战时说过，吴王曾"秉枹亲就，鸣钟、鼓、丁宁、錞于，振铎"，以指挥作战，是乐器用于军事行动的史事。《乐记·魏文侯》所谓"听钟声则思武臣"，"听鼓鼙之声则思将帅之臣"。将钟、鼓与武臣和将帅联系正反映了这两种乐器的特点和功用。不过，如同古人所言，这些乐器的声音特性和内涵，只有"君子"方可听得出来。

总之，相对于"声""音""乐"的技术层面而言，古代更为重视"声""音""乐"的思想内涵。"声""音""乐"三者既相对独立，互有区别，又相互联系，不可分割。"声""音"是"乐"的基本构成要素，"乐"则依赖"声""音"而存在，但必须有其思想内涵，且需要有思想的人即君子去感知。

在中国古代，将"音声"二字作为一个合成词运用的例子，见于《老子》的记载：

> 故有无相生，难易相成，长短相形，高下相盈，音声相和，前后相随，恒也。

其中"音声相和"的"音声",与"有无""难易""长短""高下""前后"等一样,为一种事物相反相成的两个方面,即"音"与"声"有所不同,二者相互衬托,相依并存,由之形成"和"。①

较多提到"音声"一词的是公元 3 世纪时的嵇康,他在其名著《声无哀乐论》中数次讲到"音声",这里拈取几例:

> 夫治乱在政,而音声应之,故哀思之情表于金石,安乐之象形于管弦也。
> 音声之作,其犹臭味在于天地之间。
> 音声有自然之和。
> 若夫郑声,是音声之至妙。

可以看出,嵇康所谓"音声",既包括金石管弦之声和"郑声"之类的音乐,也包括音乐中反映出的治世和乱世之时的社会音声,可见音声的概念较为宽泛。他还指出,音声如同嗅觉和味觉那样,是可以被人类体验和感知的。

还应注意到,嵇康在《声无哀乐论》中,同时也使用了"声音"一词,如"声音克谐""声音和比""声音自当有哀乐""声音以平和为体",等等。实际上,嵇康所言的"声音",与"音声"基本同义,只是包罗更为广泛。如他在书中说:

> 若葛卢闻牛鸣,知其三子为牺;师旷吹律,知南风不竞,楚师必败;羊舌母听闻儿啼,而知其丧家。凡此数事,皆效于上世,是以咸见录载。推此而言,则盛衰吉凶莫不存乎声音矣。

可见他谈论的"声音",涵盖了日常生活中动物的鸣叫和人类的哭泣之声,其范畴已经扩展至一切声响。

---

① 或以为马王堆汉墓帛书《老子甲本》为"意声相和",不确。蔡仲德先生已有详论,见其所著《中国音乐美学史》,北京:人民音乐出版社,1995 年版,第 139～140 页。

其实，嵇康崇尚老庄，他那包罗一切的"音声"概念早在《庄子·齐物论》子綦与子游的对话中即有所见：

> 子綦曰："女闻人籁而未闻地籁，女闻地籁而未闻天籁夫！"
>
> 子游曰："地籁则众窍是已，人籁则比竹是已。敢问天籁。"
>
> 子綦曰："夫天籁者，吹万不同，而使其自己也，咸其自取，怒者其谁邪！"

这里已经涉及人籁、地籁和天籁，也就是人制造的声音和自然界自在的声音。值得注意的是，古人还将"无声"的概念纳入"声音"的视野，如《庄子·天地》说：

> 夫道，渊乎其居也，潦乎其清也。金石不得无以鸣。故金石有声，不考不鸣。……视乎冥冥，听乎无声。冥冥之中独见晓焉，无声之中，独闻和焉。

"无声"也能营造音声的"和"。《礼记·孔子闲居》孔子答子夏问时则提到了"无声之乐"：

> 子夏曰："五至既得而闻之矣，敢问何谓三无？"孔子曰："无声之乐，无体之礼，无服之丧，此之谓三无。"

孔子所说的"无声之乐"，后世文献多有继承发挥，并且在佛教思想中也有体现，如《全晋文》卷一百五十七所收支遁《上书告辞哀帝》说：

> 盖沙门之义法出佛之圣，雕淳反朴，绝欲归宗，游虚玄之肆，守内圣之则，佩五戒之贞，毗外王之化，谐无声之乐，以自得为和。

这种"无声之乐"的音乐思想在中国古代影响深远，为历代思想家所推崇。

由上所述，可以得出一些初步的认识。研究古代仪式音乐中的"音声"，需要关注仪式中的一切声音。仪式中的音声有古代的"乐"，也有从今天一般概念中并非音乐的声音。古代仪式中的音声，既有自然的天籁之声，也有人为组织起来的声音；既有乐器和其他发声器营造的音声环境，也有人类甚至动物的声音，以及古人所说的"无声"之音声。

## 二、巫觋、"乐人"和"音声人"

古代仪式音乐的表演者，就是仪式之中音声的创造者。因此，研究古代仪式音乐中的音声，须要对音声的表演者加以考察。据目前材料看，古代仪式音乐中音声的表演者主要由两类人员构成：（一）巫觋；（二）"乐人"或"音声人"。

巫术是古代人类经常举行的仪式活动，其中通常伴随着音乐的表演，形成仪式中音声的重要组成部分。巫术仪式当中，有一类专职的音声表演者——巫觋。《国语·楚语下》云："在男曰觋，在女曰巫。"为简便计，这里通称为"巫"。巫既是通天达地的人物，又能操持和表演包括乐器在内的法器，还能以乐舞作为沟通人神之间的媒介。因此，在中国古代，巫应是仪式活动中音声的重要表演者。众所周知，甲骨文"舞"字即由"巫"字转化而来，巫乃舞之初文，由此可见巫、舞之间的密切关系。

史前时期，所有的人都可以从事巫术活动，人人都可以成为巫，这种情况到后来才逐渐开始分化，并出现从事巫术活动的专职人员巫觋。巫由非职业化到职业化的过程，可从《国语·楚语下》观射父答楚昭王问窥见一斑：

> 昭王问于观射父，曰："《周书》所谓重、黎实使天地不通者，何也？若无然，民将能登天乎？"对曰："非此之谓也。古者民神不杂，民之精爽不携贰者，而又能齐肃衷正，其智能上下比义，其圣能光远宣朗，其明能光照之，其聪能听彻之，如是则明神降之，在男曰觋，在女曰巫。……及少皞之衰也，九黎乱德，民神杂糅，不可方物，夫人作享，家为巫史，无有要质，民匮于

祀，而不知其福，烝享无度，民神同位。……颛顼受之，乃命南
正重司天以属神，命火正黎司地以属民，使复旧常，无相侵渎，
是谓绝天地通。"

从这段文字可以获知这样一些信息：人类发展历史的早期，曾经出
现过人与神不分的阶段。在举行祭祀活动时，人人都可以成为巫史，以
交接天神。这种情况曾经出现于少皞氏衰落时期。但是，按观射父所说，
少皞氏之前，人与神是分得清清楚楚的，并有专职的巫觋来通神，这种
秩序到颛顼时才得以恢复，并由他本人担任巫师，巫术开始由少数人
掌握。

张光直先生对上引《国语·楚语下》的材料也有分析，他说："观射
父讲的绝天地之通的古代神话，在研究中国古代文明的性质上具有很大的
重要性。神话中的绝天地之通并不是真正把天地完全隔绝。……这个神话
的实质是巫术与政治的结合，表明通天地的手段逐渐成为一种独占的现
象。就是说，以往经过巫术、动物和各种法器的帮助，人们都可以与神相
见。但是社会发展到一定程度之后，通天地的手段便为少数人所独占。"[1]
其言甚是。这些情况还可从新石器时代的考古发现得到印证。

河南舞阳贾湖新石器时代早期遗址出土的骨笛，早已闻名于学术界。
出土骨笛的墓葬，与其他无骨笛的墓相比，都有较为丰富的随葬品，墓主
人显然具有较高的身份和地位。在随葬骨笛的墓葬中，有些还有龟壳制成
的摇器响，以及一些权形骨器等具有宗教巫术含义的器物。[2] 可见墓主人
具有非同一般的身份，他们应是生活在这一区域人类中的财富拥有者，同
时还利用手中掌握的乐器来施行巫术仪式，他们所持有的乐器也成为具有
神秘意义的法器。[3] 由此来看，贾湖遗址出土骨笛的墓主人，很可能就是
直接从事巫术活动的巫师或身兼巫师的某种特殊人物。

山西襄汾陶寺新石器时代晚期遗址的音乐考古发现也为我们提供了早
期仪式音乐的音声构成信息。在该遗址发掘的众多墓葬当中，有 5 座早期

---

① 张光直：《考古学专题六讲》，北京：文物出版社，1986 年版，第 10 ～ 11 页。
② 张居中：《舞阳贾湖》，北京：科学出版社，1999 年版。
③ 方建军：《中国史前音乐的仪式性因素》，《音乐研究》2004 年第 4 期。

甲种大型墓出土有特磬、鼍鼓、土鼓、龙盘、玉钺等礼乐器。① 这 5 座大型墓随葬品十分丰富，而其余中小型墓则随葬品贫乏，显示出大型墓主人身份和地位的显赫，而礼乐器则成为墓主人身份和地位的标志和象征。特磬、鼍鼓和土鼓都是节奏性击奏乐器，磬且成为后世"金石之乐"的主要物质构成。鼍即鳄鱼，鼍鼓就是用鳄鱼皮蒙面的鼓，这种动物在古人思想观念中是神圣而超然的，属于人类早期动物崇拜的范畴。陶寺大墓还出有彩绘龙盘，龙是中国古代崇拜的图腾。由此可见，陶寺大型墓的主人执掌着宗教祭祀权力，只有他们才拥有并直接操纵着礼乐器，他们不仅使礼乐器成为仪式活动中营造音声环境的发声器，而且还显示着墓主人的权威。

从上述两项新石器时代考古资料来看，随着人类财产占有的多寡，贫富开始分化，出现了不同的社会阶层，而那些财富的绝对占有者，如部落、酋邦的首领就是执掌军事和宗教事务的统帅。在早期的仪式活动中，这些人便是音声的直接制造者和表演者。实际上，他们已经扮演了巫师的角色。

从某种意义上讲，人类早期最高权力的拥有者就是最大的巫。这种情况在中国进入历史时期之后也有反映。如殷商时期，人们信奉鬼神，事必占卜。商代的甲骨文，有王亲自占卜的卜辞，也有非王卜辞，多数占卜活动，如祭祀、求雨等，都伴有乐舞表演。有时，从事乐舞表演和乐器演奏的人，就是商王本人。请看以下辞例：

贞，王其舞，若。
贞，王勿舞。(《合集》，11006 正)②
王其乎戌盂有雨。吉。(《合集》，28180)
王其乎（呼）舞……大吉。(《合集》，31031)

---

① 中国社会科学院考古研究所山西工作队等：《1978～1980 年山西襄汾陶寺墓地发掘简报》，《考古》1983 年第 1 期。

② 《合集》即《甲骨文合集》(郭沫若著，北京：中华书局，1978～1983 年) 的简称。由于此书按甲骨著录编号排序，无页码，故这里按照甲骨学界惯例，在引书简称后标明甲骨著录编号。另需说明，本书征引的甲骨文释文，主要参考《甲骨文合集释文》(胡厚宣著，北京：中国社会科学出版社，1999 年) 一书。此书是对《合集》所收甲骨的释文，依然按甲骨著录编号排序，无页码。

可见在求雨仪式中，商王亲自主祭并从事巫舞活动，并在求雨仪式中
"呼舞"。据《帝王世纪·第四》记载，商代汤帝为求雨甚至还勇于
献身：

> 汤自伐桀后，大旱七年……殷史卜曰："当以人祷。"汤
> 曰："吾所请雨者，民也。若必以人祷，吾请自当。"遂斋戒，
> 剪发断爪，以己为牲，祷于桑林之社。言未已而大雨，方数
> 千里。

这一史事说明，王者以人而兼有神格，实质上已将政权与神权合为一体。
西方学者对"王者即巫"也有论述，如弗雷泽（James George Frazer）在
其名著《金枝》中曾指出，"在早期社会，王者通常既是祭司又是
巫师"①。

在求雨仪式进程中，不论是专职的巫，还是商王兼任的巫，都伴随
有乐舞表演。巫是人神之间的中介，他们操持乐器作为法器，以乐舞音
声作为与神灵沟通的方式，以求得仪式的灵验和功效。王国维先生早已
认识到巫术活动与歌舞产生的关系，他说道："歌舞之兴，其始于古之巫
乎？巫之兴也，盖在上古之世……古代之巫，实以歌舞为职，以乐神人
者也。"② 艺术史学者通常也将音乐的起源与巫术联系起来，其原因盖缘
于此。

巫术活动在中国古代一直盛行不衰，随着社会历史的发展，巫师逐渐
与王权分离并走向职业化，但巫术仪式却始终与政治权力联系在一起。如
东周时期，中国南方的楚国就曾流行"巫音"，作乐者必有巫觋参与和主
持。《吕氏春秋·侈乐篇》云："楚之衰也，作为巫音。"朱熹《楚辞集注》
云："昔楚南郢之邑，沅、湘之间，其俗信鬼而好祀，其祀必使巫觋作乐，
歌舞以娱神。"

由上所述，可知古代仪式中音声的制造和表演者，包括有巫觋这样的

---

① 詹姆斯·乔治·弗雷泽（James George Frazer）著，徐育新等译，汪培基校：
《金枝：巫术与宗教之研究》，北京：大众文艺出版社，1998 年版，第 18 页。

② 王国维：《宋元戏曲史》，上海：华东师范大学出版社，1995 年版，第 1 页。

神职人员，其中也包括早期社会历史发展中的"王者"。巫觋应是仪式音乐中的特殊人物，他们既善于乐舞表演和乐器演奏，营造出仪式进程中的音声环境，同时，他们也与一般的"乐人"殊有不同，在职能上属于通神的人物，这是一般"乐人"难以企及的。

除巫觋之外，古代仪式音乐中的音声表演者，绝大部分都是由专职的"乐人"或"音声人"来担任。

"乐人"一词在历史上的出现早于"音声人"，如河南信阳长台关战国楚墓出土的竹简记载有"乐人之器"编钟编磬之类即是。① 《仪礼·大射》："乐人宿悬于阼阶东。"《仪礼·燕礼》："乐人悬。"可见"乐人"即奏乐和从事音乐表演之人。其实，在先秦文献中，属于"乐人"范围的音声表演者名目繁多，且不同时代有不同的称呼，如乐师、大师、少师、女乐、伶人、师、工，等等，不一而足。② 因此，"乐人"的称谓，在一定历史时期可以涵盖巫觋以外所有从事音声表演的人。

作为音声表演者的专职"乐人"，在殷商考古中已经得到证实。如1950年河南安阳殷墟武官村商代奴隶主贵族大墓，虽经数次盗掘，但仍出土有虎纹石磬1件，在椁室西侧二层台上有殉葬的女性骨架24具，以及带有绢帛或鸟羽痕迹的小铜戈3件，郭宝钧先生认为这些女性骨架是墓主人的姬妾，小铜戈是"舞干羽"的戈，而不是实用的兵器。③ 换言之，戈就是乐舞所用的舞具。李纯一先生则进一步指出，这些女性骨架不仅包括姬妾，而且有一些应是古代所谓的"女乐"。④ 她们就是专门从事乐舞表演的"乐人"。

古代盛行殉葬之风，尤其以商代殉人为甚。古人事死如事生，而"乐人"正是为商王生前从事仪式活动表演乐舞的人员，因此，以"乐人"殉葬完全有其可能。据《墨子·节葬》所载："今王公大人之为葬，埋则异于此，必大棺中棺，华阖三操，璧玉即具，戈、剑、鼎、鼓、壶、滥，文

① 河南省文物研究所：《信阳楚墓》，北京：文物出版社，1986年版，第129页。
② 李纯一：《先秦音乐史》（修订版），北京：人民音乐出版社，2005年版，第108～109页。
③ 郭宝钧：《一九五〇年春殷墟发掘报告》，《中国考古学报》1951年第5册，第一、二分合刊，第1～61页。
④ 同②，第44页。

绣素练，大鞅万领，舆马、女乐皆具。"可见除礼乐器、车马器等之外，确有专门从事乐舞表演的"女乐"随葬，这种葬制和规格，同样成为墓主人身份和地位的象征。

据《史记·殷本纪》记载："于是使师涓作新淫声，北里之舞，靡靡之乐。"师涓当为殷之乐师无疑。又据《史记·殷本纪》所述，殷之大师、少师曾执其祭乐器奔周。大师和少师也为官名，其职掌也应与奏乐有关。据曹定云先生研究，安阳武官村大墓的殉葬者有的应是王室的侍从、亲信或近臣。① 因此，商墓殉人中"女乐"的身份，恐不能一概视为"音乐奴隶"，她们之中有一些人可能是墓主人的宠幸。

以"乐人"殉葬的葬俗，在西周时期仍然存在，如河南鹿邑西周早期长子口墓发现殉人 14 个，均为青少年男女。棺外两侧各有 1 个殉人，这 2 个殉人的位置在乐器排箫和编庸的附近，发掘者认为他们应为"奏乐的奴隶"②。说这些殉人的职事为奏乐是不错的，但这些"乐人"未必就是奴隶。又如陕西宝鸡茹家庄西周墓（BRM1 乙）二层台上有殉人 7 名，皆为青少年男女。③ 此墓出有乐器铎 1 件和甬钟 3 件，这些殉人中有些可能是演奏这些乐器的"乐人"。

以"乐人"殉葬的乐殉制度一直持续到战国时期，如湖北随州战国早期（公元前 433 年）曾侯乙墓，④ 除出土编钟、编磬、排箫、琴、瑟、建鼓等乐器外，还有 21 名青年女性殉葬，在这些殉人当中，应有一些属于《墨子·节葬》所谓的"女乐"。

古代音声的表演者不仅职业化，而且还表现出世袭化的倾向。据《周礼》记载，西周时有各种乐官或乐师，并各司其职，如钟师、磬师、镈师、鼓人、瞽、矇、瞍等即是。见于西周金文的师氏，有一些即职事乐师。从金文资料可知，西周时的乐官或乐师存在世袭制度，如师嫠簋铭文记载：

---

① 曹定云：《殷墟武官村大墓墓主考》，《中原文物》1988 年第 3 期。
② 河南省文物考古研究所等：《鹿邑太清宫长子口墓》，郑州：中州古籍出版社，2000 年版。
③ 卢连成、胡智生：《宝鸡强国墓地》，北京：文物出版社，1988 年版，第 277 页。
④ 湖北省博物馆：《曾侯乙墓》，北京：文物出版社，1989 年。

王若曰："师嫠，在昔先王小学，女（汝）敏可事，既命女
（汝）更乃祖考嗣（司）小（少）辅（傅）。今余唯申京乃令，
令女（汝）嗣（司）乃祖旧官小（少）辅眔（暨）鼓钟……"①

这项金文材料的少傅与鼓钟对称，均应为乐官名。师嫠的祖考曾任少
傅与鼓钟，此次他本人受王册命而继任旧官，足见乐官在家族中是可以世
袭的。又如大克鼎铭文记载：

王若曰："克，昔余既令女出入朕令，……锡女（汝）史、
小臣、霝籥、鼓钟……"②

其中克这个人还见于克钟、克鼎，其官至善夫。这项材料说明，克受到王
的赏赐，将乐官霝籥、鼓钟归为己有。从官名推测，霝籥、鼓钟均与乐器
有关，前者可能相当于《周礼》之籥师，后者与师嫠所任相同。

"乐人"的世袭制度在后世延续下来，如《左传·成公九年》所说的
春秋时期楚国伶人钟仪，就是继承其"先父之职官"。

上述史料还显示，不仅乐器可以作为交往的馈赠，而且乐师也可作为
赏赐或馈赠品。这种情况在东周时期仍然存在，如《左传·襄公十一年》
云："郑人赂晋侯以师悝、师觸、师蠲；广车、軘车淳十五乘，甲兵备，凡
兵车百乘；歌钟二肆，及其镈、磬；女乐二八。晋侯以乐之半赐魏
绛，……魏绛于是乎始有金石之乐，礼也。"其中的师某均为乐师，郑人
将其与钟、镈、磬等乐器，以及女乐一并赠予晋侯，晋侯则"以乐之半"
赏赐魏绛。可见音声的表演者依然属于私有财产，可以由其所有者自由转
赠。这些音声表演者，多非自由独立的"乐人"，而是被封建奴隶主所供
养。不过，虽然如此，考古和文献材料均表明，音声表演者的身份地位并
不整齐划一，而是因其具体情况而有所差异。总的看来，音声表演者并非
属于奴隶阶层，而是有一定的社会地位。

---

① 中国社会科学院考古研究所：《殷周金文集成释文》，香港中文大学中国文化
研究所，2001 年版，第 458 页。
② 同①，第 409 页。

"音声人"的称谓出现较晚，据现有史料，这种称谓最早约出现于唐代。唐代除有"乐人"之外，还有所谓的"音声人"。据《新唐书·礼乐志》记载，"唐之盛时，凡乐人、音声人、太常杂户子弟，隶太常及鼓吹署，皆番上，总号音声人，至数万人。"可见，"乐人""音声人""太常杂户"等属于不同的音声表演者，但都可"总号"于"音声人"名下。

据《唐大诏令集》卷八十一记载，"太常音声人，本亦犯罪没官者，后以历代相承，遂成为官贱民之一。"由此可知，唐代音声表演者"音声人"的社会地位已经发生变化，属于贱民阶层。

又据《唐会要》卷三十四记载：

> 太常乐人，本因罪谴没入官者，艺比伶官。前代以来，转相承袭。或有衣冠继绪、公卿子孙，一沾此色，累世不改。婚姻绝于士庶，名籍异于编甿。大耻深疵，良可矜愍。其大乐、鼓吹诸旧乐人，年月已久，时代迁移，宜并蠲除，一同民例。但其律之伎，积学所成，传授之人，不可顿阙，仍令依旧本司上下。若已经仕宦，先入班流，勿更追补，各从品秩。自武德元年配充乐户者，不在此例。

从中可见，唐代乐人的待遇，因为不同的身世以及各自的特殊情况而有差异，不可一概而论。唐代的音乐从业者，在"乐人"或"音声人"这一名目下，还有一些不同的称号，他们的身份地位也不尽一致。秦序先生对此研究甚详，① 这里不再赘述。

综上所论，中国古代仪式音乐的表演者具有两分现象：一类音声的表演者是仪式程序中的特殊人物巫觋，另一类则是巫觋以外的"乐人"或"音声人"。巫师的地位甚高，早期甚至由"王者"兼任，巫在仪式音乐的表演中发挥着通天达地的职能；另一类音声表演者是名目繁多的各种职业"乐人"和"音声人"，他们在不同的历史时期，具有不同的社会身份和地位，并最终形成身份地位高低贵贱的两极分化。

---

① 秦序：《中国艺术通史·隋唐卷（上编）》，北京师范大学出版社，2006 年版，第 136～154 页。

# 三、"乐人之器"与音声环境

由于中国古代的乐谱文本保存下来的不多,加之仪式音乐的表演也已随时间的消逝而湮没于历史之中,所以对于古代仪式音乐的音响过程,我们便难于通过音乐作品本身来加以了解和认识。不过,考古发现有大量的古代礼乐器,且有相关的考古学文化背景资料,这使我们能够结合古代文献,对于表演音乐作品的"乐人之器"进行考察,在一定程度上来了解当时仪式音乐及其音声环境。

古代仪式音乐中的乐器,在文献记载中还被称为"祭乐器",以突出其祭祀用途。在编钟等乐器的铭文中,乐器还被称作"宗彝"。铭文显示,乐器作为宗庙彝器,已经成为以血缘关系形成的宗族或家族的重器和宝器,是礼乐文化的象征性器物。

如前所述,仪式音乐音声的概念是较为宽泛的,而古代用于制造音声的乐器也有较为宽广的范围。大致看来,仪式音乐中的乐器可分为两类。一类是属于"乐人之器"的用于奏乐的乐器,如编钟编磬之类的"金石之乐",这类乐器当然偏重于奏乐功能;第二类虽然也是乐器,如陶铃、铜铃以及中国南方出土的镛、镈等,但多为单件使用,不成编列组合,因此它们的使用应该偏重于发声功能。由此可见,这两类乐器一类偏重于"乐",一类则偏重于"声"。它们所发出的音响,在仪式活动中都能营造出一定的音声环境。

以下结合一些考古发现的实例来做出具体的分析。

1986 年,四川广汉三星堆商代晚期古蜀国遗址得以发掘,其中有两座著名的祭祀坑,分别编为一号坑和二号坑。二号祭祀坑为长方坑,分上、中、下 3 层,出土大量青铜器和玉石器,包括礼器、乐器和祭器,并有仪仗用品(非实用兵器)、青铜神像以及神灵、巫祝等铜像。乐器有各式铜铃 43 件,并有铃架及铜挂饰伴出。[1] 这些礼乐器,当是在进行完祭祀仪式之后埋藏下来的。

---

[1]  四川省文物考古研究所:《三星堆祭祀坑》,北京:文物出版社,1999 年版。

　　三星堆祭祀坑出土的乐器铜铃有多种型式，在商代出土铜铃中是一个考古单元出土式样最多的。三星堆铜铃有些仍存铃舌，有些铃舌虽已脱落，但从铜铃都有悬舌构造和装置看，其发音方式无疑为通过外力摇击使铃舌碰撞铃体发出音响（图1）。《周礼·春官·巾车》云："大祭祀，鸣铃以应鸡人。"从三星堆铜铃与如此众多的祭祀用品共出判断，殷商时期的蜀人已将铜铃用之于祭祀活动。作为祭祀乐器，铜铃虽然不能奏出旋律性较强的乐曲，但其音响所构成的音声环境，很可能在仪式活动用作祭祀者的施法工具，从而产生沟通天地人神的效应。从这些情况看，与其说铜铃发出的音声具有娱乐性，不如说它更具有神圣性或神秘性。铜铃的音声，产生了神圣而神秘的非音乐性和语义性符号功能。

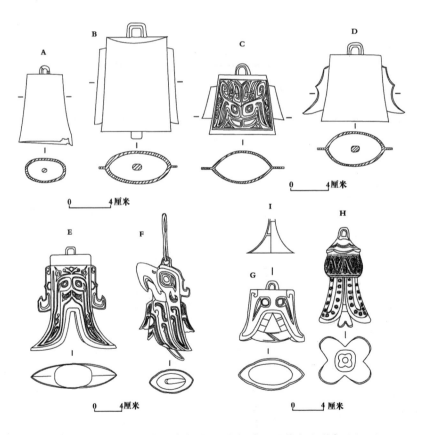

**图1**　四川广汉三星堆二号坑九式铜铃（采自《三星堆祭祀坑》图一六一，1、
　　　2；图一六二，1、2；图一六三；图一六四）

像铜铃那样并非主要用于奏乐的古代乐器，在中国南方商周时期的镛（俗称大铙，图2）、镈和甬钟上同样得到表现。南方出土的这3种乐器多埋藏于山间或江河之畔，并且大多是单件埋藏，很少有共存物伴出，而不是像中原地区同类青铜乐器如编庸、编钟、编镈那样成组成套。南方青铜钟类乐器的这种出土情况，应与特定的区域文化相关，是当时祭祀山川、江河乃至风雨、星辰等仪式活动的遗存。

**图2** 湖南宁乡师古寨出土镛
（中国艺术研究院音乐研究所赠印）

商周时期，人们崇拜山川等自然神，这种情况在殷商甲骨文中有所反映：

舞岳，有［从雨］。勿舞岳。（《合集》9177 正）

壬午卜，扶，奏丘，昜南雨。（《合集》20975）

即川，燎，有雨。（《合集》28180）

即于岳。（《合集》30675）

庚午，其桒雨于山。（《合集》30173）

丙寅卜，其寮于岳，雨。（《合集》34199）

□□卜，今日□舞河暨岳，［又］从（纵）雨。（《合集》34295）

上引卜辞中的"岳""丘""山""川""河"即为施祭的对象或地点，而祭祀的目的常是求雨。从卜辞中的"奏""舞"看，当时的祭祀求雨仪式有乐器演奏和乐舞表演。据《礼记·王制》记载："天子祭天下名山大川，五岳视三公，四渎视诸侯。诸侯祭名山大川之在其地者。"又《礼记·祭法》云："山林、川谷、丘陵，能出云，为风雨。"又《左传·僖公十九年》云："卫大旱，卜有事于山川。"由此可见，古人确将山川作为施祭的对象或地点，在干旱时祈雨于山川河谷。

据迄今考古发现，中国北方商代乐器有编庸、编磬、埙等乐器。这些乐器的音列构成一般为三声、四声或五声，属于旋律乐器，它们当然可以演奏旋律性较强的乐曲，并可与安阳地区出土的殷商甲骨文所记奏乐或舞蹈情况相联系，这些乐器在仪式活动中的演奏突出了音乐的娱乐功能。

中国南方出土的乐器则有不同的情形。南方发现的商周青铜乐器，如镛、镈等，多为单件或独立出土，而不像中国北方那样出土乐器多为成组或成套。这些单件乐器并不能演奏乐曲的旋律或旋律框架音，但它们或可像当今中国南方少数民族（如云南傣族）乐器铓锣那样，在仪式场合伴随着乐舞的表演来加强节奏和节拍。就此看来，中国南方的镛、镈虽然不是编组乐器，但仍然可以应用于音乐演奏。

不过，在我们看来，与其说中国南方的镛、镈主要用于音乐演奏，不如说它们的主要功能是用来营造仪式中神圣的音声环境。就湖南的考古发现来看，那种大型的镛常埋藏于高山之上，且通常是镛口朝上，有的距地表较浅，有的略深一些。这种现象恐不能仅仅解释为当时的收藏所致，而很可能反映了一定的信仰观念。镛的口部朝上，不只是演奏方式的暗示，即这种乐器是竖立起来插置，使得镛口朝上；更重要的是，这种置放方式可能隐喻着将镛的声音传达于天，以达到天人沟通。

据上所述，中国南方考古发现的铃、镛、镈等青铜乐器，从其奏乐情况看均属于节奏性乐器，其音乐性能主要是用来发出铿锵的"金声"，因而它们在仪式中的功能更注重其"音声"及其所营造的音声环境。换言之，这类乐器的演奏更注重它们的符号功能，即这些青铜乐器的音响具有象征意义。如同曹本冶所指出的那样，这些乐器的"音声""是带出信仰和仪式的意义及其灵验性的媒介"①。

史载周公制礼作乐，礼乐之兴，在西周时期已经达到繁盛。以编钟编磬为主构成的礼乐器组合，成为周朝"金石之乐"的标志。与南方乐器相比，中原地区的周音乐文化系统在乐器构成上金石并用，钟磬等金石乐器多为编组演奏，而不像中国南方重金轻石。在演奏形成的音声环境上，南方重"声"，中原地区则重"乐"。如陕西扶风出土的著名的中义编钟和柞编钟，都是 8 件合为 1 套，具备"羽—宫—角—徵"音阶结构，音域达 3 个八度。又如西周晚期的编磬，已经形成 10 件组合的编制，如近来在陕西韩城梁带村发现的芮国编磬，经测音可以构成"宫—角—徵—羽—宫—商—角—徵—羽—宫"五声音阶。② 这些金石之乐构成的礼乐器均为旋律乐器，且是主奏乐器。它们在仪式音乐的表演中成为重要的伴奏乐器。从此而看，中原地区周音乐文化所反映的音声环境，多偏重于"乐"的方面，乐与礼配合，其娱乐性是显而易见的。

古代贵族阶层的人，生前将乐器用于祭祀之中，死后仍将其作为重器而埋藏于墓葬之中或其周围，与墓主人的其他随葬品形成不可分割的组成部分。这是古人视死如生的体现。2006 年，在甘肃礼县大堡子山秦公陵园墓葬区，发现有一座祭祀坑，时代属于春秋早期。③ 祭祀坑中埋藏有乐器编钟、编磬、编镈及乐器配件等，这些乐器都是西周同类乐器的继承和发展，在形制、组合和音阶构成上均承自西周。与西周乐器多出自窖藏不同，秦公陵园的乐器被有序地埋藏于祭祀坑，而与其他的物品区别开来。由于这种祭祀坑专门埋藏乐器，故通常也被学者称为"乐器坑"。可以看得出来，大堡子山秦公陵园的祭祀乐器，在仪式音乐表演中象像周中晚期乐器那样，仍旧偏重于音声的"乐"的方面。类似大堡子山乐器坑的考古实例，在河南新郑郑国祭祀遗址也有发现，④ 只是郑国祭祀遗址的乐器坑

① 曹本冶：《仪式音乐研究的理论定位及方法》，曹本冶等主编《中国音乐研究在新世纪的定位国际学术研讨会论文集》，北京：人民音乐出版社，2002 年版，第 281 页。
② 方建军：《新出芮国乐器及其意义》，《音乐研究》2008 年第 4 期。
③ 早期秦文化考古联合课题组：《甘肃礼县大堡子山早期秦文化遗址》，《考古》2007 年第 7 期；早期秦文化联合考古队：《2006 年甘肃礼县大堡子山祭祀遗迹发掘简报》，《文物》2008 年第 11 期。
④ 河南省文物考古研究所：《新郑郑国祭祀遗址》，郑州：大象出版社，2006 年版。

在乐器埋藏规模上更大，数量更多，足见当时祭祀仪式中音乐确是不可或缺的重要程序，其隆重和盛大可想而知。

东周至汉代，祭祀音乐盛行不衰，这在考古发掘中得到印证。1999～2001 年，山东章丘洛庄汉墓发掘众多的陪葬坑和祭祀坑，作为祭祀仪式所用的主要物件，在洛庄汉墓 14 号"乐器坑"发现有大量祭祀乐器。① 乐器坑规模宏大，长 22.6 米，宽 2.3 米，深 2.5 米。洛庄汉墓乐器坑随葬乐器有编钟、编磬、琴、瑟、鼓、錞于、钲、铃等乐器 140 余件，这些乐器的演奏，当能营造出更为丰富多彩的音声环境。

## 四、音声的功能及意义

祭祀活动在古代是国家的头等大事。正如《左传·成公十三年》所言，"国之大事，在祀与戎"。以乐舞祭祀，一直是古代人们沿用不衰的仪式手段和程序。如《墨子·三辩》和《吕氏春秋·古乐篇》所载的商代乐舞《濩》②，便是为歌颂商汤的开国功勋而创作。《周礼·春官·大司乐》说："舞《大濩》以享先妣。"可见《濩》乐是在祭祖仪式中表演的。《濩》在殷墟出土的商代甲骨文中也有所见，例如：

乙亥卜，贞王宾大乙《濩》。亡尤。(《合集》35499)

丁卯卜，贞王宾大丁《濩》。亡［尤］。(《合集》35516)

乙卯卜，贞王宾且（祖）乙《濩》。［亡尤］。(《合集》35681)

从中可知，《濩》乐是用来祭祀诸如大乙（即汤）、大丁、祖乙等商代直系先王的。

---

① 济南市考古研究所等：《山东章丘市洛庄汉墓陪葬坑的清理》，《考古》2004 年第 8 期。

② 《墨子·三辩》："汤放桀于大水，环天下自立以为王。事成功立，无大后患，因先王之乐，又自作乐，命曰《濩》。"《吕氏春秋·古乐篇》："殷汤即位，夏为无道，暴虐万民，侵削诸侯，不用轨度，天下患之。汤于是率六州以讨桀罪，功名大成，黔首安宁。汤乃命伊尹作为《大濩》，歌《晨露》，修《九招》《六列》，以见其善。"

　　西周时期的乐舞《大武》是周人祭祀其祖先武王的乐章。《周礼·春官·大司乐》："舞《大武》以享先祖。"又云："大祭祀，宿县（悬），遂以声展之。"这是说，大祭祀前夕，大司乐必须悬挂好编钟、编磬，并检查其音列是否准确。可见周人对于祭祀活动用乐的重视程度。

　　在祭祀中用于制造音声的乐器，都是用来祭祀祖先的仪式物件。青铜编钟的铭文，内容多为颂扬祖先功德的祭辞，几乎每篇都与祭祀祖先有关。正如《礼记·祭统》所言："铭者，论撰其先祖之有德善、功烈、勋劳、庆赏、声名，列于天下而酌之祭器，自成其名焉，以祀其先祖者也。显扬先祖，所以崇孝也。"刻铸铭文的目的，就是要称扬和保持其家世的尊荣地位，永世享受其特权。下引西周编钟铭文即其例证：

　　　　一式瘐钟："追孝于高祖辛公、文祖乙公、皇考丁公龢（和）镐（林）钟。"[1]
　　　　二式瘐钟："敢作文人大宝协龢钟，用追孝鼲祀。"[2]
　　　　韰钟："惟皇上帝百神，保余小子，朕猷有成亡兢。我唯司配皇天，王对作宗周宝钟。仓仓悤悤，雝雝雝雝，用邵格丕显祖考先王。先王其严在上，异异戫戫，降余多福，福余顺孙，参寿唯利，韰其万年，畯保四国。"[3]
　　　　师丞钟："师丞肇作朕烈祖虢季究公、幽叔，朕皇考德叔大林钟……师丞其万年永宝用享。"[4]
　　　　楚公逆钟："楚公逆祀厥先高祖考、大工、四方首。楚公逆出，求厥用祀四方首。"[5]
　　　　虢季钟："用享追孝于其皇考，用旛万寿，用乐用享，季氏

---

　　① 中国社会科学院考古研究所：《殷周金文集成释文》，香港中文大学中国文化研究所，2001年版，第218页。
　　② 同上，第219页。
　　③ 同上，第226～227页。
　　④ 同上，第107页。旧释师奂钟，今从吴镇烽所释，见吴镇烽：《考古文选》，北京：科学出版社，2002年版，第109页。
　　⑤ 李学勤：《试论楚公逆编钟》，《文物》1995年第2期。

受福无疆。"①

　　戲钟："戲作宝钟，用追孝于已伯，用享大宗。用濼好宾，戲眔蔡姬永宝用邵大宗。"②

　　兮仲钟："兮仲作大林钟，其用追孝于皇考纪伯，用侃喜前文人，子子孙孙永宝用享。"③

　　鲁原钟："鲁原作穌钟，用享考。"④

　　单伯昗生钟："用保奠。"⑤

上述编钟的铭文表明，周人制作编钟，是为了称颂、追念和祭祀祖先。

当然，仪式中的音声尤其是乐舞之类，其本身还具有娱乐功能，但这种娱乐是神圣的，在愉悦神灵的同时，也使仪式的参与者获得愉悦。因此，仪式中的音声，其娱乐功能便具有双重性，即一方面娱神，另一方面则娱人，可谓娱神和娱人并重。这在古代编钟的铭文中可以得到印证：

　　一式瘨钟："用昭格喜侃乐前文人。"⑥

　　二式瘨钟："昭格乐大神。"⑦

　　师丞钟："用喜侃前文人。"⑧

　　井叔采钟："用喜乐文神人，……永日鼓乐兹钟。"⑨

　　虢季钟："用乐用享。"⑩

　　戲钟："用濼好宾。"⑪

---

① 河南省文物考古研究所等：《三门峡虢国墓》，北京：文物出版社，1999 年版。

② 中国社会科学院考古研究所：《殷周金文集成释文》，香港中文大学中国文化研究所，2001 年版，第 53 页。

③ 同上，第 36 页。

④ 同上，第 8 页。

⑤ 同上，第 48 页。

⑥ 同上，第 218 页。

⑦ 同上，第 219 页。

⑧ 同上，第 107 页。

⑨ 同上，第 436 页。

⑩ 河南省文物考古研究所等：《三门峡虢国墓》，北京文物出版社，1999 年版。

⑪ 同②，第 53 页。

　　由此可见，奏乐和娱乐是古人制造编钟的主要目的之一，编钟的演奏便是用来娱神和娱人，以音乐或乐舞来取得与祖先神的沟通。后人在祭祀祖先时演奏人间的音乐，这种音声环境客观上便产生了神圣的娱乐功能。于是，音乐已不是毫无意义的音声，而是包蕴着丰富的内涵。乐器也不仅是一种声音表达工具，而是具有象征意义的仪式物件。

　　以音声娱神的主要手段，是祭祀活动中的器乐或乐舞表演。不过，这种娱乐并非一般意义的娱乐，而是有着一定的追求，那便是古人崇尚的"和"的境界。古代思想家主张礼乐各有其主，如《乐记》所言，礼者天地之别也，乐者天地之和也。古代编钟的制造，就是演奏协和的音乐，这在编钟的自名中表达得十分清楚：

　　　　Ⅰ式、Ⅲ式瘿钟，虩钟："和林钟。"①
　　　　Ⅱ式瘿钟："大宝协和钟。"②
　　　　Ⅳ式瘿钟："协钟。"③
　　　　中义钟、迷钟、梁其钟："和钟。"④
　　　　虢叔旅钟："大林和钟。"⑤
　　　　走钟："宝和钟。"⑥
　　　　南宫乎钟："大林协钟。"⑦

　　十分明显，编钟自名里的和林钟、和钟、协钟、协和钟等，均表示编钟演奏所具备的协和与调和功能，这无不反映出当时人们对音乐之和的强烈追求。由此可见，西周时期的宫廷礼乐，包蕴的是一种协和思想，这种音乐之和思想，成为周人制礼作乐的突出主题。协和思想依托于音乐，其

---

　　① 中国社会科学院考古研究所：《殷周金文集成》第一册，北京：中华书局影印，1984年版，92、246、252。
　　② 中国社会科学院考古研究所：《殷周金文集成》第一册，北京中华书局影印，1984年版，247～250。
　　③ 同上，条目257～259。
　　④ 同上，条目23～30、188.1、189.2、191。
　　⑤ 同上，条目238.2、239.2、240.2、241、244。
　　⑥ 同上，条目54～58。
　　⑦ 同上，条目181.1。

终极目的应是追求社会的协和，是古人治国兴邦的方略。正如爱弥尔·涂尔干（Emile Durkheim）所说，仪式的功能不仅是表面上所呈现的"强化信徒与神之间的归附关系"，实际上它所强化的是"作为社会成员的个体对其社会的归附关系"①。祭祖仪式及其用乐的目的和功能便在于此。

综上所述，在古代仪式活动中，音乐是其中的媒介物，可以作为通神的中介和手段。音声可谓人类营造出的一种超然之物，应用于仪式之中便具有一定的神圣和神秘意义。考古发现显示，中国古代仪式活动中的乐器有的重"声"，如中国南方商周青铜乐器大多如此；同时，有一部分乐器则偏重于"乐"，如中国北方以中原地区为中心的仪式音乐所用乐器即如此。包括音乐在内的音声或音声环境，是古代仪式活动的重要组成部分。古代仪式既有宗教信仰性质的，也有各种礼仪性质的，因而仪式音声也有神圣与世俗之别，或世俗之中包含着一定的神圣因素。

原载曹本冶主编：《仪式音声研究的理论与实践》，上海音乐学院出版社，2010 年版

---

① Durkheim, Emile. *The Elementary Forms of Religious Life*. Translated and with an introduction by Karen E. Fields. New York：Free Press，1995，p. 227.

# 有关雅乐重建的几个问题

　　中国古代的雅乐在历史上久已失传。现在中国音乐学院成立雅乐研究中心并提出重建中华雅乐在当今时代具有多方面的意义。这里就有关雅乐重建的几个问题谈点个人浅见，不妥之处，请大家指正。

　　雅乐的重建，应该研究在先。只有对雅乐进行全面的分析梳理，才能将其转化为雅乐的表演形态。因此，要对历代与雅乐有关的文献史料加以研究，并与考古发现的有关雅乐物质资料结合起来，使雅乐重建获取历史依据和支撑，从而体现出雅乐的学术价值。经过研究之后重建的雅乐，在总体上才可能具备可信性。由此整合编创的雅乐表演，与旅游业界出现的所谓雅乐的商业性演出，应具有本质上的区别。

　　关于雅乐的定义和内涵，目前学术界尚无比较一致的看法，有待继续探讨。不过，雅乐应该有一些基本的特征，可以作为它的主要标志。

　　首先，雅乐是一种宫廷音乐，而不是存在于民间的音乐品种，这是可以相信的。当然，古代宫廷音乐也未必全是雅乐，还有燕乐（也称俗乐）等其他音乐品种。

　　其次，雅乐是一种仪式音乐，具有特定的仪式内涵、行为、程序、场景和功能等。雅乐的音声舞容不能与仪式活动分离，否则便成为纯粹的独立表演形式，而不具备赖以生存的仪式文化内涵。

　　古代仪式活动频繁且种类较多，哪些仪式与雅乐表演联系在一起，是须要加以研究的。《周礼》《仪礼》《礼记》等"三礼"，对于古代仪式有较多的记载，其中便包含一些仪式音乐。《诗经》中的有关诗篇，尤其是"雅""颂"部分，描述了宫廷雅乐的表演状况，对于雅乐重建也有一定帮助。目前学术界对"三礼"和《诗经》的研究成果很多，有些已经涉及雅乐文化，可以在此基础上进一步探讨，为雅乐重建做出学术准备。

雅乐与礼乐的关系是重建雅乐时必须要考虑的问题。古代主张"无礼不乐"，音乐与礼关系极为密切。狭义的礼，如古代的吉、凶、军、宾、嘉五礼，所用音乐不能全然等同于雅乐。广义的礼，是以宗法血缘关系为纽带而形成的政治等级制度，乐即配合这种制度而存在。因此，雅乐的性质虽然不能等同于礼乐，但其中应该包含礼的思想内涵和有关礼的形式。重建雅乐文化，应该注重其精神内涵，通过雅乐以体现中华民族的礼乐文明。

对古代雅乐进行历时性考察，可以为雅乐重建提供历史参考。雅乐最早产生于何时，目前还不能考实。不过，从考古发现观察，商代的王、王室成员和贵族奴隶主，已经拥有以编铙、编磬为主的"金石之乐"。这样的音乐只有宫廷阶层才能享用，应是后世以钟磬演奏为主构成的雅乐的滥觞。由文献记载可知，西周宫廷已经具备雅乐。西周雅乐的兴盛，从考古发现的大量编钟编磬等乐器也能得到印证。

目前的雅乐重建项目，似应将先秦作为重点。因为日本、韩国、越南等周边国家的雅乐，都是从中国传入，但较为晚出，即多为唐宋之后的雅乐。从历代典籍看，后世的雅乐多承先秦旧制而发展。所以，为与日、韩等国雅乐重建相区别，我们可以将重点放在先秦，以此进行研究，为雅乐重建做出独自的贡献。在此基础上，再统筹汉代以后的历代雅乐，使雅乐重建在总体上具备历时性特点。

所有的研究工作，最终都须落实到雅乐的具体表演形态。为此，应该从乐舞编排、曲目拟定、乐曲编创等各方面综合考虑。雅乐的表演，需要关注它的可听性和可观赏性。在乐器应用方面，可以根据考古发现和文献记载来设定。雅乐离不开编钟、编磬，这是它的主奏乐器，除此之外再考虑完整的乐队组合。对于表演者的服饰、舞具、舞姿、舞容等，需要结合有关古代音乐图像和文献记载加以研究，并转化为具体的应用实物。

出于历史地理因素的考虑，中国音乐学院拟将燕国雅乐的研究和复原作为重点课题，这是很有意义的。河北易县燕下都出土有战国时期燕国的编钟、编镈和编磬，只不过这些乐器都是陶制品，属于随葬所用的明器，即非实用乐器。然而，这种明器乐器是以实用乐器为参照制作的，因此对于我们仿制燕国乐器也会有所帮助。同时，我们还可以研究燕国墓葬的礼乐器组合及其所反映的燕国文化因素和特征。

据现知考古发现，燕国墓葬出土有所谓北方青铜短剑具有北方民族文化的因素。在从事燕国雅乐的重建工作时，需要将燕国的中原文化因素，与北方少数民族文化因素统筹考虑，在雅乐的编创中体现出燕国音乐文化的复合性。

据《战国策·燕策三》记载，燕太子丹曾与荆轲谋刺秦王，荆轲临行时燕太子丹、高渐离等前往送别，"太子及宾客知其事者，皆白衣冠以送之。至易水上，既祖，取道。高渐离击筑，荆轲和而歌，为变徵之声，士皆垂泪涕泣。又前而为歌曰：'风萧萧兮易水寒，壮士一去兮不复还！'复为慷慨羽声，士皆瞋目，发尽上指冠。于是荆轲遂就车而去，终已不顾"。这一史事在《史记·刺客列传》也有记载。所谓"变徵之声"和"羽声"，可以视为历史上出现的燕国音乐，在研究燕国雅乐时，不妨将其作为一种参考。

虽然雅乐重建是对古代音乐文化的研究和利用，但我们在工作中却并不排斥与现代科技的结合。如乐器的制造（复仿制）、服饰、舞具等，在制作材料、工艺技术等方面，完全可以充分运用现代科技手段，甚至在视觉和听觉效果上运用声、光、电等技术，使雅乐重建获得内容与形式的完美统一。

原载《天津音乐学院学报》2011 年第 2 期

# 论华清宫梨园遗址及有关问题

梨园是唐代著名的音乐机构，史籍屡见记载。关于唐代梨园的建置，前人已经做过一些研究，如杨荫浏、李尤白、任半塘等先生均有专门论述。① 20世纪90年代以来，仍有不少论作论及唐代梨园，但基本都是围绕唐代长安和洛阳所建梨园进行探讨，而唐代设于今陕西临潼骊山附近的华清宫梨园，则少有学者涉及。

较早提出唐代在临潼骊山设有梨园者，是日本的岸边成雄先生。他的主要依据是元代李好文所撰《长安志图·唐骊山宫图》，其中描绘的建筑群中便有梨园。② 1995年，唐代华清宫梨园遗址经考古发掘得以证实。随后，周伟州先生结合该遗址的考古发现，对唐代长安、洛阳和临潼三地梨园进行了总体研究。③ 不过，由于当时华清宫梨园遗址的考古材料尚未刊布，有关研究不能详予引述。

1998年，华清宫考古发掘报告④正式出版。在报告当中，华清宫考古队队长骆希哲先生对梨园遗址的整体情况做了很好的梳理分析。本文拟在骆先生研究基础上，对华清宫梨园遗址的性质、功用及有关问题略加补充

---

① 杨荫浏：《中国古代音乐史稿》，北京：人民音乐出版社，1981年版；李尤白：《梨园考论》，《人文杂志》1982年第5期；任半塘：《唐戏弄》，上海古籍出版社，1984年版。

② 岸边成雄著，梁在平、黄志炯译：《唐代音乐史的研究》，台北：中华书局，1973年版，第349页。

③ 周伟州：《唐梨园新考》，黄留珠主编《周秦汉唐研究》（第一册），西安：三秦出版社，1998年版，第345～360页。

④ 陕西省文物事业管理局、骆希哲编著：《唐华清宫》，北京：文物出版社，1998年版。

讨论，不妥之处，敬希指正。

华清宫梨园建筑遗址，位于陕西省临潼县华清池内，南距 20 世纪 80 年代发掘的唐玄宗和杨贵妃沐浴的九龙殿御汤和贵妃汤建筑遗址约 80 米。与华清宫梨园遗址同时发掘的，还有与梨园毗邻的小汤建筑遗址。小汤是供梨园弟子沐浴的温泉汤池，也见于《长安志图·唐骊山宫图》。

梨园遗址距今地表 5.8～7.5 米，地层堆积共有 6 层，自上而下依次为：现代扰乱层，明、清文化层，宋、金、元文化层，唐代文化层，秦汉文化层，仰韶文化层。梨园和小汤遗址属于唐代文化层。梨园南庑保留有二次修建的台明，梨园早期建筑材料的纹样、形状与星辰汤第 1、第 2 期建筑材料相同，表明早期梨园应修建于唐太宗贞观十八年（公元 644 年）至唐睿宗景云元年（公元 711 年）之间①。梨园遗址出土的"天宝二年内作官瓦"陶文板瓦，并不能说明梨园始建于天宝二年（公元 743 年），而是在天宝二年得以扩建。

从地层叠压关系看，梨园和小汤建筑遗迹可分为早、晚两期。早期遗迹叠压在晚期之下，没有大面积发掘。晚期建筑遗迹可分为早、中、晚 3 段。早段有梨园和小汤，梨园南庑面积小，西庭院面积大。中段在小汤北边增建一间，梨园主体建筑保留原样，南庑面积扩大，西庭院面积减少。晚段除梨园Ⅳ、Ⅷ室北、南面安门位置被夯土墙封闭外，其余没有改变。梨园建筑遗址晚期晚段的遗迹分布如附图所示。

梨园的建筑结构主要由主室、东西两个庭院、南北两庑、东西回廊、东庭院北回廊和主室外北回廊组成。主室平面呈南北长方形，总面积达 580.56 平方米，用版筑平夯土墙分隔成形状不同、大小不等的 8 个室，原报告编为Ⅰ至Ⅷ室（图 1）。

为便探讨，先将梨园 8 个室的面积和主要遗迹列示于下：

Ⅰ室：45.76 平方米，室内地面有烧火坑 2 个。

Ⅱ室：36.65 平方米，室内地面有排水道从正中穿过。

Ⅲ室：53.1 平方米，室内地面已遭破坏。

Ⅳ室：21.13 平方米，室内有砖砌井 3 个。

---

① 陕西省文物事业管理局、骆希哲编著：《唐华清宫》，北京：文物出版社，1998 年版，第 440～441 页。

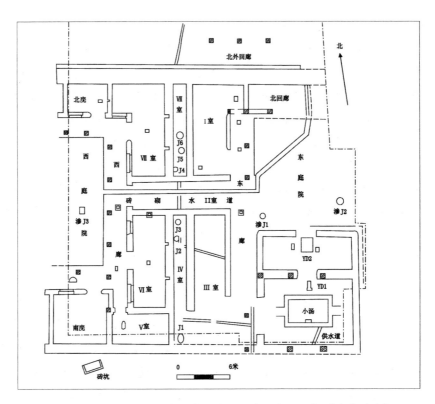

**图1** 唐华清宫梨园建筑遗址晚期晚段遗迹分布示意图（据《唐华清宫》图二四三绘制）

Ⅴ室：23.1 平方米，室内近门处有烧火坑 1 个。

Ⅵ室：39.9 平方米，室内地面有烧火坑 1 个。

Ⅶ室：48.82 平方米，室内中间有烧火坑 1 个。

Ⅷ室：16.04 平方米，室内有砖砌井 3 个，陶水管道 1 条。

从上列各室的形状和面积看，倘若在此表演歌舞，加上乐队和观赏者，空间一定十分有限，恐难作为华清宫内的观演场所，而作为梨园弟子日常居住和生活的地方则没有问题。

在这 8 个室中，Ⅳ室和Ⅷ室南北相对，为长条形房间，面积不大，室内各有 3 个砖砌井。由于室内地面遭到破坏，并有扰坑存在，所以发掘者据此推算，这 2 个室的砖砌井应不只 3 个，其中Ⅳ室应不少于 7 个，Ⅷ室应有 5 个。由此看来，Ⅳ、Ⅷ两室当不适于居住。这两间房内的砖砌井，最深者 2.35 米，一般则为 1.15～1.5 米。它们并非水井或渗井，其用途究竟是用来储存物品，抑或是作为厕所，尚难确知。但无论如何，都可以排除这两间房作为居室的可能。

第Ⅱ室为东西向的长条形，有排水道由此通过。这间房作为东西回廊的通道，也不适于居住。其余5个室，除Ⅲ室的地面遭受破坏外，有4个室的地面都有烧火坑，可见其当为梨园的居住者在冬季取暖所用。从此而看，主室区内，只有Ⅰ、Ⅲ、Ⅴ、Ⅵ、Ⅶ这5间房适于梨园弟子居住。

再来看南北两庑的面积和地面遗迹情况。南庑分早期和晚期遗迹，早期南庑面积为21.07平方米，晚期南庑面积有所扩大，为37平方米。北庑面积为16.15平方米，室内地面有1个烧火坑。由此看来，南北两庑也当为梨园弟子的居室。

根据主室区内五室两庑的形状和面积，以多人同居一室考虑，设每人1个床位，并有放置乐器和其他物品的地方，以及一定的活动空间，按人均5平方米居住面积推算，可以对梨园遗址7间房的居住人数做出约略估计，即：Ⅰ室约9人，Ⅲ室约11人，Ⅴ室约5人，Ⅵ室约8人，Ⅶ室约10人，南庑（以晚期面积计）约7人，北庑约3人。这样，5个室共居住约43人，加上南北两庑约10人，总计可居住梨园弟子约53人。

据骆希哲先生研究，上述5个主室，按人均2平方米居住面积，并留出走道，可以居住约50人。但他同时又说，按梨园遗址的建筑面积推算，在此住宿的不会低于百人之数。[①] 骆先生所言50人，仅限于5个主室，并不包括南北两庑。即使加上南北两庑，恐怕居住人数也达不到百人的规模。另外，5个主室若容纳50人居住，似嫌活动空间过狭，不便生活起居。

据文献记载，唐玄宗选拔的梨园弟子，主要来自坐部伎、宫女和"小部音声"，并以表演"法曲"闻名。正因唐玄宗热衷法曲，所以梨园还专设"法部"。如《新唐书》卷二二《礼乐志》所载：

> 玄宗既知音律，又酷爱法曲，选坐部伎子弟三百教于梨园，声有误者，帝必觉而正之，号"皇帝梨园弟子"。宫女数百，亦为梨园弟子，居宜春北院。梨园法部，更置小部音声三十余人。

---

① 陕西省文物事业管理局、骆希哲编著：《唐华清宫》，北京：文物出版社，1998年版，第443～444页。

又如《旧唐书》卷二八《音乐志》云：

> 玄宗又于听政之暇，教太常乐工子弟三百人为丝竹之戏，音响齐发，有一声误，玄宗必觉而正之，号为"皇帝弟子"，又云"梨园弟子"，以置院近于禁苑之梨园。

唐玄宗酷爱法曲，常为"丝竹之戏"，说明他十分欣赏器乐演奏。关于表演法曲时的乐器配置，《新唐书》卷二二《礼乐志》也有记载：

> 初，隋有法曲，其音清而近雅。其器有铙钹、钟、磬、幢箫、琵琶。琵琶圆体修颈而小，号曰"秦汉子"，盖弦鼗之遗制，出于胡中，传为秦汉所作。其声金、石、丝、竹以次作，隋炀帝厌其声澹，曲终复加解音。

这虽然是隋代表演法曲时的乐器配置，但唐代去隋未远，其法曲演奏所用的乐器，应是在继承隋代的传统上发展而来。刘洋博士曾详细收集整理有关历史文献，对唐代宫廷乐器组合进行专题研究，其中便包括法曲和坐部伎所用乐器配置的探讨，[①] 颇可参看。

1973 年，陕西三原县唐代贞观四年（630 年）淮安郡王李寿墓发掘，所出石椁内壁之上有阴线刻画的"坐部伎"奏乐图，演奏者有 12 人，所奏乐器有钹、小鼓、腰鼓、贝、笙、笛、排箫、筚篥、竖箜篌、五弦琵琶、曲项琵琶、筝等 12 种。[②] 必须指出，虽然李寿的身份、地位无法与皇帝相比，图像中的奏乐情况也非完全写实，即不一定是所谓的坐部伎，[③] 但所奏乐器品种仍可略作参考。

唐玄宗临幸骊山华清宫，梨园弟子随侍出行，期间自然少不了歌舞表演。华清宫梨园的乐队规模虽然比不上长安城中的那样大，但也一定要大

---

① 刘洋：《唐代宫廷乐器组合研究》，中国艺术研究院博士学位论文，2008 年。
② 陕西省博物馆等：《唐李寿墓发掘简报》，《文物》1974 年第 9 期。
③ 秦序：《唐李寿墓石刻壁画与坐、立部伎的出现年代》，《中国音乐学》1991 年第 2 期；秦序主编：《中华艺术通史·隋唐卷》（上编），北京师范大学出版社，2006 年版，第 85～86 页。

于李寿的"坐部伎"乐队。综合考虑《新唐书》《旧唐书》等文献记载和考古发现情况，试将华清宫梨园乐队的乐器配置估计于下：

击乐器：编钟、编磬、腰鼓、羯鼓、鼓、钹、方响、拍板。

管乐器：笛、筚篥、洞箫、排箫、笙。

弦乐器：琴、瑟、筝、五弦琵琶、曲项琵琶、竖箜篌。

以上 19 种乐器，有的可能需 2 人演奏，故其演奏者约在 20 人上下，加上歌舞表演者 30 人左右，总体上 50 多人应是可以胜任的，这与笔者推测华清宫梨园遗址五室两庑可能居住 53 名乐人的总数大体相合。

据文献记载，梨园的"小部音声"，曾在玄宗和贵妃跸跸骊山时受命演奏新曲。如唐代袁郊《甘泽谣》云：

> 值梨园法部置小部音声，凡三十余人，皆十五以下。天宝十四载六月日，时骊山跸跸，是贵妃诞辰。上命小部音声张乐生长殿，仍奏新曲，未有名。会南海进荔枝，因以曲名《荔枝香》，左右欢呼，声动山谷。

《新唐书》卷二二《礼乐志》也载有这一史事。由此可知，"小部音声"是 15 岁以下的少年音乐家，他们曾在骊山为皇帝和贵妃演奏音乐，表演场所设在长生殿。"小部音声"由 30 多人组成，可见在骊山为唐明皇和杨贵妃表演的梨园弟子，其人数规模并不是很大。

据宋代程大昌《雍录·温泉》卷四记载，骊山温泉宫在"天宝六载改为华清宫，于骊山上益治汤井为池，台殿环列山谷。开元间，明皇每岁十月幸，岁尽乃归"。由此可见，唐玄宗常在冬季临幸华清宫。在这寒冷的季节，皇帝与贵妃在此沐浴温泉，并享受梨园弟子的歌舞表演，应是不难想见的。

华清宫梨园遗址既然是梨园弟子的居住处所，便不能排除他们平日在此练习乐器演奏和排练歌舞的可能。不过，在寒冷的冬季，乐队成员恐不适于在室外庭院或回廊练习乐器演奏，而歌舞人员则可适当在室外排练。东西两个庭院虽然面积不小，如西庭院根据南北两庑向西继续延伸和勘探结果分析，其东西长度不会少于 25 米，南北已知为 17 米，面积将超过 400 多平方米，但在冬季作为室外观演场所恐怕也不合适。况且，以皇帝至高无上的身份，恐不至于非要到梨园弟子的居所观赏歌舞表演，上引文献记载"小部音声"奏乐于长生殿，即其例证。因此，在目前尚未发现梨园遗址有舞台建筑或其他表演场地遗迹的情况下，似难推定东西两个庭院即为当时的观演场所。

由唐代华清宫梨园遗址的讨论，容易联想到"梨园"一词的内涵。由文献记载可知，梨园因地点而得名，它最初是皇宫禁苑的一处梨园，皇室人员常在此休闲、娱乐，后因唐玄宗挑选一些乐工在梨园演奏他喜爱的法曲等，便将这些特定的表演者称之为"梨园弟子"，而专供皇帝和皇妃欣赏的这个表演团体，便迳称为"梨园"。由此可见，梨园与唐玄宗关系密切，并与一定的表演内容、特殊的表演团体或特定的演职人员相联系。

唐代梨园的建置并非一时一地，而是在长安、洛阳和临潼三地均设有梨园。"梨园"既是音乐机构、乐人、表演团体和观演场所的代称，也可以用来指代梨园弟子的居所。因此，从历史的角度看，梨园与地点、机构、团体、人员和居所联系在一起，具有多重的含义，并具有一定的象征意义。

原载《交响》2013 年第 4 期

# 《律吕精义·乐器图样》读札

    明代学者朱载堉，毕生沉潜于乐律算术等学，著述颇丰，《律吕精义》即其重要乐律学著作之一。大家知道，朱载堉以发明十二平均律闻名于世。实际上，他对古乐器也有专门的研究，并与他的乐律学理论互为关联，其论说主要见于《律吕精义》卷八和卷九的"乐器图样"。①

    《律吕精义》分为内、外两篇，每篇各有 10 卷。内篇卷一至卷五论乐律、候气等，卷六和卷七论旋宫琴谱，卷八和卷九论八音乐器，卷十论审度、嘉量和平衡。外篇卷一至卷十论乐律、礼乐及舞学等。全书虽然有多处涉及乐器，但主要还是集中于卷八的"乐器图样第十之上"和卷九的"乐器图样第十之下"。

    "乐器图样"部分的撰写，在乐器分类上基本沿袭前代的传统，仍以乐器的制作材料即"八音"统领全部。不过，朱氏对"八音"的先后次序，则有自己的一些看法。他认为，"八音""本无一定次序方位，而陈旸《乐书》配八卦八风，盖系穿凿附会"。同时，他从乐器制造和调律角度，提出应"以竹音为先"。这些看法都是有道理的。

    从文献记载看，"八音"以乐器的制作材料来分类，在排序上确无特别的规定，而朱氏从音乐实践角度，将"竹音"列为首位，实因"律管乃万事根本"。在"乐器图样"中，"八音"的先后顺序为竹、匏、土、丝、金、石、革、木，并按照乐器的演奏方式和音乐性能，将其分为 3 类。他说："埙篪箫管、籥篴笙竽，凡口吹者，是一等也；琴瑟与歌，相须为用，次一等也；金石革木，不过节乐而已，又一等也。"显然，他将管乐器列

---

① 〔明〕朱载堉著，冯文慈点注：《律吕精义》，北京：人民音乐出版社，1998年版。

为首位，弦乐器次之，击乐器殿后。

正因朱氏强调"以竹为先"，故他在"乐器图样"中首论竹制乐器。他说："八音之内，当以竹音为首；竹音之内，当以律管为首。律管之为器，吹之以候气，奏之以和声。"可见，他将竹管乐器推至"八音"之首，目的还是强调律管的重要，以使乐器制造在音律上合乎音乐演奏的要求。他认为，"盖弦有缓急，非管无以定，定弦须用管，必然之理矣。"以管定弦，是朱氏基于音乐实践而得出的合理结论。从乐队定音来讲，竹律作为标准定音器，虽然会因温度、湿度、吹奏力度等的不同而发生一些改变，但由于管长和管径固定，故在黄钟律高上具有相对的稳定性。而弦乐器则不然，弦的张弛松紧比较容易发生变化，因此会影响到它的固定音高。这样看来，朱氏主张以竹为先，以管定律，是符合乐器演奏实际的。

在竹制乐器当中，朱氏绘有大、中、小3种型号的律管图，分别为低音组、中声组和高音组律管，即"倍律大管小样""正律中管小样"和"半律小管小样"。每组律管均为12支，皆以十二律吕排序，并附有管长、管外径和管内径尺寸。每支管的吹口一端，均开有大小相同的U形豁口，以便吹奏发音。这与朱氏"律有长短广狭，惟吹口则无异"的说法正相吻合。由此而看，朱氏律管的吹法类似洞箫，其形制应为开管。

朱氏认为，"管即律，律即管，一物而二名也。"《礼记·礼运》云："五声、六律、十二管，还相为宫也。"这里的"十二管"应指十二律管。由此看来，管确可作为律。但是，据文献记载，管还是另外一种吹奏乐器，而非作为定音所用的律。如《诗经·商颂·那》："鞉鼓渊渊，嘒嘒管声。既和且平，依我磬声。"又《周礼·春官·小师》："小师掌教鼓、鼗、柷、敔、埙、箫、管、弦、歌。"注云："管如篪而小，并两而吹之，今大予乐官有焉。"朱氏批评先儒，认为他们不识管，这种"并两而吹"的双管并非管。其实，《诗经》《周礼》言之的管应为吹管乐器，而不是定律器。因此，管和律是否"一物而二名"，应视具体情况而定，不宜一概而论。

对于管和箫，朱氏也有比较。他说："若管与箫，则大同而小异。特而吹之，是谓之管；编而吹之，是谓之箫。亦犹钟磬之有特有编也。"这是说，单管的洞箫与律管基本相同。而将洞箫编联，则成为排箫。他还说："箫即是管，管即是律，其长短广狭皆与算术合。"然而，朱氏所制律管为开管，若编而吹之，则与闭管之排箫的发音原理有异。实际上，该书另有排箫线图，形制为先秦时期所见的参差型，即由低音到高音，管长依次递减。他所描绘的排箫以十二律编排，并认为排箫尚左，即发音为左低右高。而宋代陈旸则认为排箫发音右低左高。但是，从演奏角度考虑，排箫的高低音究竟是在左还是在右，取决于个人的吹奏习惯，恐怕不会一成不变。

"乐器图样"之中，绘有"六律特管小样"和"六同特管小样"，均为独立的单管，未予编联。而"六律编管小样""六同编管小样""十二律孤竹管小样""十二律阴竹管小样"和"十二律孙竹管小样"，则皆予编联，形如排箫。朱氏认为"钟、磬及箫皆以十六枚为一具"，故其所绘大箫、小箫均为十六管。但验之以考古发现，先秦时期的排箫，管数并无一定，如河南鹿邑太清宫长子口墓出土的商末周初骨排箫，管数有五、六、十、十三不等。① 河南淅川下寺春秋楚墓和湖北随州战国早期曾侯乙墓所出排箫则均为十三管。② 出土的大量先秦钟磬，其组合也不是以十六为定数，此不备举。由此可见，朱氏信从先儒旧说，以为编钟、编磬皆以十六枚为一编，排箫也以十六管为一具，是不准确的。

关于箫（指洞箫）和篪的管长尺寸，朱氏认为先儒所释多有出入，不可信据。例如，陈旸认为箫像凤，属于火禽，火数二七，故长一尺四。但文献所记篪的长度也为一尺四，这又如何解释？朱氏指出陈旸所说乃穿凿附会，其言极是。

朱氏在书中还谈到籥，他说："籥即古所谓律，黄钟之籥也。"又说："籥、龠二字，本是一器。"可见他认为籥同箫一样，皆为律。从他所绘籥图看，为单管，竖吹，有3孔和6孔两种，籥的吹口一端有豁口，颇类洞箫。朱氏指出"籥""龠"同义，是正确的。但这种有按孔的竖吹籥，与律管应非同类。朱氏所谓籥即律，大概指那种无按孔的竖吹单管乐器。郭

---

① 河南省文物考古研究所、周口市文化局：《鹿邑太清宫长子口墓》，郑州：中州古籍出版社，2000年版，第192～193页。

② 河南省文物研究所等：《淅川下寺春秋楚墓》，北京：文物出版社，1991年版，第95～97页；湖北省博物馆：《曾侯乙墓》，北京：文物出版社，1989年版，第172～174页。

沫若从文字学角度，指出籥为编管乐器，①后来受到质疑，但迄无定论。因此，籥究竟是单管还是编管，尚需进一步研究。

关于竖吹3孔籥的按孔，朱氏描述了制作时的开孔方法，即"用纸条比量籥两端取齐，将纸条折作二十截，用墨匙界毕。自下数至三截、五截、七截之际，各开一孔，孔径各如倍律内径之半"。类似的方法，朱氏也用来制作古篴。这种开孔法简便易行，当为朱氏管乐器制作经验的总结。

朱氏还将籥与笛加以比较，他说："盖篴与笛音义并同，古文作篴，今文作笛。其名虽谓之笛，实与横笛不同，当从古作篴以别之可也。尝考古制籥、篴二物，大同小异；籥之吹处，类今之箫；篴之吹处，类今之楚。吹处不同，此所以异名也。"由此可知，朱氏所谓笛应非横笛，而是竖吹管乐器。他认为籥、笛二器几无分别，唯有吹孔设计不同。他指出："篴制与籥全同，唯吹处与籥异，上端比籥长出五分，以木塞之，其木后畔微削，使通气于吹孔，吹孔在篴之后，其制即今所谓楚者是也。"实则古代既有横吹之笛，也有竖吹之笛，前者与朱氏所谓竖吹的籥，在奏法上是不同的。

对于管乐器演奏中的人为控制，朱氏有非常精到的论述，他说："籥、篴、笛、管，皆一孔兼三音，其吹之极难，分晓全在口唇之俯仰，吹气之缓急。唇仰则清一律，唇俯则浊一律，仰而急者则为本律之半声。"由此足见，朱氏已经认识到管乐器受人为因素的影响，在音律上具有一定的游移性。朱氏在阐述这一观点时，注意吸收和继承前辈学者的研究成果，他在"吹篴活法"中引用明代学者李文察的观点："惟排箫最易吹，一管一音，无事假借；而籥、篴、笛、管皆一孔兼三音，其吹之极难，分晓全在口唇之俯仰，吹气之缓急。唇仰则清一律，唇俯则浊一律，仰而急者则为本律之半声。"今天看来，李、朱二氏的这些见解，对于音乐考古学研究，尤其是吹管乐器如埙、笛、篴、排箫等的测音数据分析，仍具有不可忽视的参考价值。

明代私人藏家收藏的古乐器，曾经引起朱氏的兴趣。他在书中举出所见之铜篴，中空而两端有底，底中心皆无孔。管一面有6孔，6孔中间，

---

① 郭沫若：《甲骨文字研究·释龢言》，北京：科学出版社，1962年版。

有 1 孔翘然上出。管背有古篆铭文 3 字："黄钟鳛。"这种吹孔居中的篪，与书中所绘大、小篪图相同，而与曾侯乙墓所出竹篪有异。曾侯乙墓篪的吹孔开设于管的一侧，但与 5 个按孔不在一条直线上，故其奏法当为双手掌心向里横吹。[①] 由此看来，朱氏所论篪当非先秦古制，而应为后世制品。

朱氏对管乐器的选材也有考究，如他在论述排箫的制作时，指出"以笔竹或笙竹佳者，带皮用之。于多竹中，择取天生两端圆匀合外径之数者最佳"。又他对制箎的选材也有讲究，认为宜取带皮紫竹或湘妃竹，用时皆不去皮。朱氏谓竹管乐器"不施漆饰，尚自然之质也"。又说削治的笛竹，不得已才加以漆饰，但只宜髹黑漆。并说琴瑟及簧篪，也施以黑漆，应是古人遗制，切忌饰以朱红彩色。今观出土竹管乐器，如曾侯乙墓篪，通体髹黑漆，但其上绘以朱、黄二色绚纹、三角云纹和变形菱形纹，5 个按孔所在的条形平面四周还框以朱线。[②] 出土的东周时期琴瑟，有些也是彩绘；而不少簧篪，如钟磬架，所髹漆色也是黑、朱、黄或银灰色相间。[③] 可见朱氏并未见到上古的实物，其论断有些失之偏颇。

由上所述，可知朱氏认为篪、箫、管、律这 4 种乐器在形制上彼此相关，大同小异。但是，律管乃标准定音器，其余均为演奏乐器，它们在制作精度、用途和音响性能上还是有所区别，这是应予明确的。

关于匏属之笙、竽，朱氏绘出二十四簧、十九簧、十三簧笙、竽图，同时指出，制作笙竽应以木代匏，匏乃笙斗之别名，认为以木代匏可以溯及三代。朱氏还曾亲自做过有关的实验，以验证以木代匏的音效。这种以木代匏的观点是完全正确的。

在对埙的研究中，朱氏认识到埙的发音特点，指出："唇有俯仰抑扬，气有疾徐轻重，一孔可具数音，则旋宫亦自足，不必某孔为某声也。"又说："埙篪皆活音，与群乐共奏，俯仰迁就，自能相合。"与此类似的论述前已引及，这些见解，如果不是出于埙的吹奏实践，恐怕是难以得出的。

---

① 方建军：《先汉笛子初研》，《黄钟》1989 年第 3 期。

② 湖北省博物馆：《曾侯乙墓》，北京：文物出版社，1989 年版，第 174～175 页。

③ 李纯一：《中国上古出土乐器综论》，北京：文物出版社，1996 年版。

　　书中所绘埙图为商周时期常见的形制，即小平底，鼓腹，吹孔端锐，按孔前三后二。朱氏书中的埙图，其准确性远非陈旸《乐书》所堪比。陈氏所绘的埙图，吹孔为两面对开的 V 形凹口，不见于迄今考古发现的先秦埙，当属绘图失真所致。传世的太室埙、韶埙，吹孔也是对开的 V 形，无法吹奏发音，因而被疑为伪作。①

　　在"土"类乐器当中，朱氏特别提到缶，他说："缶本非乐器，偶值无钟磬时权以缶代之耳。后世宫悬既有钟磬，而又击缶，非也。"他将缶视为乐器，是正确的。但认为缶乃钟磬的替代乐器不可与钟磬共奏，则恐有不妥。江苏无锡鸿山越墓出土战国时期的瓷缶，与钟磬等瓷乐器共出，②当可为证。

　　关于琴瑟的弦数，朱氏指出陈旸之误。陈氏谓"大琴二十弦，中琴十弦，大瑟五十弦，小瑟五弦"。朱氏认为琴瑟虽有大小，但弦数无增减，大琴、小琴皆七弦，大瑟、小瑟皆二十五弦。这些看法基本无误，但仍有其不全面性。据考古发现，琴的七弦，瑟的二十五弦，应属通例。但琴还有十弦，瑟尚有十九、二十一、二十三、二十四、二十六弦不等，这与陈氏所说差异较大，与朱氏所言也不能全合。

　　在钟类乐器当中，朱氏尤为关注甬钟，他注意到甬钟有实甬和空甬的区别。在论述出土的"周隧钟"时，他指出："是钟于鼓间隐起而中微窊，则周官凫氏所谓隧欤！"并且对《考工记》"于上之攠谓之隧"加以释义。他说："攠，犹弊也。击处久则弊。其形窊如犁面，又类取火镜，故名曰燧。古文隧与燧通。"他认为"攠"有"窊"的含义，是不错的，但认为隧位于钟的鼓面，乃因久击而形成，则属千虑之一失。实际上，隧位于钟内壁而非鼓面，考古发现的大量西周甬钟，钟体内壁多有 2 至 9 条由口至顶的深隧，③ 即其明证。

　　朱氏绘制的甬钟图较为准确，他将宋代王黼等所撰《博古图》里的甬钟图，与陈旸《乐书》的甬钟图加以比较，指出陈书绘图之非。朱氏十分重视《博古图》，从中选录 8 例青铜编钟。他批评陈旸《乐书》，认为此书

---

　　① 方建军：《太室埙、韶埙新探》，《中央音乐学院学报》2009 年第 3 期。
　　② 南京博物院等：《鸿山越墓发掘报告》，北京：文物出版社，2007 年版。
　　③ 方建军：《中国古代乐器概论（远古—汉代）》，西安：陕西人民出版社，1996年版。

虽然述及《考工记》有关钟的法度，但所绘甬钟的图形不确，似乎未见过《博古图》。他说："陈旸诸家乐书虽述《考工记》之法，其为钟图亦陋。"陈旸所绘甬钟图甚为失真，朱氏指出陈书之误，是非常重要的。

关于石磬，朱氏谈到磬石的选材。他说，"磬之所产，不拘何处，惟在人择之耳。"认为磬的石料并未限定必须采自何地，因为不少地方均有适用的磬石。他所绘磬图为曲尺形，属明代磬制，而非先秦时期常见的倨背弧底磬。他指出明代的磬大小相同，仅厚薄有别，而古磬则非。书中还举一古墓所出数十件磬，大小尺寸不等，与宋明磬制有异。这些观点都是正确的。

《周礼·地官·鼓人》云："鼓人掌教六鼓四金之音声……以雷鼓鼓神祀，以灵鼓鼓社稷，以路鼓鼓鬼享，以鼖鼓鼓军事，以鼛鼓鼓役事，以晋鼓鼓金奏。"郑玄注云："雷鼓，八面鼓也。""灵鼓，六面鼓也。""路鼓，四面鼓也。"而鼖鼓、鼛鼓和晋鼓郑玄仅注其尺寸，故言下之意这3类鼓皆为两面。朱氏认为，郑注所说的八面、六面或四面，并非一件鼓有多个皮面，而是一样的鼓有八副、六副或四副。他指出"旧说及图，近乎穿凿，不必从也"。此言甚确。

朱氏对历代文献中有关古乐器的论述有所取舍，他认为"先儒论乐器者，率摭末而遗本。"何为"末"和"本"，朱氏有自己的解释。所谓"末"，即载籍中有关乐器的传说，如神农制琴，伏羲造瑟，女娲作笙之类。朱氏指出，这只不过是"尊其人重其器而已"。可见他认为神话传说在古乐器研究中应属次要。另外，文献中描述的"金徽玉轸""龙池凤沼"之类，"不过华其饰美其名而已"，也应属于乐器研究的"末"。所谓"本"，朱氏举《周礼·春官·典同》为例，"凡为乐器，以十二律为之数度，以十二声为之齐量"，认为"数度声律"乃乐器之本。凡此均系出于乐器或乐队演奏的实际考虑，表现出他对乐器音响性能的重视。

通观朱氏在《律吕精义·乐器图样》中的论述，可知他对于古乐器的研究，除运用历史文献资料之外，主要结合音乐实践如乐器演奏和乐器制造等，并参考当时出土的乐器实物。他这种注重实学的精神，值得发扬光大。他对前人有关古乐器研究的得失予以评说，为后世学者的研究提供了参考。从朱氏的管乐器制作和实验可知，他对于十二平均律的探索建立在坚实的音乐实践基础之上，因而才能获得最终的成功。不过，由于时代的局限，当时的研究材料尚嫌不足，尤其是缺少考古实物，所以仅依靠文献或实验，虽然可以解决一些理论问题，但对乐器形制和音响性能的认识，还是难以全面深入，有时甚至会有所失察或失误。无论如何，现在重新绎读《律吕精义·乐器图样》，对于当今古乐器学乃至音乐考古学研究，都具有一定的启示意义。

原载《黄钟》2011 年第 4 期

学术史研究

# 一位“没有毕业的学生”

## ——我随李纯一先生学习音乐考古学

1985 年，我考入中国艺术研究院研究生部，师从李纯一先生学习音乐考古学。时光如梭，转瞬已逾 30 余年。虽说我在校就读时间仅有 3 年，但

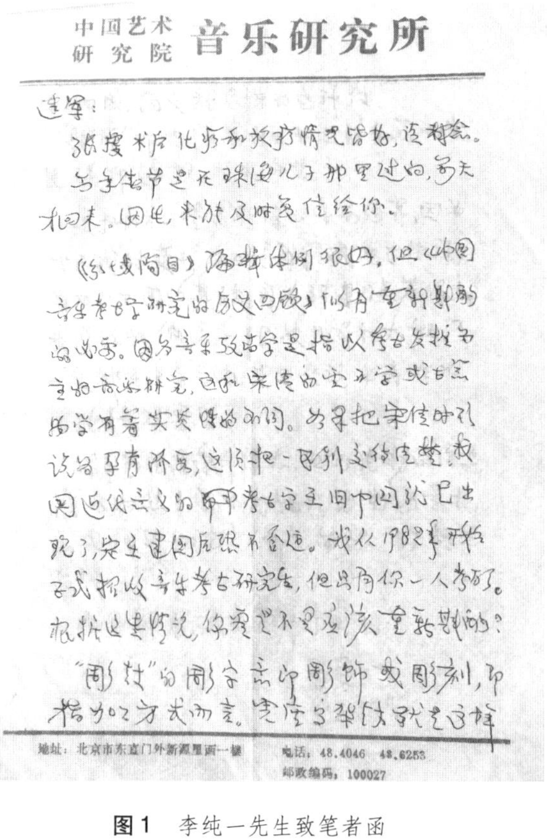

中国艺术研究院 音乐研究所

建军：

张援术后化疗和放疗情况皆好，请释念。

今年春节是在珠海儿子那里过的，前天才回来。因此，未能及时复信给你。

《论文纲目》编排体例很好，但《中国音乐考古学研究的历史回顾》似有重新斟酌的必要。因为音乐考古学是指以考古发掘为主的音乐研究，这和宋代的金石学或古器物学有着实质性的不同。如果把宋代时期设为孕育阶段，这便把一些别义弄得不清楚。我国近代意义的考古学在旧中国就已出现了，定在建国后恐不合适。我从1982年开始正式招收音乐考古研究生，但只有你一人考取了。根据这些情况，你看是不是应该重新斟酌？

“雕饰”的雕字意即雕饰或雕刻，即指加工方式而言。

地址：北京市东直门外新源里西一楼　电话：48.4046　48.6253

邮政编码：100027

**图 1**　李纯一先生致笔者函

毕业后我与恩师交集不断，一直得到他的点拨和指教。自 1988 年赴西安音乐学院工作，到 2002 年我抵香港中文大学攻读博士学位，我们之间有多达 14 年的学术通信（图1、图2），是他指引着我在音乐考古学研究的道路上前行。后来，随着通讯技术的发展，也由于先生年事渐高，书写和投递信件不便，故我们主要以电话方式沟通。我珍藏着先生写给我的 56 封信函，时常翻检诵读，思索体味。这些信件不仅是先生对我传道授业解惑的历史印记和见证，更是激励和鞭策我在学术上积极进取的精神食粮和动力。值此庆贺李纯一先生九五华诞学术研讨会之际，谨将我随先生学习音乐考古学的几件往事写在这里，以为先生颂寿，并与读者分享。

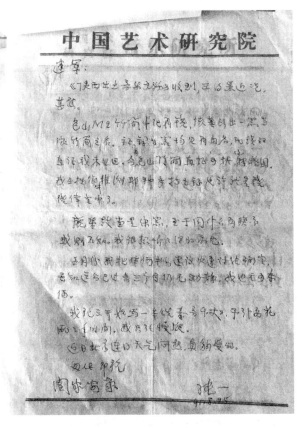

**图2**　李纯一先生致笔者函

# 一、考入先生门下

1978 年是"文革"之后恢复高考的第 2 年，是年我考取河南大学音乐系，主修二胡演奏专业。大学 3 年级时，受历史系学兄和好友魏真的影响（他曾学习和研究美术史），我开始留意阅读中国古代音乐史著述。期间，我有机缘结识河南大学音乐系青年教师赵为民先生，他曾借出差之机帮我购买音乐史图书，并向我讲述中国古代音乐史学界的发展情况，印象最深的是他多次谈到冯文慈和李纯一两位先生的学术研究。从此，我开始慢慢步入中国古代音乐史的学习之路。

不久，我从全国研究生招生目录中，查到李纯一先生拟于 1982 年招收音乐考古学专业硕士研究生，于是便决定报考。报名之前，我试着给李先生写了封信，表达了报考音乐考古学研究生的意愿，算是投石问路。当时预想李先生不一定回复，但出乎意料，很快便接到了他的信件。李先生用的是中国艺术研究院的便笺，信写得较为简短，主要意思是欢迎我报考音乐考古学专业研究生。从当时的情形看，如果没有李先生的回信，也许我也不一定非报考这一专业。正是这封简短的回信，给了我莫大的鼓励，并为我增添了学习音乐考古学的信心。但是，由于我的英语基础十分薄弱，虽然突击复习了 3 个月，最终还是名落孙山。

大学毕业之后，我服从国家分配，来到河南省南召县第一高中工作。为了提高英语水平并再次报考音乐考古研究生，我选择了任教英语。这时，我又给李先生写信，向他汇报毕业后的工作状况，字里行间流露出沮丧的心情。先生回信予以安慰，他称我为"建军兄"，让我受宠若惊。他这样说道："吾兄还很年轻，前途是十分广阔的，只要继续努力，有志者事竟成。"（1982 年 10 月 17 日函）这些简练的话语，在当时确是一种让我支撑下去的精神力量。

按照当年中国艺术研究院的规定，研究生每隔 3 年招 1 批，即培养毕业一届后再重新招生。为此，我准备了 3 年，直到 1985 年我才再次报考李先生的研究生。在复习备考期间，李先生曾经考虑到我的条件和局限，指出学习和研究音乐考古学的难度，让我根据自己的实际情况，对是否选择音乐考古学专业再做一次定夺。经过反复思考，我毅然决定继续报考音乐考古学。我给李先生回信表达了自己的想法，先生看我如此咬定青山不放松，感到十分欣慰，并鼓励和指导我继续学习下去。

1985 年 4 月，我到北京参加研究生复试，地点在东直门外新源里音乐研究所。面试时，我第 1 次见到了李先生。他那年 65 岁，看起来面庞清瘦，精神矍铄。李先生站起来后，我才发现他那么高大，后来才知道他身高 1.86 米。复试过后约 2 个月，我接到了录取通知书，梦想终于成真，我居然成为李先生的第一个音乐考古专业硕士研究生，当然也是他的最后一位关门弟子。

## 二、收集音乐考古资料

李先生给我上的第一堂课，就是要学会收集和整理音乐考古资料。他向我展示了自己历年积累的音乐考古资料卡片、笔记、统计表格、摹图、绘图等，详细讲解资料卡片须要摘录的内容，以及如何对卡片予以分类管理。譬如出土乐器要按照不同的器类和品种来排列资料卡片，音乐图像和有关音乐的古文字资料也要分类管理。除了做卡片，还要完成音乐考古资料统计表。表格的设计要以时代为序，然后再按器类和地区来汇集。

先生给我布置了具体的任务，他让我用一年的时间查阅所有自创刊以来的《考古》《文物》《考古学报》以及各省区出版的文物考古类期刊，将有关音乐考古资料抄录于卡片或笔记，并注意收集出土乐器的各项测量数据以及有关照片、线图、铭文和纹饰拓本等。那一年，我往返于恭王府内的研究生宿舍和音乐研究所图书馆之间，每周 2 至 3 次背一大包书回宿舍阅读和摘抄资料。音乐研究所没有的书刊，我就到中国社会科学院考古研究所查阅。期间，音乐研究所图书馆的李文如先生，考古研究所资料室的王世民先生均给予极大的支持和帮助。

当时那个年代，复印机稀缺且复印费用昂贵。文字资料尚可摘抄下来，而图片资料当然以复印为佳。但是，如果大量复印，我在经济上便无法承受。这时，李先生向我传授一个方法，即买一些硫酸纸或其他透明纸，将其衬托于图片之上，再用笔将原图摹绘出来。当然，这只是当时条件下的无奈之举，摹绘出的图形不可能十分精确，但它确实为我积累了有价值的参考资料。手抄的资料卡片与现代科技手段尤其是电脑数据库相比，可能显得比较费时费力，但由于是自己经手逐字逐句抄录，故所获印象较深，且通过对卡片的日常维护整理，也能加深对考古资料的熟悉和认知。

李先生对音乐考古资料工作的重视是一以贯之的。他常讲："有多少材料说多少话。"他告诉我，文章写完后要放置一段时间，不要急于发表，不要给学术界添乱。他强调，音乐考古学是一门年轻的学科，有许多知识是我们所未知的，切忌操之过急，或草率武断。做研究不要轻下结论，否则我们的认识便会因为幼稚而被新的考古发现所否定。他还指出："我们所知有限，见到的实物更少，如果急于判断或推测，往往会被一些新材料或我们所不知的方面所否定。更何况音乐考古是一门处于初创阶段的学科，材料须要积累，方法尚在摸索，理论有待于建立。"（1989 年 7 月 27 日函）"研究学问就怕掌握资料不足，探讨不深，尤怕自己不驳难自己。"（1991年 11 月 1 日函）他常说，论点可以见仁见智，但资料一定不能出错，资料出现纰漏，论据就不可靠，由之得出的结论便难以成立。

我到西安音乐学院工作后，先生建议我利用当地优势积累更多的音乐考古资料，并与文献资料结合起来开展研究。他说："做任何事都要讲实事求是，搞音乐考古也是如此。你既掌握陕西音乐考古资料较多，关系也较熟，正可利用这个优势做深入而全面的研究。我当初主张你搞大系陕西卷的用意即在于此。有了感性基础，还要向理性高度发展，这就须要既掌握考古文化资料与文献资料，又要使二者相结合，并能探求与当地音乐实际的联系。切忌见物不见人，游离于历史之外！要记住音乐考古学的最终目的是恢复音乐历史发展的实际！"（1993 年 4 月 13 日函）

后来我尝试用电脑管理音乐考古资料，建立中国出土古代乐器资料数据库，开发出《金石之乐（2.0）》计算机软件，请李先生试用并提出宝贵意见。先生那时已年近 80 高龄，但他是一位积极接受新生事物的学者，此前早已学会使用电脑。后来他告诉我，由于盯电脑时间长了眼睛疼痛，准备更换一台大点的显示器，并将电脑主机升级换代。再到后来，他的眼睛实在不能再看电脑，只好停用了。

李先生对研究资料的重视，从他大量而广泛的藏书也可窥见一斑。先生家除有一个较大的书房外，在客厅和卧室都摆满了书柜，简直就是一个图书馆。在这里，有关的大型工具书和重要的考古发掘报告应有尽有，有一些图书甚至连音乐研究所图书馆都未曾收藏。2014年我从天津去北京探望先生，得知他还购买了新出版的《上博简》《清华简》《放马滩简》等出土文献资料。

# 三、论文选题

在我读研的第1学年第2学期，李先生便开始让我思考毕业论文的选题。他指出，选题必须具有相当的开拓性或独创性，不能只炒冷饭或平淡无奇。选题应具备研究和写作的可行性，要根据自己的能力大小来选题，切不可好高骛远，脱离实际，也不可将题目设定过大，而应大小适中。他说，论文题目从何而来？不是从天上掉下来的，而是靠平时在收集、整理和分析资料时发现问题，有问题就会有题目。

在论文选题方面，李先生只是循循善诱，为我讲解选题的总体原则和要求，但绝不会给我命题作文，也不会替我选题，他强调这项工作必须由我自己来完成。此前我从未做过音乐考古专题研究，要通过论文选题这一关还真不容易。几个月下来，我所提交的若干论文选题均被李先生"枪毙"。先生每否定一个题目，都会讲出具体的理由，使我心服口服。

转眼一个学期即将过去，但我还是未能将论文题目定下来，那时内心的确比较着急。在1986年暑假即将来临之际，李先生半开玩笑地说，你定不下题目就别放假回家了。压力就是动力，量变产生质变。经过长时间的思考和煎熬，我又拟出一个论题，即《对新石器时代至西周时期的石磬进行研究》，我决定向李先生汇报这一选题。那天，我骑着自行车飞奔到先生家，由于兴奋和心急，到先生家门口时才发现穿着拖鞋，可这时已经来不及返回宿舍换鞋了，只好硬着头皮按响了门铃。先生发现了我的状况，只是微微一笑，并没有怪我。我向先生仔细汇报了新的选题构想，终于获得先生的首肯，那便是后来完成的硕士学位论文《先商磬和商周磬》。

论文选题确定之后，先生语重心长地对我说，不是老师不为你指定题目，而是你必须通过自己选题来训练做学问的基本功，即便你今后离开老师，也同样能够独立选题做研究。现在，我时常将自己的选题经历告诉我的学生，让他们理解"授之以渔"的道理，叮嘱他们应沉下心来，通过选题的磨炼来探寻做学问的方法。联想到目前有的高校要求研究生在指定的论文题库中选题，我感到颇为不妥，这样会使学生的论题囿于限定的范围，最终写成的文章大多千篇一律，或换汤不换药，这种做法不利于培养学生的创新精神和独立思考能力。

## 四、田野考察

我的第一次音乐考古田野考察，始于1985年被录取为研究生后的盛夏。当时我还在河南平顶山市文化局工作，而该局所设文物办收藏有平顶山北渡魏庄出土的3件西周早期编钟。我将这一情况写信告知李先生，希望能赶在研究生入学前在他的指导下尝试对魏庄编钟进行考察测音。

李先生在信中对我进行了具体而详细的指导。他要求我测量编钟的各部尺寸和重量，对编钟进行多角度拍照并对纹饰予以捶拓，同时要观察编钟的内部结构，如钟甬是实心还是与内腔相通，甬内是否留有泥芯，钟的内壁是否有痕迹等。在考察完这些项目之后，要对编钟进行测音。当时由于条件限制，我仅对编钟加以演奏和录音，并以现场听觉来判断其音列结构，但无法借助仪器设备来进行测音。不过，这次初步接触音乐考古实物，使我熟悉了编钟的各部位名称和结构，学会了对编钟从不同角度和部位进行拍照，以及如何制作纹饰拓片等。这次考察的结果，见于我次年发表的第1篇小文《魏庄编钟的年代及其音阶构成》（《平顶山文物》1986年第4期）。

李先生在给我上课时常讲，音乐考古研究与音乐史研究有所不同，音乐史研究主要依据文献资料，大多时间用在图书资料的研读分析等案头工作上；而音乐考古材料都是实物资料，不能纸上谈兵，必须进行实地考察，掌握第一手资料。但是，音乐考古资料收藏于文博考古单位，接触它们并非易事，须要征求有关部门的允准和同意。因此，他建议我要广交朋友，不耻下问，争取一切可能的机会，来从事音乐考古田野考察。

研究生学习期间，李先生曾经先后两次带我前往陕西和山西地区考察，为我提供了难得的实习和考察机会。1986 年，我第一次随同李先生赴陕西考察（图3）。当时我还有研究生共同课在读，按规定不能外出，但由于李先生亲自出面协调，研究生部特批了我的田野考察假。临行前，我按照李先生的要求，将陕西地区的音乐考古材料按发现地点、时代和种类加以梳理，并对已有的研究成果予以归纳，对有关发掘报告或简报中的数据缺项记录在案，以便在考察时补充齐全；对已发表的图像资料中不清晰或不明确的地方逐一标出，以备考察时加以核实；同时，查阅有关历史地理资料和地图册，以了解出土地点的历史地理知识和交通信息，为音乐考古的田野考察做出必要的前期准备。

图3    1986 年随李纯一先生赴陕西凤翔考察秦公一号大墓编磬（左 2 为李纯一先生、左 3 为笔者）

那年，我们陪同李先生几乎走遍了陕西地区各重要文物收藏单位和考古工作站，并前往出土大型编磬的秦公一号大墓遗址观察。李先生制定有周密的考察计划和方案，他安排我和秦序师兄分工，对有关出土乐器进行全面的测量和测音。李先生要求很严，不放过任何一个细节，对各项尺寸数据逐一重新进行测定。对于出土乐器的测音，先生要求要有多个录音备份，以免因录音设备故障而影响音响质量。同时，他还比较重视现场耳测的记录，以便与后期机测结果加以比较分析。这次考察活动，使我掌握了音乐考古田野考察的基本方法，为后来的田野考察和毕业论文写作奠定了基础。

在我毕业工作之后，李先生外出考察仍然惦记着我。1990 年，我在与先生的信件往来中，得知他准备赴湖南地区考察出土乐器，我意识到这是一次十分难得的学习机会，表示很想一同前往。当李先生听说我没有申请到科研经费后，就将他自己仅有的 5000 元科研经费划拨出一部分，用于解决我的差旅费（图 4）。今天回忆起来，我仍如当初一般感慨不已，先生提携后学的精神令人永不忘怀。

**图 4** 1990 年随李纯一先生考察长沙马王堆汉墓乐器
（左 3 为李纯一先生，左 2 为笔者）

## 五、治学态度

治学态度是李先生历年来对我要求最多最严的方面。在李先生书房的墙壁上，悬挂着他手书的"宁慢爬，勿稍歇"六字座右铭。他经常跟我说，"不怕慢，就怕站"。你慢了不要紧，站下来就停止了，不进则退。先生的作息规律是早睡早起，他每天清晨三四点钟即起床开始一天的读书、研究和写作，以此践行着自己的理想和追求。

在我研究生毕业时，李先生写的临别赠言是："老老实实做人，认认真真做学问。"刚到西安工作时，各方面困难较多，先生安慰并鼓励我要学会独立，"惟有自力更生，勤勤恳恳老老实实做自己的学问才最可靠！自己做学问要认真、从严，才最有价值。"（1988年12月8日函）2006年我从天津去北京看望先生时，他还赐我"静修俭养"四字墨宝，希望我专心治学。

他常要求我，做学问要甘于寂寞，不为外物所动。他说："你我致力于祖国音乐考古学这门新兴学科，作为炎黄子孙，切不可心猿意马，为外物所动，愧对祖先。"（1993年4月28日函）他还说："须知中国现代音乐考古学的开拓需要甘当铺路石的志士，我希望你就是这样一个先驱者。当然这里甘辛苦辣，只有经得起考验的人才能过关。我希望你就是这样的过关人！我深知在目前情况下这样要求你实在过分严格了，连我自己也觉得有些迂腐。可是我秉着学术良心只能这样直言相告。"（1993年8月18日函）

在与李先生的一次通信中，我谈到河南三门峡虢太子墓M1052所出一件青铜乐器的名实问题。原报告认为这件乐器是钟，我据其形制推断为钲，得到李先生的认可。他说："要记住真理是具体的，本着这种具体问题具体分析的精神，对不合理或不确切的已有说法，应勇于提出自己的看法，不要为其所囿。你这次提出的问题很好，日后就照这样做下去。"（1990年6月24日函，图5）

我曾写信向他谈到音乐学界有关学术争鸣的情况，他在复信中指出："学术讨论贵在实事求是，有错则承认，无错或对方理由不充分的可以暂时坚持自己的看法。有些问题不一定能够很快得出结论，甚至很久时间内老是两说或诸说并立。""坚持真理，修正错误应是准则。接受正确意见，修正错误，是诚实学者应有的风度。""商讨要心平气和，摆事实，讲道理，切不可意气用事。"（1990年11月3日函，着重号乃先生原信所加）后来，我在整理自己以往发表的文章并拟出版论文集时，向他谈到论文中存在许多错误和失当的地方，想在汇集再版时以附记形式加以补正。他在复函中教导我说："人的认识是一个不断前进的过程，而考古新材料的发现也需要时日，因而勇于改正自己的错误是治学者必不可缺的品质。"（1993年5月12日函）先生率先垂范，常常开展自我批评，在有关论作和讲课中检讨自己，他谦虚谨慎的学术品质为我们树立了学习的楷模。

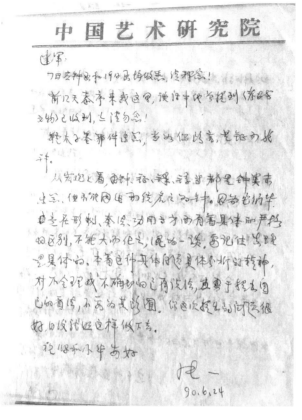

**图5** 李纯一先生致笔者函

1999 年，我邀请李先生赴西安音乐学院参加音乐考古专业研究生唐应龙的论文答辩。先生在多年没有外出的情况下，欣然同意前往。他说："我自离休后，迄今整整 10 年，谢绝外面一切邀请。这次去西安虽属破例，但也十分应该，十分值得。"看到有年轻学子从事音乐考古学习和研究，使这门学科薪火相传，后继有人。李先生对我说："音乐考古这门新兴学科，我早就寄托在你身上，看来现在我可以放心了。不过，从小唐论文看来，我知道你已感到自己功底不足，还应继续前进。"（1999 年 6 月 14 日函，图 6）先生既对我勉励有加，同时又指出我的欠缺，使我力戒自满，保持清醒，找准自己努力的方向。

后来我多了一些行政领导工作，自然占用不少研究的时间，于是向先生写信诉说自己的苦恼。先生开导我说："学术是一靠积累，二靠创新。积

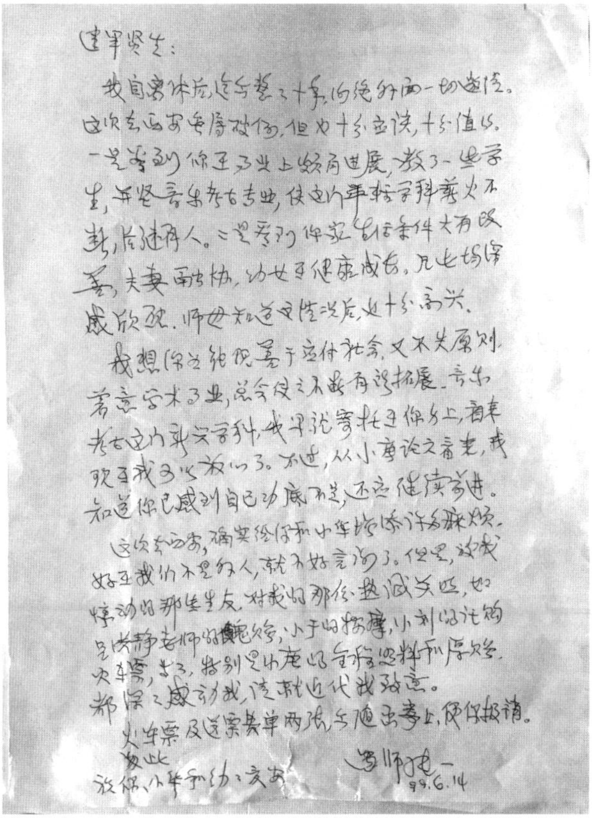

图6　李纯一先生致笔者函

累须勤学习勤钻研；创新须多思索多探究。你行政教学工作忙，要努力在忙中偷闲去搞学术，日久便有收获。"（2000 年 11 月 15 日函）

就这样，我从拜师李先生门下至今，持续不断地得到先生的指教、帮助、提携和鼓励。虽然 3 年的研究生学习早已结束，但实质上我就是先生的一位"没有毕业的学生"。

原载中国艺术研究院音乐研究所编《"宁慢爬，勿稍歇"——李纯一先生九五华诞学术研讨会文集》，北京：中国文联出版社，2018 年

# 音乐考古学的历史与研究方法

采访人：龙壹，《贵州大学学报》特约编辑，云南大学副教授。

受访人：方建军

**龙**：方老师好！在毕业之后，能够以访谈的方式向您请教，我非常高兴！

**方**：是啊，算起来你毕业 10 多年了，这些年我们见面的机会少，今后欢迎你常来天津，我们师生也可多些交流。

**龙**：好的。我今天主要想从您的博士论文，即《商周乐器文化结构与社会功能研究》（上海音乐学院出版社，2006 年）一书来切入您的学术研究，借以探讨民族音乐学与音乐考古学的异同。因为您是我国最早的音乐考古学专业研究生，也是目前我国音乐考古研究方面的权威专家，所以，我还是从音乐考古学的发展历史，特别是今日的音乐考古学与古代的异同方面来请教？因为我今天的请教既代表个人，也代表《贵州大学学报》（艺术版）为广大音乐学子而向您请教。

**方**：任何学科都有一个历史渊源的问题，没有无本之木，无源之水。我国音乐考古学的研究历史可以溯源到北宋的"金石学"；但一门学科的成熟主要是理论方法的成熟，我国音乐考古学是在西方考古学进入中国后产生的，研究方法与"金石学"明显地不同。

我先简叙"金石学"的历史，然后从音乐与考古两个方面来说明二者的不同，这也是今日进行音乐考古学研究首先需要明确的关键点。

"金石学"以青铜器和石刻上的铭文为主要关注对象，重要著作有吕大临的《考古图》、王黼的《博古图》和薛尚功的《历代钟鼎彝器款识法帖》等。后来，研究范围渐渐扩大，到清代时称为"古器物学"，以乾嘉学派的成就为高，重要著作有《西清古鉴》《宁寿鉴古》《西清续鉴甲编》《西清续鉴乙编》。这4部书都是研究清宫收藏的铜器，现在一般合称为《乾隆四鉴》或《西清四鉴》。

为何说它们并非严格意义上的音乐考古学呢？

首先，从考古学的角度来看，考古学是20世纪初从西方传入的。它注重田野考古发掘，有专门的研究方法。得到的器物通过地层学方法可以比较准确地判定年代；具体的出土地点和出土物的伴生关系，进行区系类型研究，可以明确不同地域文化特色及其关系。金石学和古器物学的研究对象多是偶尔得到，真伪、年代都难以准确判定，没有考古学的科学性与严谨性。

其次，从音乐的角度来看，"金石学"主要关注器物铭文，即金石上铭刻的文字，以字的多少来看待器物的价值高低，对于乐器音高、音乐演奏功能的研究比较缺乏。

这样一对比，我们就可以发现，金石学与音乐考古学的区别，正是研究对象、研究方法与研究目标上的区别。明白二者的区别也是我们理解音乐考古学的关键。

我觉得你问的这个问题很好，对初学者很关键，所以就回答得比较详细，但愿会对初学者有用。

**龙**：您说到方法的重要性，是否还能够再简述音乐考古学的研究标志性人物及成就？使初学者能够从中找到入门的路径呢？

**方**：好的。这里介绍一下唐兰、陈梦家、李纯一等几位先生的著作吧。唐兰的《古乐器小记》专注于乐器本体，将古乐器分门别类，从乐器名称、形制、起源、用途等多方面进行研究。陈梦家的《殷代铜器》和《西周铜器断代》，考证大铙即古代典籍中的"镛"，小铙即"执钟"，使我国的历史文献学与现代考古学相结合。郭沫若《两周金文辞大系图录考释》通过对传世与考古发现两周铜器的铭文考释，应用"标准器"断代法进行断代和分域，是对古代乐器历史演变的成功研究。李纯一的《中国古代音乐史稿·第一分册》全面运用音乐考古资料，在音乐史研究上具有方法论的启示意义；其《中国上古出土乐器综论》全面运用考古学方法研究音乐文物，可以看作当代音乐考古学的集大成之作。台湾学者庄本立对石磬进行细致测量，研究石磬的设计制造和形制演变，有独到之处。黄翔鹏较早发现商周乐钟的"一钟双音"现象，并分析了双音编钟的音阶构成，扩展并演化了人们对先秦乐钟的音阶演变的历史。马承源则运用激光全息摄影技术，对编钟的物理振动模式进行可视性研究，使我们对钟类乐器的构造及其发音机理的体认进入到直观的层面。裘锡圭对甲骨文中所见的几种乐器名称进行辨析。高至喜对中国南方出土商周青铜镛、镈进行了专题研究，著有《中国南方出土商周铜铙概论》。以上学者都是在音乐考古学研究方面有独到贡献的，看他们的成果就可以比较全面地了解我国音乐考古学的发展历史，理解音乐考古学的研究方法了。

**龙**：您刚才举了那么多的书，就是没有说您自己，能否也请您谈谈您的著作呢？

**方**：我虽然写了几本音乐考古方面的书，但不敢和这些大家相比。我最早出的书是 1991 年陕西师范大学出版的《陕西出土音乐文物》，之后是陕西人民出版社 1996 年出版的《中国古代乐器概论》，从书名就可以大致了解书的内容，当然，主要是对考古发现的古代乐器所做的音乐学与考古学研究。后来，台北的学艺出版社出版了我的论文集：《乐器：中国古代音乐文化的物质构成》。前些年，我又出版了两本著作，一本是我的博士论文，另一本也是论文集。今年人民音乐出版社将出版我的一本文集，是 2006 ～ 2009 年间撰写的论文，内容包括出土乐器研究、海外古乐器研究、乐律学史研究、音乐思想史研究等。当然，（我）也还主编了《中国音乐文物大系》的陕西卷，那时我还在西安音乐学院教书，这你都知道。

**龙**：是的，在西安师从您学习，许多情景我至今还记得很清楚呢，特别是每周到您的小书房面聆您的教诲。

您刚才大致梳理了我国音乐考古学研究的代表著作。从您的梳理可以看得出来，学科的成熟有一个历史发展过程，而方法则是学科成熟的重要标志。那么，能否请您更加具体地谈一谈考古学方法对音乐考古学的重要意义呢？

**方**：前面已经说到，地层学和类型学是考古学研究的两个基本方法。音乐考古学主要研究音乐器物，直接继承和使用这两种方法。当然，测音、安置和演奏方式以及复原研究等是音乐考古学所特有的。可以说没有现代考古学，就不会有音乐考古学。对音乐器物的科学断代、器物组合关系分析与类型研究等都依赖于科学的考古发掘。对古代音乐文化的分区也应主要参照考古学文化的区系类型划分，说明它们之间关系密切。只是音乐考古学更加专门，可以看作考古学的一个特殊分支，当然它也是音乐史学的组成部分。

龙：说到音乐文化的分区与考古学文化的关系，能否请您谈得具体一点呢？

方：考古学文化是一个专门术语，特指考古发现的属于同一时代、同一地区、有共同特征的一群遗存。只有通过田野考古发掘，我们才能够比较准确地认识到这些遗存之间的关系。每一种考古学文化都有自己的特点，特别表现在遗物这些人工制品上，是考古学文化区分的重要依据。音乐文物也属考古材料，属于相应的考古学文化。考古学文化可以为音乐遗物的分域和民族属性确定提供依据；音乐遗物也可以为考古学文化提供典型器物和断代标准，最著名的莫过于曾侯乙编钟，其中出土的镈钟上的铭文就为我们提供了具体的年代。所以说，考古学文化大体决定了音乐文化的分区，音乐器物也可以为考古学文化的划分提供重要的依据。音乐器物是考古学文化的一部分，每一件音乐器物都属于相应的考古学文化，二者的联系非常紧密。

龙：您刚才梳理了音乐考古学的历史与方法，是否可以借此来总结一下音乐考古学的研究材料、研究方法与研究目标、研究成果的特点呢？这方面我认真读过您的著作，您把音乐考古学的研究材料依据是否考古发掘而分为 5 等。最好的是遗址或墓葬科学发掘出土，而且没有被盗，有明确的地层关系与共存物组合；其次是窖藏出土乐器；第 3 类虽然也是墓葬或窖藏考古发掘所得，但已经部分被盗；第 4 是偶然出土品，最后是传世品。从这一分类也可以看出您对科学考古发掘的重视，是否也可以理解为您前面所说的金石学与今日的音乐考古学的重要区别点呢？

方：是的，我前面已经说过了，是否使用现代考古学方法是区别音乐考古学与金石学的关键点，也是音乐考古学的意义所在。

龙：从研究目标来看，李纯一先生撰文论述音乐考古学应当弄清乐器产生、发展、消亡的历史过程和规律，阐明它们的社会历史地位和作用。您也曾在文章中表示音乐考古学应当研究人类音乐文化发展历程及其规律。因为民族音乐学的目标也是要认识人类音乐文化发展的历程及其规律，虽然它们的研究对象有古今之别。这一目标是否是您最终走向借鉴和引入民族音乐学方法进入音乐考古学的重要契机呢？

方：也可以这么说吧。当然，到香港师从曹本冶教授攻读民族音乐专业方面的博士学位，使我能够真正借鉴和引入民族音乐学方法进行音乐考古学研究。

龙：这也正是我想向您请教的第 2 个方面的问题，即您如何借鉴民族音乐学的方法来进行音乐考古研究？或者说您是如何在音乐考古研究中实现与民族音乐学的统一的？当我们说到统一的时候，其实已经存在一个二者不统一的前提，换一句话说，二者是有差异的，您能否可以先谈一谈二者的差异呢？这样我们可能会感受得更加深刻一些。

方：你提的这个问题很具体，也很大。总体来说，音乐考古学与民族音乐学的不同点较多，如关注对象的古今差异，音乐考古学重视考古发掘的古代音乐器物，民族音乐学则重点调查今天存在于民间的音乐活动；重视态度上也有厚古厚今之异，音乐考古学研究古代，民族音乐学主要研究当今；还有研究方法的共时历时、研究目标不同、研究方式的不同等，都不是一两句话可以说得清楚。关于二者的具体关系，我也曾在《中国音乐学》专文论述，题目是《民族音乐学与音乐考古学的相互关系及作用》。今天，我想就从"实地考察"这一个点来谈谈，以此为例来说明二者的异同，你看呢？

龙：好的。

方：音乐考古学和民族音乐学都须要进行实地考察，二者的区别主要有三。一是是否能够亲临实地；二是是否能够进入局内；三是得到资料的状态与难度。具体来说，音乐考古学只能依据考古发掘和古人遗留重建古代音乐生活，无法像民族音乐学那样进入田野考察的"实地"，直接观察音乐表演，接触音乐的主人，体验音乐语境，比较全面地记录相关音乐信息。现实中，音乐考古学研究者甚至连考古发掘时的现场也未必能够进入，这是考古工作者的事情。由于不能亲临实地，音乐考古学无法与古人直接对话，更难了解古人；民族音乐学研究由于虽然也常常处于局外，但毕竟可以直接接触被调查对象，有通过沟通了解进入局内的可能。三是音乐考古学面对的是静态的乐器，难以直接观察古人如何演奏，民族音乐学研究则可以在民间看到动态的音乐演奏。甚至在接触资料方面，由于我国的博物馆不像国外，国外喜欢你去研究，这样才体现出他们收藏的价值；

国内就不同了，非考古系统的学者接触音乐文物还有不小的障碍，有些可以看到，有些就不一定看得到。音乐考古学相对更加难做。当然，不是说民族音乐学考察没有困难，特别是少数民族，语言障碍就是一个大难题，但是相对来说，程度还是有些不同。

**龙**：您作为第一个到国外博物馆系统考察中国古代乐器的人，还为此而拿到了国家社科基金重点课题。您在国内外考察音乐文物的鲜明对比，由此而生的感受，我倒是没有。不过，由于我曾经在博物馆工作多年，对此也有一定的了解，确实像您所说的那样。

**方**：是的，国内外的这种不同确实很明显。

**龙**：国外学者与中国学者的研究是否也有些不同呢？

**方**：由于语言的障碍，不论是中国学者还是外国学者，彼此了解都有不足和相互滞后。当然外国也有些汉学家的中文很好。不过，为了让国外了解我们的学术研究，还是需要学好英文，需要用英文发表文章，否则，我们的研究成果就不能很及时地与国际学者交流和沟通。

**龙**：能否请您结合您的博士论文？也就是《商周乐器文化结构与社会功能研究》来谈一谈您对民族音乐学理论的与研究方法在音乐考古学中的具体运用？

**方**：我将民族音乐学、音乐考古学结合起来，去尝试进行研究。过去音乐考古总是以出土乐器为主进行研究，作为物质形态的乐器，其所蕴含的文化、社会、历史等内容却没有受到关注，常常是见物不见人。我的博士论文就试图通过引入民族音乐学方法，既见物又见人，对出土乐器进行文化的、社会功能的研究。我是想勉力这样去做，但由于个人能力有限，常感心余力绌。

**龙**：我反复阅读了您这本书，我的理解是，您在此书中实现了对民族音乐学方法的具体运用，也是对商周乐器的系统性与专门性研究，您如何看待？

**方**：可以这么说。我对音乐社会功能的研究，可以看作对民族音乐学方法的具体运用，也是对商周乐器所表现出的祭祀功能和礼乐功能两个方面的具体化，即商周乐器在当时的祭祀中是如何运用的？它的礼乐功能具体表现在哪些方面？我以前也写过多篇研究商周乐器的文章，其他学者也有这方面的研究文章。通过对商周乐器的考古发现看看它所反映出来的文化面貌，看看各个地区的音乐文化特色，因此，文中也对乐器进行了分区研究，明确中原、西北、北方、东方、西南、南方、东南等不同音乐文化区的特点，说明当时的音乐文化是多元化、多民族、多地区共同创造的。从音乐文化的研究上打破了中原中心论的倾向。以黄河流域为中心的中原地区古代文化发达，长江流域也一样有发达的古代文化。

龙：谈了这么多音乐考古学的历史与方法，能否请您整体谈一下考古学、民族学、音乐学三者的关系，及，我想问您最后一个方面的问题，即关于音乐教育的问题。

方：好的。三者的关系吗？

龙：是的，音乐学、考古学、民族学三者的关系？通过与您的对话，更加坚定了我原来信奉的学科统一的观念。

方：确实如此。其实所有的人文学科，最后的归宿都是为了研究人类文化。音乐学、考古学、民族学的统一或整合，从民族音乐学与音乐考古学的关系就可以看出来，这两个学科都是边缘交叉性学科，虽然它们的研究对象在时间维度上的表现为古、今两极，但却都是为了探索人类音乐文化及其发展规律。

龙：这种统一关系是否也注定了音乐考古学研究的未来发展趋势，主要会表现在学科综合方面呢？

方：可以这样说，我们前面谈到了民族音乐学与音乐考古学的关系及研究方法的借鉴问题，就是典型的学科交叉与综合的问题。由于人生有涯，要想研究深入，须要限定研究范围，才能达到专精，但也会造成壁垒。随着前人研究的积累，为我们今天打通学科界限，进行综合研究奠定了基础。

龙：请教了您这么多的专业问题，我想转一下话题。从您的著作中常常看到您对自己导师的感恩，您现在也是大学教授，作为您的学生，我现在带的研究生也毕业了。所以，我也想借此机会向您请教有关音乐教育方面的问题，如您的老师如何成功地影响您？您在音乐教育方面有什么好的建议等等。

方：谦虚、严谨、严厉。这是我从李纯一师身上所感受到的，也可以转送给你。这三者互相联系，因为谦虚，故而能够随时注意，做到严谨；因为严谨，就会严厉要求学生，这也是学术成功的关键。李先生是著名学者，能够成为他的学生，是我的幸运。我考上他的研究生前一直没见过他，都是写信求教，常常得到先生的回信和鼓励。现在想来，如果没有先生的回信与鼓励，我也许就没有信心坚持从事和追求这个专业。李先生对我的影响太大了，既是严师，又像严父，正像我在博士论文后记中所言：我们的师生之谊维系于学术，并且彼此以心感之。我和先生的学术通信至今保存完好，有厚厚的一叠，现在也常常拿出来看，激励自己。他的话我都记得非常清楚。我还记得他的书房里有他手书的一句话，"宁慢爬，勿稍歇。"你不是曾请先生专门题过一幅吗？这是先生的座右铭。他常跟我说，"要甘于寂寞""要不为外物所动"，先生自己正是这样做的，先生的言传身教至今影响着我。

**龙：**您刚才说的，我也深有体会。我一直把先生手书"宁慢爬，勿稍歇"条幅挂在书房里，以此勉励自己，先生当年给我的论文提的意见我也保留着，您给我改的作业我也一直保留着。这些年，虽然我在学术上遇到许多困难和挫折，但一直坚持下来了，这些也都是我的动力，这也是中华文化薪火相传的写照吧。对了，能否请您谈谈您的博士导师呢？

**方：**我在香港中文大学攻读博士的导师曹本冶先生，他也非常严厉，非常铁面。有时候，面对他的严厉，我也会苦恼，甚至不理解。但之后回过头来，才发现真的受他潜移默化的影响，受益匪浅。所以，我也常常庆幸遇上这样严的老师。

**龙：**您能否谈一谈对青年学子的要求呢？我曾经说过：如果一位学生能够勤奋刻苦，并相信自己的老师，即使他的程度再差，脑筋再笨，我也可以把他培养出来。因为有这两条就可以青出于蓝而胜于蓝。没有勤奋，学问不会自己跑来；不相信老师，老师已经走过的弯路你又要重走一遍。只有首先相信老师，学到老师的优点，从而少走弯路，才能更好更快地实现学习目标。您认为呢？

**方：**是的，我自己就是这样的经历过来的。我上博士的时候，已经是教授，也培养了不少硕士研究生，你是我的开门弟子，应该是有体会的。但我依然看重老师的指导，我的博士论文正是在导师提出的"要与你以往所写有所不同"这一明确要求下完成的，正是这一标尺使我朝着挑战自我的写作方向而努力。我前面说从李纯一先生身上学到的谦虚确实非常重要。谦虚使人进步，老师要谦虚，学生当然也要谦虚，否则，就像装满水的杯子，即使老师那里有百年佳酿，也倒不进去啊。

**龙**：是的，我现在回想自己的学生时代，回想自己的教学生涯，深有同感。我至今还为大学时的无知狂妄而深感遗憾，本来可以学到更多的，却因此而浪费了许多时间，失去了许多机会，没有真正学到老师们的优点。

打扰了您这么长的时间，谢谢您！

原载《贵州大学学报》（艺术版）2011 年第 1 期，本文为其中音乐学者访谈之一

# 音乐考古学与礼乐重建

## ——天津音乐学院副院长方建军教授专访

在为期一周的北京传统音乐节中，音乐考古学这个陌生而有趣的词汇引起了我们的兴趣。为此，我们专门采访了音乐考古学领域的专家方建军教授，让他引领我们走入音乐考古学的奇妙世界，并分享他对如何重建中国传统礼乐的独到观点。

**书院中国：**很高兴您能接受我们这个采访，您能先简单地给我们介绍一下您个人从事音乐考古这个经历吗？

**方建军：**我从事音乐考古这个工作，包括学习、研究，应该是从 1985 年正式开始的。那时候我到中国艺术研究院读李纯一先生的研究生，毕业以后就一直从事这方面的教学和研究。2002 年我又到香港中文大学读了一个民族音乐学的博士。民族音乐学跟人类学尤其是文化人类学的关系是很密切的，主要研究音乐与文化的关系。音乐考古学偏重于研究音乐文化的物质遗存，比如说出土的乐器。两者结合起来从事音乐考古的话，就是既见物又见人。

**书院中国：**您能讲讲音乐考古学是怎么发展起来的吗？

**方建军：**如果按现代意义的考古学来说，音乐考古学的产生比较晚，应该是 20 世纪 50 年代，就是中华人民共和国成立以后这个学科才逐渐地萌芽。当然如果说要往前推，考古学的前身是金石学，金石学里面也包括有一些古乐器方面的著录。但是那些材料不科学，不是考古发掘所得，它有局限性。因为这些著录主要偏重于对出土乐器的铭文著录，而没有真正从音乐的角度对古乐器比如编钟进行研究，只是从文字学或者

224

是彝器形象学方面进行研究，包括古器物学也是这样。到 20 世纪 50 年代以后，大家开始关注于音乐考古材料，因为音乐史的研究仅仅依靠文献记载，会受到很大的局限。尤其是史前时期，有关的文献记载大多是神话传说，所以在这样的情况下就必须更多地依靠考古材料。自 20 世纪 50 年代起，音乐考古学开始受到重视，音乐考古材料不断积累，整个学科逐渐发展起来。

中国音乐考古学的发展，实际上与西方音乐考古学的发展是比较同步的，去年在苏州开会的时候我还谈过这个观点。因为西方真正成立这个学科大概是 1977 年，当时在美国加州大学伯克利分校召开了一个国际传统音乐学会的会议，其中有一个圆桌会议，叫作 Music and Archaeology，就是"音乐与考古学"。在那个时候大家就开始成立这么一个音乐考古的 study group，也就是研究会，或者称为研究组。这个组织到现在依然还存在，附属于国际传统音乐学会（ICTM）。

后来国际上出现了另外一个组织，它是独立的一个研究组织，也就是国际音乐考古学研究会（ISGMA）。在 2010 年的时候，我把第 7 届国际音乐考古学的研讨会拉到了天津，第 6 届我到柏林去参加，觉得会议开得很好，第 7 届我们就策划将此次年会在天津音乐学院举办。在这之前国际音乐考古学会都是在欧洲或中国以外的国家举办研讨会，当然主要是在欧洲，在天津音乐学院召开的那次研讨会很成功。多年来我一直参与国际音乐考古学的活动，国际音乐考古学会有一个专门的刊物。这个刊物设在德国考古研究所，他们那里有一个期刊，其中有《东方考古》卷，刊载每一届音乐考古研讨会的论文。

我刚才为什么说同步呢？因为在 20 世纪 70 年代，也就是 1977 年，中国的学者也提出了"音乐考古"并从事了系列的音乐考古实地考察活动。在那个时候也开始招这个专业的研究生了，在高等音乐教育机构和研究机构都有了音乐考古专业，所以说中国与西方音乐考古学的发展基本是同步的。

**书院中国：**您现在从事音乐考古哪些方面的研究呢？

**方建军：**从事音乐考古也要关注普通考古学界的前沿信息，比如说音乐考古学研究对象有乐器、乐谱，当然乐谱很少；然后就是音乐图像，再一个就是跟音乐有关的古文字材料。最近两三年我主要关注跟音乐有关的古文字材料，就是有关音乐的出土文献研究；比如说天水放马滩的"秦简"，里面有关于乐律学的记载。还有最近我也在关注"清华简"，"清华简"里边也有一些音乐的东西，像李学勤先生他们在清华大学整理《周公之琴舞》《蟋蟀》等等，然后我也想从音乐的角度参与研究。还有上海博物馆收藏的楚竹书，就是马承源先生从香港收购回来的那一批。"上博楚简"有一些也涉及音乐，像《采风曲目》，它里面的古文字材料有一些跟曾侯乙编钟那里边有一些音乐名词是一样的，但是有一些到现在还很费解，很难做出准确的解释。我最近这些年也在试着探索这些东西，这些正是音乐考古学比较薄弱的方面。

乐器这方面的研究我也在做。2004 年，美国亚洲文化协会（ACC）资助我到美国做研究。在美国从东到西，我考察了许多博物馆收藏的中国古代乐器，基本上全都摸了一遍。海外收藏的中国古代乐器不光在美国，像港台地区、日本、英国、澳大利亚、法国、德国等也藏有中国的古乐器，我们也开始准备这方面的研究，这就是流散海外古乐器的研究。

再有一个就是要运用民族志类比的方法进行音乐考古研究。民族志记载的有关乐器的制造方法、制造工艺等可以跟考古材料进行对比，这些大家都比较熟悉了，这是民族考古学；还有就是对乐器，我提出要有一些乐器的辨伪研究。过去有一些乐器人们不太注意，没有做实地考察，实际上在现在的音乐史书里边都用它，但是经过实地考察觉得那些乐器疑为伪作。我在复旦大学古文字网站上发表了一篇关于传世太室埙和韶埙的研究（此文①也刊于《中央音乐学院学报》），通过实地考察，对这些乐器进行吹奏测音，发现吹不响，埙上的孔不符合吹奏乐器的原理，加上形制、铭文等疑点，于是我便提出这些乐器可能是伪作，并非实用乐器。

对于古乐器的研究，不仅是去测测音就完了，还要利用考古学的成果，结合考古学的文化、墓葬材料、器物的组合。要从一个大的方面、从考古学的 context（背景），然后再结合音乐方面进行研究，不能孤立地只进行乐器研究，要对乐器的时代、国别、考古学文化等有关方面的材料都要掌握。

---

① 《太室埙、韶埙新探》，《中央音乐学院学报》2009 年第 3 期。

但是，如果音乐考古学没有它自己独特的方法那也是不行的。一个是音乐考古学必须以音响测试为基础进行音响学研究，通过仪器和软硬件来测音；再一个还要通过复原研究、模拟试验来探索乐器制造和使用，还要运用人类学或者民族音乐学的成果来研究乐器是谁来制造、谁来使用、为什么使用、在什么场合表演、它有什么功能、有什么意义等等，就是比较全面地去探讨。

**书院中国**：那现在国内音乐考古学的研究现状是一个什么样的状况呢？比如说研究机构、研究力量、整个文献研究水平等等？

**方建军**：国内是这样，20 世纪 70 年代末即开始招收音乐考古专业的硕士研究生。我国在本科教学里面早就有了音乐考古学的相关课程，比如，我 1988 年硕士毕业到西安音乐学院音乐学系曾经工作过 14 年，因为音乐学系是个理论系，在那个系里面就开了一个这方面的课程，后来在武汉音乐学院也有本科的音乐考古学专业。

国内音乐考古的研究力量一方面在音乐界，另一方面在考古界。其中都有一些人专门从事这方面的研究，比如说早期像高至喜先生、熊传薪先生。当然考古界更偏重考古方面的东西，所以我想最好是音乐界、考古界结合起来，拉起手来，尤其我们音乐界的人应该多与考古界、文史界、历史学界、文博界方面的工作者合作，这样才能做得比较好一点。

**书院中国**：现在这种试图恢复礼乐、重建礼乐的尝试越来越多，恢复工作已经慢慢开展起来了，您怎么看待礼乐重建以及中国音乐学院做的这些工作呢？

**方建军**：这个事（礼乐重建）提得比较早，2009 年北京传统音乐节第 1 届的研讨会就在讲。现在叫礼乐重建，过去还有说雅乐重建，或者说复建、复兴。重建实际上我想不等于复古，真正想复原古代的雅乐现在没有很多的依据。比如说，虽然我们有以前的乐器，知道以前的乐器怎么造，但音乐是声音的艺术，那时候没有录音机，你记录不下来。它的作品不存在了，我们只是徒有那个形式，再加上零星的文献记载，所以真正想跟古代的一模一样那是不可能的。

现在提出来叫"重建"，重建的"建"就是包含现代的成分，实际上雅乐包括礼乐它也要发展。我们不能固守它或者是复古，不能拘泥。要重建，就是得建造当代的礼乐。其实我觉得礼乐，包括雅乐，它是与仪式结合在一起，如果失去了仪式它就失去了真正的意义了，就是皮之不存、毛将焉附？你比如说祭孔，"文化大革命"那时候对孔子都是批判的，哪还有祭孔音乐啊？只有允许了祭孔这个仪式，它的思想内涵存在，这个音乐才有意义，你要纯粹地在舞台上表演那是没有意义的。所以我们现在重建礼乐，意义就在于怎么样使精神内涵得以弘扬。

过去说礼乐，大乐与天地同和，礼是辨异的，乐是统同的，实际上体现礼乐要体现和而不同的精神。"声一无听"，很单一的声音，听它就没意思了，这是古代很重要的思想，必须是和而不同，很多不同的音放在一起才叫"和"。你"同"了，很单一了，就没意思了。

再一个"德音"谓之乐，古代音乐很重视德。乐和声、音是有区别的，"知声而不知音者，禽兽是也"，意思就是一般的声响动物能听得见；"知音而不知乐者，众庶是也"，就是一般的平民百姓懂得音；"唯君子而知乐"，就是有学问、有涵养的人才知道什么是音乐；"知乐则几于礼矣"，就是与礼接近了。实际说我们讲仁、义、礼、智、信嘛，礼乐要弘扬的是人们的一种很美好的东西、德的东西，不是说徒有那么一个形式。我们去复古，大家看个热闹，就是你们年轻人说的搞穿越，从我们现代穿越到古代，不是那个意思；实际上也不是看热闹，搞什么旅游文化、哗众取宠这种，那就失去它的意义了。所以它必须要与一些内涵、与一些仪式活动结合在一起，它才有意义，纯粹的舞台表演就比较乏味了。

**书院中国**：那这个燕国礼乐专场，有很多古代器物包括乐器的设计，都得到过您的帮助，从形式上来说您有什么评价吗？

**方建军**：大体上说得过去，但还有一些细节需要去改进。所谓重建的雅乐，这里边就要有历史性，你不能说你重新搞一套，不伦不类不行，有历史性、继承性，这是一个；第二得有学术性，你也不能有硬伤、出现一些明显错误的东西，我们在看的时候也发现到这些问题，需要下一步继续进行改进。

**书院中国**：怎么理解这个继承性和学术性？

**方建军**：继承性、历史性、学术性，同时雅乐不是呆板的音乐，它还应该具有观赏性。雅乐过去有些人认为很古板、很呆板，不是的，应该是很动听的。雅乐和礼乐两者不能完全等同，雅乐里边包含着民间的成分、包含礼的成分。礼乐是比较大的，包括吉、凶、军、宾、嘉五礼。重建雅乐也不排除一些新的科技手段，因为毕竟它要发展，所以我刚才说不是复古，复古也不可能、达不到，所以要在原来的基础上，历史地继承，讲究它的学术性、讲究它的观赏性，还要融入当代的成分。

采访：李鹏为
编辑：张乃丹
采访时间：2013 年 10 月 31 日

原载"书院中国网"：http：//www. shuyuanchina. org/zixun/zixunInfo/id/323. html

# 推动音乐考古学的形成与发展

## ——访天津音乐学院副院长方建军

　　曾侯乙编钟的出土，引起音乐界和考古界的广泛关注。美国小提琴家梅纽因曾感慨：古希腊的乐器都是竹木器，没能保存到今日，只有在中国才能听到 2000 多年前的乐器奏出的乐曲。缘于曾侯乙编钟，中国的音乐考古学也得到了进一步的发展。围绕相关问题，本报记者采访了天津音乐学院副院长方建军。

　　**《中国社会科学报》**：请您简要介绍一下中国音乐考古学的产生，以及曾侯乙编钟对其的推动作用。

　　**方建军**：音乐考古学这个学科是在考古学滋养下产生的新兴学科。中华人民共和国成立以来，音乐考古学逐渐萌生，越来越多的音乐史学家认识到，古代音乐文化的实物资料在音乐史研究中，有着不可替代的价值和作用。

　　音乐史学家李纯一是较早从事该领域研究的学者之一，在 20 世纪五六十年代他开始运用出土乐器从事古代音乐史研究，并搜集了大量考古发掘的古代乐器和音乐遗迹等资料，以考古材料的研究成果和文献记载相互印证。

　　1977 年，音乐考古学学者黄翔鹏到河南、山西、陕西、甘肃等黄河流域省份进行出土乐器的考察。在检测了近百件编钟后，黄翔鹏在论文《新石器和青铜时代的已知音响资料与我国音阶发展史问题》中，阐述了先秦编钟的双音奥秘，以及西周编钟音律编组的设计和"一钟两音"音程关系的基本规律。然而，文章在当时并未引起重视。

　　1978 年，曾侯乙编钟出土，以其 65 件青铜编钟的正、侧鼓部 130 个明确无误的音响实证，加上每一个编钟上对应这些音响的阶名和律名的错金标音铭文，使人们确认了先秦"双音钟"的存在，确认了黄翔鹏此前提出的关于先秦已发明了编钟双音技术的理论。

缘于曾侯乙编钟，"音乐考古学"这个尚处于萌芽期的新领域得以发展。由此开展的研究工作推动了中国音乐考古学的形成与发展。

**《中国社会科学报》**：在曾侯乙编钟出土之前，我国也有编钟等音乐考古发现。为什么曾侯乙编钟格外受到学者关注呢？

**方建军**：确实，在曾侯乙编钟发现之前，1958 年在河南信阳楚墓出土了编钟，1973 年湖南长沙马王堆汉墓发现了一批重要的乐器，等等。

之所以曾侯乙编钟的发现引起学界的广泛关注，首先，因为曾侯乙墓是保存得非常好的墓葬，经过科学发掘，出土乐器种类、数量也多。在曾侯乙墓发现了 125 件乐器，包括编钟、编磬，琴、瑟、笙、排箫等。乐器种类包括弦乐器、管乐器、打击乐器等，这些是前所未有的。

其次，曾侯乙编钟规模较大，制作更精良。每一件钟都能发音，而且能发两个不同的乐音。以姑洗律为基调（相当于现代国际通用的 C 大调），音域宽达 5 个半八度，12 个半音齐备，可以旋宫转调，演奏多种乐曲。

再次，每件钟上、钟钩附件上和钟架上，都有关于音乐方面的铭文和刻文，这些文字资料填补了文献记载的空白。过去有人认为，中国的七声音阶是从外国传入后才形成的。这套钟的铭文非常明确地记载了中国当时就有七声音阶。实际演奏也证明它们能奏出七声音阶乐曲，这从根本上否定了七声音阶是从外国传入的说法。

此外，曾侯乙编钟反映出生律法是"用管子五音为基础，兼采纯律三度的生律法"的一种新生律法。由这种生律法产生的律制是一种新的律制，人们称其为"复合律制"，是兼采上述两种律制、灵活运用两种生律法的一种多变的体系。它是曾国人在继承传统律学基础上的一种创新。曾侯乙编钟铭文记录了曾国和周、楚、齐、晋、申等国的律名和阶名的相互对应关系，这是有关先秦音乐史极为难得的资料。

**《中国社会科学报》**：曾侯乙编钟给音乐考古学带来了怎样的影响？

**方建军**：音乐学对乐器音响的采集和分析方法，在曾侯乙编钟研究的运用中逐步成熟而规范。同时，编钟的音乐学和乐器学考察成果，作为一种重要技术手段，丰富了考古界依形制、纹饰铭文对编钟进行断代研究的方法，为音乐考古中的乐器断代研究开辟了一条切实可行的路径。

考古学重"形",音乐学重"音",二者在曾侯乙编钟钟体研究中的结合,充实了考古学对钟体分型分式的观察要素。这种交集,又深化到钟型的选择和钟体的局部变化对钟声的影响,以及双音技术的形成过程。进而,在乐钟演进史的"形""声"考察中,学者找到了早期圆形钟器型在后世罕见的原因,也证明圆形钟并非后世由西方传入。

音乐学与考古学的结合,推动了考据名物、证经补史的传统考古向探讨社会历史和文化重建的进程。曾侯乙编钟音乐艺术、演奏性能的探讨和钟乐的重建,引发了艺术传统的研究及其在现实中的应用探索。

**《中国社会科学报》**:未来音乐考古学还需要从哪些领域拓展对曾侯乙编钟的研究?

**方建军**:曾侯乙编钟出土至今快40年了,其研究在曾侯乙编磬铭文及考释、曾侯乙编钟乐音检测和声学原理、曾侯乙编钟的乐律学成就、曾侯乙编钟与先秦钟乐的比较研究、曾侯乙编钟的铸造技术等领域取得了丰硕的成果。2015年出版的四卷本《曾侯乙编钟》是对其研究成果的一次全面梳理。

不过,还有很多值得我们研究的。比如,编钟是如何发展和走向辉煌的?为什么编钟在战国时期可以达到如此高的艺术成就?编钟的发展史值得梳理。

曾国国家不大,但音乐成就很高。在随州叶家山已经发现了比曾侯乙编钟早500年的曾国的编钟,枣阳郭家庙也发现了曾国春秋早期的琴瑟等乐器。曾国编钟等乐器的发展脉络和历史就是一个很好的研究课题。

从曾侯乙编钟的铭文记载中发现,曾国跟周朝有关系,它的根在北方。曾国迁到南方以后,它跟楚国的关系特别密切。曾侯乙编钟乐律体系是周文化和楚文化的结合体,当然它也有自己的特色。对曾国的音乐文化研究,以及曾国音乐文化与周、楚音乐文化间的比较研究,也亟待学者关注。此外,曾侯乙编钟编磬铭文还有一些字尚未得到确解,有待今后继续研究。

《中国社会科学报》记者明海英

原载《中国社会科学报》2017年1月23日;中国社会科学网2017年1月25日 http://indi.cssn.cn/kxk/dt/201701/t20170125_3398387_1.shtml

# 考古学中的音乐和音乐史中的考古

## ——评刘再生著《中国古代音乐史简述》（修订版）

  刘再生先生长期致力于中国古代音乐史的教学和研究，他发表的绝大多数论作我都仔细阅读过，对于其立意高远，论述精当和富于创见，留有深刻的印象。刘先生早于1989年即出版《中国古代音乐史简述》。此后十儿年间，该书作为教材广泛应用于我国音乐院校，并于2004年在韩国出版了韩文译本。2006年，作者又在初版基础上，增补和更新了许多内容，出版了"修订版"。在修订版中，作者更加充分地运用音乐考古材料，追踪学术发展前沿，吸纳有关研究成果，其涉猎资料之广，整合成果之精，使本书呈现出焕然一新的面貌。

  中国古代音乐史的研究，若从20世纪20年代算起，至今已有近百年的发展历程。以音乐史学史的眼光看，中国古代音乐史的研究大体经过了2个发展阶段。第1个阶段，主要是利用历代文献记载的音乐史料来从事音乐史的研究，时间大约从20世纪20年代到中华人民共和国建立初期；第2个阶段，运用考古发现的音乐文化物质资料，结合文献记载对古代音乐史进行研究。这一阶段大约始自20世纪50年代中期，并一直延续到今天。

  文献记载具有自身的特点，它在叙述音乐史事时，不受时空限制，通常都伴随一定的历史背景。但它一般比较零散，有时语焉不详，且陈陈相因。音乐考古材料是古代人类遗留的音乐文化遗迹或遗物，具有无比的真实性和具体性，在一定程度上可以弥补文献记载的不足，甚至填补文献记载的缺失，或纠正文献记载的讹误。但它也有自身的局限，比如出土乐器，由过去的动态变为静态，谁来演奏、如何演奏、为何演奏、演奏什么等，均难以获知其详。将文献记载与考古发现结合起来进行古代音乐史的研究，可以使这两种材料予以优势互补。这样的研究方法，始于王国维先生倡导的"二重证据法"，即以地上传世文献资料与地下出土资料相结合的研究方法。

自 20 世纪上半以来，中国的考古发现一直层出不穷，其中自然包含大量的音乐文化遗物，为古代音乐史的研究提供了前所未有的实物史料。长期以来，学术界对考古发现的音乐文化物质资料进行了专门的研究，使音乐考古学学科从最初的萌芽状态，发展到如今的初步创立时期。正如黄翔鹏先生所说："考古学的最新进展是多侧面的，其重要迹象之一是和文化人类学的互相靠拢。音乐文化史的研究将在这方面提供出许多有待探讨的问题和现象。音乐考古作为一门嗷嗷待哺的新学科也将因此而面临着有关学科建设中的特殊问题。"① 音乐考古学在音乐史研究中的重要作用愈加显现。我们知道，音乐考古材料可以大体分为 4 个类别，即：乐器、音乐图像、乐谱和有关音乐的出土文献。其中乐器和音乐图像的发现数量较多，尤其出土乐器，占音乐考古材料比重较大，受到研究者的普遍重视。考古发现的古乐谱很少，而有关音乐的出土文献，也因较为零星或穿插散见于其他出土文献之中，以致目前对其收集利用尚不普遍。这 4 类音乐考古材料各有其优长和局限，对它们予以综合利用，并结合传世文献进行分析研究，能够在相当程度上丰富和补充古代音乐史的内容。不仅如此，对于出土乐器的测音研究，还能提供一定的古代音响资料乃至有关的乐律学信息。

刘再生先生所著古代音乐史的修订版，充分利用了已经发表的音乐考古新材料及其研究成果，使得这部音乐史书资料翔实，图文并茂，加之作者朴实顺畅、深入浅出和趣味盎然的文字语言，使我们在较为轻松的阅读中，获得立体多面的音乐史知识。

所谓学术创新，要具备新材料、新技术、新方法、新观点和新理论。这几个方面，只要有一项创新，即属难能可贵。研究材料的出新，往往带来新的学问，如甲骨文的发现形成甲骨学，简帛佚籍的发现形成简帛学即是。刘先生所撰音乐史书，将音乐考古材料与文献史料结合起来，相互印证，相互补充。他广泛收集各方面的音乐考古材料，辨析梳理，加以取

---

① 黄翔鹏：《中国音乐文物大系》（资料汇编·省区分卷）"前言"，《黄翔鹏文存》（上卷），济南：山东文艺出版社，2007 年版，第 594 页。

舍，在吸纳学者研究成果基础上，得出个人新见，可谓中国音乐史撰述的创新之作。

作者之所以在撰写音乐史书时能够重视运用音乐考古材料，与他个人学术背景和工作经历不无关系。从本书初版"后记"中得知，他早年曾在博物馆从事文物考古工作8年，后来又了解到他曾参加"长江下游新石器时代文化学术研讨会"，参与济南大辛庄早商文化遗址和临沂大范庄龙山文化遗址发掘以及历城门牙明代郡王墓发掘的全过程。这些考古实践的亲身体验在音乐界学者中并不多见，使我对他所以熟知考古材料性质及其利用价值的能力刮目相看。此外，他曾长期从事文学、历史和音乐专业的教学研究工作，这样综合性的工作经历和学术积累，为本书的撰写奠定了坚实的基础。作者将音乐考古材料贯穿于全书之中，从远古以至宋清，几乎都运用到现有的音乐考古材料，仅就出土乐器而言，基本上涵盖目前为止考古发现的所有乐器品种。以下略举数例，以见其概。

在论述远古音乐的发展历史时，"修订版"删去了原版中的"众说纷纭的音乐起源"，开篇即以大家熟悉并极感兴趣的河南舞阳贾湖骨笛导入，用"中国音乐文明的曙光——贾湖骨笛地下沉睡九千年复苏"为题对历次发掘情况加以全面的叙述。由于他在博物馆工作时曾多次见过著名考古学家苏秉琦先生，书中很自然地引述苏秉琦对中国文明归纳的4句话："超百万年的文化根系，上万年的文明起步，五千年的文明古国，两千年的中华一统实体。"[①] 使人们对于我国旧石器时代、新石器时代、炎黄时代直至战国时期的历史文化发展脉络一目了然，这也是将考古学的最新进展和人类文化学的视野"互相靠拢"的一个范例。对贾湖骨笛也进行了综合分析，列举目前研究成果及各家不同观点，以开阔读者视野。对于贾湖骨笛是否属于十二平均律的问题，目前虽有争议，但作者并非隐而不论，而是将这种观点予以介绍，以便读者了解。对于河南汝州中山寨出土的所谓新石器时代骨笛，以及山东莒县陵阳河发现的大汶口文化所谓笛柄杯，目前对它们的乐器属性也存在一些争议，但作者同样不予回避，将这些材料均加以叙说，以供读者思考和判断。在作者笔下，考古数据的枯燥一变而为最简练的由测音得出的音阶结论，结合《左传·昭公十七年》记载的"凤凰"

---

① 苏秉琦：《中国文明起源新探》，北京三联书店，1999年版，第176页。

图腾职官名称，将"舞阳骨笛"的考古意义像穿越"时空隧道"一样娓娓道来，一下子拉近了与读者的距离。

本书还注意乐器实物与音乐图像的并重，如在远古音乐部分，作者举出青海大通上孙家寨出土的新石器时代舞蹈纹彩陶盆。之前所见音乐史书大多举此一例，而刘先生书中除此例之外，还将后来青海宗日等地新发现的若干舞蹈纹彩陶盆以及甘肃等地发现的新石器时代乐舞岩画等悉数列出，并加以比较分析，丰富了史前音乐的内容。

书中选取若干重要音乐考古发现予以论述，如山西襄汾陶寺墓地出土的新石器时代陶寺文化乐器即其一例。陶寺墓地有 5 座甲种大型墓发现有特磬、鼍鼓、土鼓等乐器，并有大量其他随葬品，表现出甲种大型墓主人的财富占有和较高身份以及乐器拥有者的独特社会地位。结合陶寺大墓出土乐器，探讨了远古时期礼乐文化的产生，说明了远古乐器所包蕴的礼的含义以及陶寺乐器在早期礼乐文化发展史中的价值。

本书所论另一项值得注意的音乐考古发现，是河南鹿邑太清宫长子口墓出土的骨排箫，时代在商末周初。以前发现的排箫，最早属于春秋时期，如河南淅川下寺春秋楚墓所出石排箫即是。长子口墓的时代在西周早期，具有商文化因素，墓主人可能是商人的后裔。殷商甲骨文有籥字，郭沫若先生释为编管乐器，今有长子口墓排箫的发现，推测商代可能已有此类编管乐器的存在。本书作者引用这项音乐考古材料，对于音乐史的撰写当具有重要意义。

西周晚期的晋侯苏编钟，是修订版古代音乐史中新增补的内容，也是作者以浓重笔墨着意渲染的由传世文物引出考古发掘的精彩之笔，彰显了作者曾参与考古发掘经历的敏锐学术眼力。标题的"失而复得的晋侯苏钟——西周钟铭的历史和文化内涵一瞥"引人入胜。开头用"西周的'钟磬乐'与商代由编铙和编磬组成的'金石之声'，其重要区别在于：周人只是将钟类乐器——铙'颠倒'了一下，颠之倒之，却引发了我国青铜乐器的一场'革命'！由植鸣的编铙演变为悬鸣的编钟，迎来了钟磬音乐的黄金时代"之文字将商周时期钟磬乐的衍变写得绘声绘色，又以我国专家在香港文物市场偶然发现铸有 98 字长篇铭文的"遂公盨"将"大禹治水"的文献记载提前了近七百年导入，写到 1992 年 8 月走私到香港的 14 件晋侯苏钟在香港中文大学张光裕教授帮助下由上海博物馆购回收藏，接着于同年 10 月对山西曲沃县曲村遗址进行抢救性发掘，从编号为 8 号墓的大墓中出土的 2 件甬钟铭文与测音，竟然和从香港收购回来的 14 件编钟能够连接起来。价值连城的晋侯苏钟终于重见天日，尤其刻有 355 字的铭文（作者还强调青铜器上刀刻文字极为罕见）引起世人瞩目。作者犹如讲故事一样叙述历史，讲述了音乐考古领域极为重要的文化事件，毫无生涩之感。"铭文"纠正了以前认为周厉王在位 23 年的讹传，确认了厉王在位 37 年的记载。这又是考古材料与文献资料进行互补实证的十分生动之实例。晋侯苏编钟的长篇叙事铭文，内容述说周厉王三十三年晋侯苏率兵随周王巡视东土，征讨叛乱部落，并立功受赏的史事。16 件编钟分为 2 套，测音资料显示，晋国编钟与周朝王都地区的西周晚期编钟都是 8 件 1 套，在组合上是相同的，并且它们的音阶结构都是"羽—宫—角—徵"四声。过去较多了解周朝王都范围的编钟，这次晋侯苏编钟资料收入本书并经作者解读，使我们获知西周王畿之外诸侯国礼乐文化的发展状况，有着认知周朝礼乐文化辐射力的特殊意义。

本书在论述东周时期音乐文化下移的历史现象时，引用文献所载王子朝奔楚的史事，同时，又结合河南新郑发现的大量春秋时期郑国编钟，论述"郑卫之音"以及东周时期的"礼崩乐坏"现象，这是很有意义的。王子朝是周景王的长庶子，后"奉周之典籍以奔楚"（《左传》昭公二十六年），其中很可能将周的音乐文化传入楚地，从而形成音乐文化间的交流。近年楚地所出竹简，有些内容便属于周朝的礼乐文化，如清华大学所藏战国竹简《周公之琴舞》，记述周公与成王所作琴舞九成；又如清华简《耆夜》，叙述武王八年征伐黎国凯旋后，武王和周公等人在饮至礼中分别作歌，这些都是周朝的音乐史事。周朝典籍出土于楚境，反映出当时我国南北辽阔疆域之间文化交流的史实。另外，书中还列举东周时期一些诸侯国，如邾、纪、莒、滕等的音乐考古材料，说明当时的音乐文化下移的普遍现象，使这一问题的论述翔实可信，具体而又生动。

秦代的乐府钟是闻名海内外的重要音乐考古发现，此钟在发现多年后被盗，之后又失而复得。乐府钟出土于陕西临潼秦始皇陵，钟钮之上的铭文"乐府"二字，表明古代宫廷音乐机构乐府至晚在秦代即已成立。《汉书·礼乐志》："至武帝定郊祀之初，乃立乐府，采诗夜诵。"似应理解为乐府在汉武帝之时得以扩建，而非始建。本书不仅引用了乐府钟的资料和照片，而且还把新发现的有关乐府的封泥文字资料加以引用，对于乐府及其职能详予论述，丰富了音乐史书关于乐府方面的内容。

关注古代音乐史的最新材料与研究状况，是刘先生《中国古代音乐史简述》的重要特色，"修订版"更加强化了这一方面的内容。山东章丘洛庄汉墓是 21 世纪中国音乐考古重大发现，在考古界和音乐界引起极大轰动。2001 年音乐考古人员即开始对洛庄编钟进行测音研究。刘先生利用在济南市博物馆工作过的条件（他于 1979 年参加临沂大范庄龙山文化遗址发掘时曾为济南市博物馆争取带回了一个墓葬的出土遗物，其中包括 2 件价值连城的"蛋壳陶"和极为精美的翠绿石斧，填补了该馆文物藏品空白），于 2002 年带领 4 名研究生对编钟、编磬进行实地考察与测音，并对测音结果进行音乐学和音响学分析。韩宝强研究员在做频谱仪分析测定时说，这是他听到过的最为清晰的测音音响。2006 年出版"修订版"时即以专题形式将这项研究成果收入书中，从而得出三方面较为可信的结论：第一，洛庄编钟均为双音钟，双音技术沿战国和秦代继续发展；第二，洛庄编钟的调音技术也有新的发展，显示出时代的特点；第三，编钟的双音技术并未因"秦火"而失传，而是在西汉中期之后逐渐衰退，说明古代音乐文化断层是一种"渐变"方式。诚然，有的结论须要经受史学研究实践的检验，但是刘再生先生是最先对洛庄汉墓出土乐器进行综合研究的学者之一，修订版中有关洛庄编钟、编磬等方面的论述，填补和充实了汉代音乐史的考古成果信息与内容，这种始终站在学术前沿的精神是值得提倡与发扬的。

汉代之后，由于随葬制度发生改变等原因，出土的乐器实物较少，代之而起的是大量的音乐图像资料。刘再生先生在汉代以后音乐考古材料的应用上，主要选取地下出土或地上（如石窟寺）保存的有关音乐图像，如山东等地出土的汉代画像石中有关百戏、乐舞等资料，山东济南无影山汉墓乐舞俑，河南安阳张盛墓隋代乐舞俑，陕西西安鲜于庭诲墓出土的骆驼载乐俑，五代画家顾闳中所作《韩熙载夜宴图》，河南偃师酒流沟宋代杂剧雕砖等即是。在石窟寺考古方面，敦煌石窟乐舞壁画资料在书中得到了很好的应用。书中引用的音乐图像资料及其论述，形象地展示了历代音乐生活和音乐文化的发展面貌。

笔者注意到刘先生对"音乐考古"概念的诠释。他说："音乐考古的完整概念应包括音乐本体考证与音乐载体研究两个方面。前者研究对象以音乐本体为主，如黄翔鹏先生提出的'曲调考证'理论以及通常所说的古琴打谱、古谱解译研究，可概括为'古曲考证'；后者则以音乐文物（包括地下出土与传世的历代乐器，有关音乐的绘画、壁画、雕刻、陶俑、舞蹈图像纹饰等等）为主要研究对象，可名之为'文物研究'。目前史学界多倾向于将后者称之为音乐考古，或名之为'音乐考古学'。本文不引入这命名差异之讨论，暂从音乐史学界多数学者'音乐考古'的指向，准确表述则为'音乐文物研究'。"① 因此，"修订版"中专列一个专题，即"传统音乐中的唐宋遗音——《舞春风》《菩萨蛮》等乐曲的'曲调考证'"，体现了作者对音乐考古的特有诠释。该专题集中概括了黄翔鹏先生提出的"曲调考证"理论方法以及考证的《忆江南》《万年欢》《菩萨蛮》《瑞鹧鸪》《舞春风》《念奴娇》《天净沙》《醉翁操》《小重山》《感皇恩》《渔家傲》等十余首古代曲调，对于认识民间音乐中保存着大量古曲以及拓宽"有音乐的音乐史"理念具有重要理论价值，也是"修订版"中对"音乐史中的考古"做出独特阐述之体现。

考古学的任务是根据古代人类通过各种活动遗留下来的物质资料进行研究古代社会的历史，包括埋藏在地下的各种遗迹与遗物，多从属于人类学范畴。音乐作为人类的听觉艺术，属于精神文明领域，音乐考古有着自身的特殊性。一般说来，考古学并不包含音乐考古的学科分支，在考古发掘中发现乐器等遗物后，考古界须要求助于音乐学家协同进行研究。因此，音乐考古反而具有一种独立学科的意义。笔者在与刘先生交流"考古学中的音乐"时，他对音乐考古地位做了如是释读。

通观全书，可以看出刘再生先生对于音乐考古材料的运用经过严格而精心的筛选，其中贯穿着时贤以及作者本人的最新研究成果。本书在考古学研究中透露出音乐史的信息，在音乐史撰述中包含着考古学的材料。可以认为，本书是当今中国古代音乐史撰述运用文献记载与考古发现相结合的范例之一，同时，也显示出中国古代音乐史研究的方法论导向。

原载《人民音乐》2014 年第 7 期

---

① 刘再生：《新作迭出　百舸争流——"后杨荫浏时代"音乐史学的几点思考》，《人民音乐》2009 年第 3 期。

# 后　　记

　　这本《音乐考古学研究》是继《音乐考古与音乐史》（人民音乐出版社，2011 年）之后，我选编的另一本音乐考古学专题文集。书中收录2010 年以来我撰写的论文，其中绝大多数已经发表，只有《音乐考古学研究的对象和方法》一篇待发表。这两本小书辑录的论文，在写作和发表时间上大体前后衔接，在所收论作篇目上互不重复。

　　近些年我还发表有 5 篇英文论文，其中 1 篇刊于韩国出版的《亚洲音乐学》（*Asian Musicology*）2011 年第 18 卷，其余 4 篇分别载于德国出版的《东方考古学》（*Orient-Archaologie*）之《音乐考古学研究》（*Studien zur Musikarchäologie*）专刊 2010、2012、2014 和 2016 卷。由于本书是中文论文集，故这次出版时未予选录。

　　论文原发表的刊物，在注释和参考文献格式上有些不同，这次编辑时将其统一为脚注。同时，为使书中论及的音乐考古资料更为形象直观，我又选配了一些插图，其余则一律保持原作旧貌，不再予以修订。

　　多年来，承国内外学术界朋友鼎力相助，使我有机会考察各地收藏的音乐考古遗物。湖北省博物馆张翔研究员和我的研究生毛悦协助拍摄《论叶家山曾国编钟及有关问题》一文的照片，天津音乐学院戏剧影视系李东耀老师对部分照片和线图进行电脑编辑，在此均致衷心谢忱。

　　自 2009 年起，我担任天津音乐学院副院长一职，日常主要忙于行政事务，同时也兼任音乐学系本科生和研究生的教学工作，属于大家俗称的"双肩挑"。在这种情况下，学术研究的时间自然是非常有限，我只能利用工作之余的晚上、周末和节假日等闲暇，见缝插针，零打碎敲，陆陆续续写出这些粗浅的文章。

今年将是天津音乐学院建院 60 周年，学院拟出版丛书以为纪念，我这本小书幸能忝列其中。现不揣谫陋，将其呈现给读者，希望得到大家的继续批评指正。凡愿予以赐教者，我在此均预致谢意。

方建军

2018 年 7 月 2 日